华中农业大学公共管理学院学科建设经费资助
湖北省社科基金一般项目（2015018）成果

公共政策与社会治理论丛

# 新型城镇化进程中的
# 县域合作治理研究

姜庆志/著

科学出版社
北京

# 内 容 简 介

本书以新型城镇化为背景，通过对山东、内蒙古、安徽三省（自治区）九县（市、区、旗）的实地调研，归纳了县域合作治理的基本类型与典型特质，并利用中介效应和调节效应分析了县域合作治理绩效的影响机制，这在一定程度上弥补了当前经验研究中的不足。本书的主要观点如下：合作治理在县域层面体现了"转型"的时代特质，当前县域合作治理以"资源交换类"为主；县域政府对合作网络的管理能力是合作治理发展的关键，应当以促进市场和民主蓬勃发展的方式增进政府治理能力；在任务复杂性的调节下，县域合作治理具有作用限度，应当构建"有所为有所不为"的合作治理网络。

本书主要面向地方政府治理领域的研究人员和实际工作者。

**图书在版编目（CIP）数据**

新型城镇化进程中的县域合作治理研究 /姜庆志著. —北京：科学出版社，2018.2

（公共政策与社会治理论丛）

ISBN 978-7-03-056540-2

Ⅰ. ①新… Ⅱ. ①姜… Ⅲ. ①县-城市化-城市管理-合作-研究-中国 Ⅳ. ①F299.23

中国版本图书馆 CIP 数据核字（2018）第 025944 号

责任编辑：邓 娴 /责任校对：刘亚琦
责任印制：吴兆东 /封面设计：无极书装

科 学 出 版 社 出版
北京东黄城根北街 16 号
邮政编码：100717
http://www.sciencep.com

**北京京华虎彩印刷有限公司** 印刷
科学出版社发行 各地新华书店经销

\*

2018 年 2 月第 一 版 开本：720×1000 B5
2018 年 2 月第一次印刷 印张：11 1/4
字数：220 500

**定价：78.00 元**
（如有印装质量问题，我社负责调换）

# "公共政策与社会治理论丛"总序

公共管理学科是管理学、经济学、政治学、法学和社会学等相关学科交叉而形成的一门应用型学科。自从 20 世纪 20 年代引进我国以后，特别是中华人民共和国成立、改革开放以来，公共管理理论与方法得到了长足的发展。国家治理体系、社会组织与社会治理能力、国家发展与国际竞争战略、能源、资源、环境与可持续发展战略、人口、卫生与社会保障、公共安全与危机管理、创新体系与公共政策成为国际公共管理学科普遍关注的重大课题。随着我国经济社会转型，政府法制化建设、政府职能转变、公共部门和非营利组织的发展，公共管理理论与方法研究已经在国家体制机制改革、政府和社会治理能力建设、改善民生中发挥着越来越重要的作用。

华中农业大学公共管理学科有近 60 年的历史。1961 年创办了全国第二个公共管理本科专业（土地资源管理）；1987 年获得全国第一个公共管理类硕士点（土地资源管理）；1996 年获得全国农业院校第一个教育经济与管理硕士点；2003 年获得全国第三批土地资源管理博士点；2005 年获得公共管理一级硕士点；2012 年获得公共管理博士后流动站；2015 年开始招收行政管理专业本科生。2018 年获得公共管理一级博士点。经过近 60 年，在几代华农公共管理人的不懈努力下，华中农业大学已经成为中国公共管理本科、硕士、博士和博士后教育体系齐全的人才培养重要基地。

华中农业大学 1960 年建立土地规划系；1996 年成立土地管理学院；2013 年土地管理学院从经济管理学院独立出来与高等教育研究所组成公共管理学院。经过近 60 年的研究积累，已经形成了行政管理与乡村治理、公共政策与社会服务、土地资源管理和教育经济管理等四个稳定的研究方向。近年来主持教育部哲学社会科学重大课题攻关项目 1 项，国家自然科学基金项目 36 项，国家社会科学基金项目 21 项，教育部人文社会科学基金、博士点基金项目 20 项，中国博士后科学基金项目 15 项。

华中农业大学公共管理学科在兄弟院校同行的大力支持下，经过学科前辈的艰苦奋斗，现在已经成为中国有影响力的、重要的人才培养、社会服务、科学研究基地。《县级政府基本公共服务质量管理体系研究》《新型城镇化进程中的县域合作治理研究》《典型治理——基于联系点制度运作的分析》《基于信任的网络社区口碑信息传播模式及其演化研究》《农村综合信息服务：供求分析、模式设计与制度安排》《研究生全面收费的政策分析：目标、限度与改进》《城市垃圾治理中的公众参与研究》《房地产市场与股票市场的关联性研究——基于政府治理的视角》《城市弱势群体住房保障制度研究》等为华中农业大学公共管理学科教师承担的国家自然科学基金、国家社会科学基金和教育部人文社会科学基金项目的部分研究成果，组成"公共政策与社会治理论丛"。

"公共政策与社会治理论丛"的出版，一来是对我们过去在四个研究方向所取得的研究成果的阶段性总结；二来是求教、答谢多年来关心、支持华中农业大学公共管理学科发展的领导、前辈、国内同行和广大读者。

张安录

2018 年 1 月 20 日

# 前　　言

新型城镇化是中国共产党和国家全面深化改革的重要战略部署之一，也是我国实现现代化的必由之路。作为一场国家规划性变迁，它内在地要求实现政府治理体系的转型与升级，从传统城镇化的"政府主导"转向新形势下的"合作治理"，由此创造的"制度红利"将成为未来新型城镇化发展的基本动力。

县域地处我国城乡经济接合部，是新型城镇化建设的着力点，也是国家治理体系现代化的关键。传统城镇化引发的社会结构及社会利益的变迁与调整已映射到县域治理领域，县域治理模式需要朝着更具包容性的合作治理方向调适，以应对公共事务复杂化和治理主体多元化的挑战。然而，正如一切新生事物的发展都步履维艰一样，县域合作治理在发展过程中常常陷入"合作失灵"的窘境。如何矫正合作治理失灵从而取得最佳的合作治理绩效，是新型城镇化进程中县域治理亟待解决的问题。

基于这种理论关怀，本书首先归纳了当前合作治理的理论研究与理论基础，分析了新型城镇化推进中县域合作治理的运行现状，而后着重探究了县域合作治理绩效的影响机制，希冀通过打开这一"黑箱"来探究县域合作治理绩效提升的种种面向，进而开掘县域内政府、市场和社会三种力量的糅合之道，以回应实践需求和拓展相关研究。为此，研究基于合作治理过程，以县域政府合作网络管理为核心构建了解释框架，利用问卷调查数据和访谈资料，借助中介模型和调节模型对合作治理绩效影响机制的诸多假设进行验证、总结与延伸讨论。

经过上述研究，本书得出了一些具有价值的学术观点，如合作治理在县域层面呈现了"转型"的时代特质，当前政府横向合作以"资源交换类"为主；合作治理前情要素对合作治理绩效具有显著的正向作用，县域政府合作网络管理在合作前情要素与合作治理绩效之间起中介作用，合作治理前情要素有助于县域政府合作网络管理能力的提升，任务复杂性在县域政府合作网络管理对合作治理绩效的影响机制中发挥负向调节作用；针对合作治理存在的困境和问题，要明确合作治理网络的作用限度、提升县域政府合作网络管理能力、增强非政府治理主体的合作能力、保持合作治理与科层治理的张力。

# 目　　录

# 第一章 绪 论

## 第一节 新型城镇化对县域合作治理的诉求

"郡县治则天下安，县域兴则国家强。"县域治理作为我国国家治理体系的"接点"，其治理质量的优劣是新型城镇化健康与否的重要影响因素。在"推动大中小城市和小城镇协调发展"①、"加快发展中小城市"和"有重点地发展小城镇"②等国家政策的影响下，"县"及"县域治理"在新型城镇化建设中的位置越发重要。正如有学者所言，"县城是城镇化的头，是城镇化体系构建的着力点"③。同时，新型城镇化是一场涉及经济、社会、环境、文化等方方面面的规划性变迁，是中国共产党和国家在新的历史条件下推动社会经济发展和现代化进程的重大战略选择。作为战略规划制定者、制度环境创造者和社会治理协调者，政府要秉承"市场主导、政府引导"的原则，在统筹协调、公共服务、体制创新等方面发挥积极作用的同时也应约束自身行为，防止过度介入城镇化④。想要达到这种均衡状态，实现"权利主导"而非"权力主导"的城镇化⑤，政府治理模式必须做出调适以适应新型城镇化的发展。亦如有研究者所言，"新型城镇化意味着相关制度的重新设计、建立和安排。……新型城镇化过程，也是我国社会制度变迁和改革的历史进程"⑥。从这种意义上讲，改革县域城镇化中已弊端丛生的"政府主导"发展模式势在必行，由此而创造的新的"制度红利"将成为未来

---

① 本书编写组：《〈中共中央关于全面深化改革若干重大问题的决定〉辅导读本》，人民出版社，2013年，第24页。

② 《国家新型城镇化规划（2014—2020年）》，中国政府网，http://www.gov.cn/zhengce/2014-03/16/content_2640075.htm，2014年3月16日。

③ 徐勇：《深化对农村城镇化认识十题》，《东南学术》，2013年第3期，第4-8页。

④ 中国金融40人论坛课题组：《加快推进新型城镇化：对若干重大体制改革问题的认识与政策建议》，《中国社会科学》，2013年第7期，第59-76页。

⑤ 于建嵘：《新型城镇化：权力驱动还是权利主导》，《探索与争鸣》，2013年第9期，第8-12页。

⑥ 王浦劬：《新型城镇化、社会矛盾与公共政策——基于行政信访的视角》，《北京行政学院学报》，2014年第1期，第28-36页。

推动新型城镇化发展的基本动力。

在法治政府、市场经济和公民社会三元鼎立的现代国家治理结构已具雏形[①]，以及推进国家治理体系和治理能力现代化的大背景和总要求下，县域治理模式从政府全面主导转向政府有限主导[②]、从传统城镇化中的一元"单向管理"转向新时期的多元"合作治理"（collaborative governance）已成为政界和学界的共识，这既是国家治理变革的大方向，又是新型城镇化发展的内在要求。从本质上讲，新型城镇化的深层意蕴是传统社会向现代社会的演进，由此带来的社会变迁必然导致县域治理模式的变革：一方面，传统城镇化造成了诸多深层次社会矛盾的累积，乡土社会的"稳定守序"被城镇化带来的"变动不居"替代，县域内公共事务的复杂性、非线性和集中性不断增强，原本可以得到有效管控的经济社会越发失序，公共需求激增与政府能力有限之间的矛盾日益凸显。随着新型城镇化的推进，户籍改革、就业问题、住房保障、基础设施配套、土地利用、公共服务体系、环境保护、社会管理等大量公共事务将使县域政府面临空前的考验[③]。在被动地提高赋税水平、增加财政支出、扩大政府规模等传统应对方式颇遭诟病，以及市场失灵和公民社会发育不善的情况下，政府必须采用合作的方式将各种力量糅合在一起，以打破资源缺失的桎梏和规避政府失败的风险。另一方面，城镇化推动了县域经济发展和社会结构的变迁，使市场和社会在国家管控的格局中逐渐独立出来，并最终演化出了政府、企业、社会组织、公民等多元主体并存的县域治理生态。在这一过程中，"个人→集体→国家"的从属关系和价值链被打破，社会成员获得了前所未有的流动机会和自由选择空间，由此带来的各种微观"无序"行为加大了社会和政治的异质性。同时，个体权利意识的苏醒也使非政府治理主体对公共事务的政治参与意识日益增强。特别是在征地拆迁、环境保护、劳资纠纷、社会保障等关涉自身利益的领域，非政府治理主体强烈要求政府实现信息、资源和治权的共享，甚至不惜以自杀威胁、暴力抗法、非法集会等非制度化的参与方式谋求自身利益。

这种社会结构和利益格局的深刻变迁从根本上挑战了政府主导的传统治理模式，并要求政府必须在管理模式上做出相应幅度的调整，建立一个民主、包容和有效的治理机制，否则将会陷入公共政策失败和政府权威流失的窘境。因而，无论是基于"现实性"的考量，还是回归公共行政的"公民性"或"民主性"，构建县域合作治理网络都是政府的一个需要强化和必须履行的责任，也是回应人民群众要

---

① 何显明：《政府转型与现代国家治理体系的建构——60 年来政府体制演变的内在逻辑》，《浙江社会科学》，2013 年第 6 期，第 4-13 页。

② 冯奎：《新型城镇化进程中政府需从全面主导向有限主导转型》，《经济纵横》，2013 年第 7 期，第 51-55 页。

③ 纪晓岚、曾莉：《城镇化进程中的县级政府能力建构：解读、困境与方向》，《经济社会体制比较》，2014 年第 3 期，第 38-47 页。

求、破解各类社会矛盾、推动新型城镇化发展的良方。事实上，随着我国社会主义市场经济体制日臻完善，各种社会组织不断发展壮大，公民意识觉醒和参与社会事务的积极性、主动性提高，我国各级政府以合作网络的方式提供公共服务的实践已经呈现快速增加的趋势①。就县域层面上的实践而言，城市建设"建设–经营–转让"（build-operate-transfer，BOT）模式、公共服务外包、特许经营、志愿服务、公民参与社会治理等不断增多的现象，证明了县域内合作治理行为的普遍存在。

## 第二节 县域合作治理的运行机制亟待理清

从实际绩效来看，并非所有的合作都是有效的。有学者通过对大量案例的梳理和诊断后发现，在政策制定、政策执行、项目管理和公共服务提供等社会事务的治理中，广泛存在着协同失灵的现象，不乏部门主义、"搭便车"等策略性行为②。通过深入的调查发现，这些现象在县域层面的合作治理中表现得尤为明显。概而言之，县域层面的合作治理失灵主要有以下三种情形：一是合作没有达到预期目的。作为科层治理和市场治理逻辑的替代性方案，合作治理虽被寄予"化解公共事务治理悲剧"的厚望，但实际上未能充分地化解社会矛盾、增进社会福利，反而带来权力寻租、政府责任"社会化"和"市场化"等负面问题。二是合作达到了预期目的，但资源利用效率不高。即合作网络运行所需要的公共资源大于其带来的公共价值，合作治理陷入低效运行的困厄之境，带来了公共物品供给过剩或生产成本增加等问题。三是合作使用不当。合作治理具有作用半径，并非任何社会问题都可以通过合作治理解决。在政府无法共享权力和分担责任的领域，一些合作活动的开展造成了新的社会矛盾。从后果上讲，合作治理的失败不仅使公共事务得不到有效治理，还会引发人们对合作理念本身的质疑，从而不自觉地回归传统的权威主义，抑制"国家—市场—社会"共生能量的释放，最终阻碍新型城镇化中公共资源的优化配置。因此，如何取得好的合作治理绩效，探寻和回答"到底什么样的治理结构、制度和运行机制能够成为生成合作治理行为的'发生器'"③，是新型城镇化建设进程中县域治理亟待解决的问题，也是公共管理研究者需要正视的问题。正如公共管理学家夏书章先生所言，"公共管理的未来十年，……不能不面对合作治理这个既古老又新鲜的对策和路径选择"，"加强合

---

① 姚引良、刘波、王少军、等：《地方政府网络治理多主体合作效果影响因素研究》，《中国软科学》，2010年第1期，第138-149页。

② 周志忍、蒋敏娟：《中国政府跨部门协同机制探析——一个叙事与诊断框架》，《公共行政评论》，2013年第1期，第91-117页。

③ 陈华：《吸纳与合作：非政府组织与中国社会管理》，社会科学文献出版社，2011年，第11页。

作治理研究是时候了"①。

　　杰索普认为,造成治理失败的原因主要在于对行动条件的过分简化和不了解影响治理对象的因果关系②。因而,站在理论研究的角度,破解县域合作治理的失灵和推动合作治理的研究,必须着力回答"哪些因素影响以及怎样影响了合作治理绩效"这一关键问题。张康之曾指出,探讨合作治理的各种运行机制是当前研究更为根本性的任务③。然而,从已有文献来看,县域合作治理绩效的影响机制仍是一个尚未开启的"黑箱"(black box),国内外公共管理领域的相关研究也存在着诸多不足:一是公共管理领域的合作治理缺少本学科的知识基础,关于合作(协作)的观点来自多门学科和多种传统理论④。二是偏重对"合作治理价值"的研究,较少在经验层面上回答"合作治理如何实现"这一关键问题,合作治理理论的研究与合作治理的事实产生了脱节。事实上,在城市化加快发展的新时期,研究者更需将县域治理问题的注意力转向"事情如何发生"的机制研究和制度逻辑研究中⑤。三是简单罗列合作治理效果的影响因素,经验研究中缺少基于前因、进程和产出的全过程系统分析⑥,对合作流程的理解仍不精确和完整⑦,不少研究有"盲人摸象"之嫌,理论分析缺乏深度且呈现碎片化的状态⑧。在一些相关研究中,很多文献依然停留于描述而不是分析、组织和解释案例的普遍规律,不少学者回避了理论建构性解释⑨。四是过分强调权力的去中心化,忽视了在政治动员特质明显的县域治理生态中合作治理带有政府权威自我解构色彩的事实,对政府集成合作网络的作用探讨不足。实际上,无论合作的形式如何,政府仍要在网络集成的全面工作中发挥关键的职能⑩。五是县级政府合作行为包括政

① 夏书章:《加强合作治理研究是时候了》,《复旦公共行政评论》,2012 年第 2 期,第 1-4 页。

② 杰索普 B:《治理的兴起及其失败的风险:以经济发展为例的论述》,漆蕪译,《国际社会科学杂志(中文版)》,1999 年第 1 期,第 31-48 页。

③ 张康之:《论参与治理、社会自治与合作治理》,《行政论坛》,2008 年第 6 期,第 1-6 页。

④ 阿格拉诺夫 R、麦圭尔 M:《协作性公共管理:地方政府新战略》,李玲玲、鄞益奋译,北京大学出版社,2007 年,第 22 页。

⑤ 折晓叶:《县域政府治理模式的新变化》,《中国社会科学》,2014 年第 1 期,第 121-139 页。

⑥ Bingham L B, O'Leary R, Carlson C. Frame shifting: lateral thinking for collaborative public management// Bingham L B, O'Leary R. Big Ideas in Collaborative Public Management. New York: M. E. Sharpe, 2008: 3-16.

⑦ Heikkila T, Gerlak A K. Investigating collaborative processes over time: a 10-year study of the South Florida ecosystem restoration task force. American Review of Public Administration, 2016, 46(2): 180-200.

⑧ Nesbit R M, Moulton S, Robinson S, et al. Wrestling with intellectual diversity in public administration: avoiding disconnectedness and fragmentation while seeking rigor, depth and relevance. Journal of Public Administration Research and Theory, 2011, 21(1): 13-28.

⑨ Brinkerhoff J M. Government-nonprofit partnership: a defining framework. Public Administration and Development, 2002, 22(1): 19-30.

⑩ 戈德史密斯 S、埃格斯 W D:《网络化治理:公共部门的新形态》,孙迎春译,北京大学出版社,2008 年,第 79 页。

府间合作与政社合作两大向度，两者的运行逻辑有本质区别。不少实证研究将县级政府的合作行为视为一个整体概念，缺少"治理"框架下的针对性研究。可见，县级政府合作治理影响机制的研究还有很大的讨论空间，这也是拓展合作治理研究乃至公共管理领域"合作"研究的一个重点。基于这种认知，本书认为以下三个问题值得深入地探讨。

其一，县域合作治理的运行现状如何？当前研究中，学者对合作治理模式进行了类型化的分析，但这种分析多从理论的角度出发，即先进行理论模型的构建，再去现实中寻找依据，这在增强理论框架分辨力的同时也有可能带来信息的丢失。同时，相关研究较少针对"县域"这一层面进行分析，而县域治理相对于其他层级的治理有其独特性，因而已有研究结论存在可推广性的问题。为此，本书从新型城镇化中政府所开展的活动入手，在对县级政府职能部门主要负责人调查的基础上，对县域合作治理的基本类型和典型特质进行了分析。

其二，哪些因素影响了县域合作治理的运行？就其他领域的合作网络研究而言，通常会经历"网络形成→网络绩效→网络机制"的研究历程，即回答"网络为何存在""网络会给组织带来怎样的影响""网络怎样才能更好地发挥作用"三个递进式的问题[1]。目前公共管理领域的相关研究大部分集中在前两个阶段，更多的是探讨合作治理转型的必要性及对经济发展和社会进步的意义，对合作网络机制及其影响因素的研究较少[2]。应当说，基于价值层面的研究推动合作治理进入大部分研究者的视野乃至变为政府的"说法"和"做法"，但仍难理清"合作治理怎样才能在真实的社会状况下发挥作用"这一关键命题。逻辑上的论证如果不能将规范性的理论与实践推行的可能性联系起来，那么"实践中的失败"就有可能加剧社会各界对合作治理可行性不断增长的"怀疑主义"。特别是在县域层面，合作治理方兴未艾，更需要对其影响机制进行界定。因此，开展合作治理影响机制的研究有利于回应理论和实践中的"怀疑主义"。同时，就影响机制研究的一般趋势而言，往往会经历从最原始的双变量直接模型到无限追加中介变量和调节变量的复杂模型的演变，学者考虑的因素和构建的模型越来越复杂，研究的角度也越来越宽泛[3]。由于合作治理相关概念的混乱和研究热点的分散，公共管理领域的合作治理机制研究仍处于初级阶段。在目前合作治理影响因素的相关研究中，不少学者选择了质性研究方法，虽然也有些研究采用量化的方法探讨合作的影响因素，但更多的是停留在双变量或多变量直接模型的层面，缺乏基于合

---

① 吴晓波、许冠南、杜健：《网络嵌入性：组织学习与创新》，科学出版社，2011 年，第 27-29 页。

② Thomson A M, Perry J L. Collaboration processes: inside the black box. Public Administration Review, 2006, 66（1）: 20-32.

③ 杨震宁、李东红、范黎波：《身陷"盘丝洞"：社会网络关系嵌入过度影响了创业过程吗？》，《管理世界》，2013 年第 12 期，第 101-116 页。

作过程模型和利益相关者的分析。因此，本书通过对新型城镇化进程中合作治理多方参与者和知情者的调查，构建了一个以县域政府合作网络管理为核心的过程模型，据此去探究合作治理各前情要素如何通过政府发挥作用。

其三，应当如何优化县域合作治理？治理理论是一个"舶来品"，除其自身有概念模糊和外延宽泛等问题外，治理理论在中国的适用性问题也受到了广泛关注①。因而有学者强调，借鉴西方政府理论，必须要注重"构建中国特色、中国风格、中国气派的本土化行政学理论"②，要深入探究所借鉴理论能否与中国实践相结合这一关键问题，同时要着力进行"本土化"的改造以使其能够适应中国特殊的政治和社会环境。合作治理虽然也颇受中国学者的关注，但这一概念仍是西方话语体系下的产物，因而其"适用性"和"本土化"问题同样关键。事实上，采取任何一种特定的治理模式都必须考虑到与之相适应的背景，政府改革的复杂性迫使目前的形势趋向于采取情景治疗法而不是系统化的治疗法，即使在受到一套相当有说服力的理论假设的引导时也是如此③。历史的经验也证明，基于理论隐喻而忽视所处环境的改革往往会走向失败，改革者需要的不是各种"行政谚语"或"改革谚语"，而是根植于特定问题和特殊背景的"适恰理念"和"正确选择"。从这种意义上讲，探讨县域合作治理的优化是一个实证主义的问题，采用经验主义的方法在特定的环境和历史时期下理解治理问题才是最佳的选择。因此，本书尝试采用权变的思维和实证的方法着重回答"各类治理理论的观点何时、何处才能发挥最大效用""在繁杂的理论观点中应该做何种选择"等关键问题。这是本书进行政策建构的一个基本立场。

基于上述思考，本书沿着"新型城镇化→县域治理模式转型→构建合作治理模式→合作治理运行状况不清→合作治理失灵→合作治理绩效影响机制"的思维导图谋篇布局，在厘定合作治理相关研究的基础上，主要分析"县域合作治理的运行状况""县域合作治理绩效的影响机制""县域合作治理的优化路径"三个议题。需要指出的是，在分析县域合作治理绩效影响机制时，本书采用了量化研究方法，分理论构建和实证分析两个部分进行研究。总体而言，本书的目的在于管窥新型城镇化进程中县域合作治理模式变革中的种种面向，进而得出当下我国县域内政府、市场和社会三种力量的糅合之道，以回应实践需求和拓展相关研究。本书具体思路如图 1-1 所示。

---

① 郁建兴、王诗宗：《治理理论的中国适用性》，《哲学研究》，2010 年第 11 期，第 114-120 页。

② 何艳玲：《指向真实实践的中国行政学研究：一个亟待关注的问题》，《中国行政管理》，2009 年第 8 期，第 14-18 页。

③ 彼得斯 B G：《政府未来的治理模式》，吴爱明、夏宏图、张成福译，中国人民大学出版社，2002 年，第 20 页。

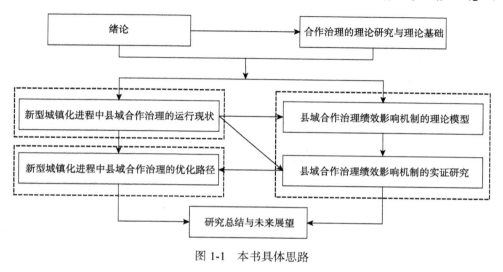

图 1-1 本书具体思路

## 第三节 研究对象的厘定

本书的研究对象是新型城镇化进程中的县域合作治理。根据前文所述可知，当前县域合作治理的研究尚处起步阶段，其运行机制亟待理清。据此，本书将研究对象分解为三个层面，即县域合作治理的运行现状、县域合作治理绩效的影响机制和县域合作治理的优化路径。这便涉及了"合作治理""合作治理绩效""影响机制""县域治理""新型城镇化"等诸多关键概念。由于当前研究对这些概念的理解存在差异甚至冲突，因而本部分将对上述概念进行阐述，以进一步明确研究对象，确定本书的论域，从而为研究的开展奠定基础。

### 一、合作治理

近些年，合作治理已经成为公共管理学界一个流行的学术术语，而且被广泛地应用到社会治理、地方治理、社区治理、城市管理、政策过程、政社合作等议题的研究中。关于这一概念的提出，不少研究者认为它是在"西方背景下产生的"[①]，是"从西方借鉴学习来的流行词"[②]，是"近年在西方国家尤其是美国出

① 王辉：《合作治理的中国适用性及限度》，《华中科技大学学报（社会科学版）》，2014 年第 6 期，第 70-80 页。

② 赵永飞：《合作治理还是"项庄舞剑"：中国地方政府政策过程中的合作与目的》，《复旦公共行政评论》，2011 年第 1 期，第 81-106 页。

现的旨在解决跨域跨部门公共问题的一种新治理形式"①，因而在更大意义上是一种"舶来品"。不过，国内也有研究者很早关注到"合作治理"这一议题，其中以张康之教授为主要代表。他从哲学和历史的角度提出了合作治理的社会治理模式，并通过《行政伦理的观念与事业》《共同体的进化》《合作的社会及其治理》著作及《论参与治理、社会自治与合作治理》等一系列论文对其进行了系统阐释，构建了中国视野内的合作治理理论。因而，在本书看来，合作治理实际上是中外学者在全球化、工业化及后工业化交织等情势下做出的共同反应，其推衍脉络基本都遵循了"公共事务复杂性、跨界性与非线性日益增强""政府治理能力有限、无力应对这些挑战"等关键性逻辑。不过，究其话语体系而言，合作治理研究仍是以西方学术话语为主。

　　虽然合作治理已成为"显学"，但学者对其内涵、范围和广度有着不同的理解，因而迄今为止尚未形成一个学界一致认可的概念。这可以从英文翻译上的不同窥探一斑，如 collaborative governance、cooperative governance 等。而且，合作治理还与很多竞争性概念②混用，如协同治理、网络化治理、跨部门治理、多中心治理等。虽然希克斯提出了"目标—手段"、史密斯等提出了"网络管理能力—公私合作程度"等辨析框架来区别一些概念③，但在实际研究中仍有不少研究者不加区别地进行使用。在探讨"合作治理"时，不少研究者亦将 collaborative public management（协作性公共管理）、government by network（网络化治理）、collaborative management（协作型管理）、cross-agency collaboration（跨部门合作）、join-up government（协同政府）等概念纳入相关研究，许多论述和结论也交叉使用。此外，合作治理的产生与"治理"这一概念有着千丝万缕的关系，甚至可以说理解合作治理始于"治理"。合作治理在很多关键内涵上等同于"治理"，而治理的概念又以"合作"为内核。以至于有研究者指出，合作治理即为"治理"④。与合作治理一样，学者至今为止也未对治理形成统一的看法，如罗茨（R. Rhodes）在论述治理的内涵时，指出治理可以用于指代任何带有协调性质的活动，因而治理至少有六种不同的用法，即作为最小国家的治理、作为公司的治理、作为新公共管理的治理、作为"善治"的治理、作为社会控制系统的治理、作为自组织网

---

①　蔡岚：《合作治理：现状和前景》，《武汉大学学报（哲学社会科学版）》，2013 年第 3 期，第 41-46 页。

②　竞争性概念是指那些形似或神似但内涵不同，或概念内涵相同但表述不同、容易混淆使用的学术概念。

③　周志忍：《〈网络化治理〉序》，见戈德史密斯 S、埃格斯 W D：《网络化治理：公共部门的新形态》，孙迎春译，北京大学出版社，2008 年，序 2-序 3 页。

④　操小娟：《合作治理的法律困境和出路》，《武汉大学学报（哲学社会科学版）》，2008 年第 2 期，第 250-255 页。

络的治理①。陈振明也认为可以从"政府管理"、"公民社会"和"合作网络"三条路径去理解治理这一概念，这三种途径下治理理论的分析对象、行为假设、政策方案、政策过程特质、主体关系特征、成功的标准、失败的原因及补救的措施都存在差异②。从某种程度上讲，治理理论理解途径的多样化也影响了合作治理内涵的统一。

合作治理概念的不统一对研究的开展带来了诸多不便。正如 O'Leary 和 Vij 评价协作性公共管理的相关研究时曾指出，"协作这一概念的内涵及外延是模糊的，经常与合作、联盟、网络结构、合作治理、公民参与、伙伴关系等术语混淆在一起。……现有研究中存在的一大弱点就是缺乏明确的、一致的、可以操作的定义"③。与之类似，合作治理的研究也存在概念内涵和外延不清的问题，以致不少研究的论域存在较大的差别，难以形成一致的对话平台。就笔者搜集到的资料及个人感受而言，界定合作治理至少需要面对以下几个问题：其一，合作治理与协同治理、网络化治理等竞争性概念有无区别？这些术语只是形态上的差别，还是内在逻辑确有不同？抑或只是一种"学术时髦"？其二，何谓合作？组织在其活动中简单地与其他组织分享信息就是合作，还是需要实质地承担义务及分享组织资源才是合作④？其三，合作治理的主体是谁？国家之间、政府部门之间等传统的合作是否也可称为合作治理，合作治理是否特指公共部门和非公共部门利益相关者之间的关系⑤？其四，合作治理的形态如何？购买公共服务之类的活动属于合作治理研究的领域，还是合作治理比之更为高阶？其五，合作治理中各参与主体之间的权利是否必须对等，有一定程度依附关系的组织间的合作是否为合作治理，资源依赖性和组织依附性的区别及判定标准又是什么？可见，合作治理虽然是一个耳熟能详的学术名词，但涉及概念外延尤其是在微观操作层面，对于合作治理的理解仍存在诸多的不同面向。如何理解这些问题，关系到研究的内容、取向甚至质量。因此，界定合作治理的概念是本书的奠基性工程。本书列出了国内外学界中比较典型的定义，见表 1-1。

---

① Rhodes R. The new governance: governing without, government. Political Studies, 1996, 44（4）: 652-667.

② 陈振明：《公共管理学》，中国人民大学出版社，2005 年，第 76-84 页。

③ O'Leary R, Vij N. Collaborative public management where have we been and where are we going? The American Review of Public Administration, 2012, 42（5）: 507-522.

④ 汪锦军：《走向合作治理：政府与非营利组织合作的条件、模式和路径》，浙江大学出版社，2012 年，第 12 页。

⑤ 在一些学者的论文中，"合作治理"这一概念也被广泛地应用于府际关系、区域合作和国际关系等议题的研究中。这些论文虽然没有对合作治理的概念进行明确界定，但国家间、政府间合作被视为合作治理的一种，如《区域生态府际合作治理困境及其消解》《从属地主义到合作治理：京津冀大气污染治理模式的转型》《国际河流合作治理实践的比较分析》等。这些论文实际上在更广泛的意义上对合作治理的相关议题进行了研究。

表 1-1　国内外学者对合作治理的典型定义

| 研究者 | 定义 |
|---|---|
| Ansell 和 Gash | 合作治理是由一个或多个公共部门发起的、非政府组织（Non Governmental Organizations，NGO）直接参与的，以共识和商议为导向与原则的，旨在制定或执行公共政策，抑或是公共事务或资产的管理安排 |
| Zadek | 合作治理是一个多方利益相关者制定合作规则标准的过程，它覆盖了规则设定的多个维度，如设计、开发、实施和执行等环节 |
| Choi | 合作治理是指诸多相互依赖的利益相关者，包括公共的、私人的及非政府组织，为解决复杂、多维的公共问题协同工作并制定公共政策的过程和制度 |
| Zator | 合作治理是一种治理安排，即政府建立一个包括非政府利益相关者在内的体制来实现公共政策决策和管理相关公共项目 |
| Emerson 等 | 合作治理是为了实现公共目标，人们有建设性地参与跨公共部门，跨不同层级政府，跨公共、私人、公民团体的公共政策制定和管理的过程与结构 |
| 敬乂嘉 | 合作治理是政府治理和自主治理的复合性治理模式，即政府采用默许、邀请、授权及其他方式，支持社会组织参与公共事务的治理，共同实现对公共需要和社会矛盾的发现、形塑和回应的过程，其基本特征是不同治理主体为解决共同事务而对各方治理性资源进行的交换和共享 |
| 曹现强和宋学增 | 合作治理是指在发挥政府主导作用和责任的前提下，通过建构制度化的多元主体参与和多元的治理工具、方式相结合的治理平台，并通过构建有效的多元参与、利益整合、有序竞争和规范监管等运行机制形成网络化的治理结构，旨在实现政府、社会和市场三方的良性互动和有效合作 |
| 蔡岚 | 地方政府间合作治理是一种由多个地方政府和非政府部门的利益相关者直接参与协商的、正式的、旨在制定解决区域公共问题的政策或管理区域公共事务的制度安排 |
| 陈华 | 合作治理是指政府在目标实现的过程中，与非政府、非营利的组织，甚至从更广泛意义上，与私人组织和普通公众开展的合作 |
| 张康之 | 合作治理是一种不同于参与治理的创造性的治理模式，它是多元社会治理主体的共同行动，在合作治理的视野中，由多元治理主体构成的社会治理体系不再是边界清晰的相对封闭的体系，而是一个具有充分开放性的动态系统 |

资料来源：Ansell C，Gash A. Collaborative governance in theory and practice. Journal of Public Administration Research and Theory，2007，18（4）：543-571；Zadek S. Global collaborative governance：there is no alternative. Corporate Governance，2008，8（4）：374-388；Choi T. Information sharing，deliberation，and collective decision-making：a computational model of collaborative governance. Doctoral Dissertation of University of Southern California，2011：4；Zator R. Exploring collaborative governance—case studies of disruptions in coastal zone management collaborations and resulting effects upon the collaborations and outcomes. Unpublished Ph.D Dissertation of Western Michigan University，2011：55；Emerson K，Nabatchi T，Balogh S. An integrative framework for collaborative governance. Journal of Public Administration Research and Theory，2012，22（1）：1-30；敬乂嘉：《合作治理：再造公共服务的逻辑》，天津人民出版社，2009年，第172-173页；曹现强、宋学增：《市政公用事业合作治理模式探析》，《中国行政管理》，2009年第9期，第56-60页；蔡岚：《缓解地方政府合作困境的合作治理框架构想——以长株潭公交一体化为例》，《公共管理学报》，2010年第4期，第31-38页；陈华：《吸纳与合作：非政府组织与中国社会管理》，社会科学文献出版社，2011年，第10页；张康之：《合作的社会及其治理》，上海人民出版社，2014年，第156页

从以上学者的定义可以看出，其对合作治理的理解有一些共同之处：一是合作治理是平等决策过程，无论哪个主体起主导作用，平等构成了合作治理的关键；二是合作治理是多主体参与的、涉及多个环节的集体活动，它旨在解决公共问题，这就划定了合作治理的属性，也明确了合作治理必然形成一个网络，其间将涉及

权力划分、信息沟通等诸多关系性因素；三是合作治理以共识为导向，它是一个以共识为导向的决策过程，目的在于寻找一个使更多利益相关者满意的集体决策，这不同于官僚层级制，也不同于专家咨询制①。

当然，不同学者对合作治理的界定和理解也存在一些差异，这主要体现以下三个方面。

第一，合作治理的范围。Emerson 等将合作治理扩展到各个层面，认为合作治理既包括公私领域的合作，也包括不同层级政府之间的合作，它是一个囊括了不同领域、不同范围、不同类别合作治理的"广义概念"②，具有包容性和整合性。而 Ansell 和 Gash、蔡岚等则主要强调政府与社会之间的合作治理，认为合作治理实际上是政府部门和非政府部门之间的合作，是一个"狭义概念"③。在本书看来，理解合作治理的范围，要从"治理"（governance）这一概念入手，因为合作治理实际上是"治理"的延伸④，它首先要遵循治理的逻辑。与原生性的合作及建立在行政权力划分基础上的政府间合作关系不同，"治理"强调政府部门、私营部门、第三部门、居民个人等参与者分享公共权力、共同管理公共事务⑤，它以政府与市场、社会的互动关系为逻辑分析起点，聚焦公私机构和志愿社团相互依存的关系及由此而生的网状管理系统⑥。何显明在分析我国现代国家治理体系的结构性特征时也指出，"政府与市场、社会的互动关系，政府内部多元治理主体之间职责权限的分工，构成了现代国家治理体系成长的两大主轴。……前者的核心问题是形成政府、市场和社会相互制约又相互支撑的合作治理框架；后者涉及的主要是如何在合理界定政府职责和权限的基础上，建立纵向和横向的政府间合作关系"⑦。显然，从"治理"的概念入手，合作治理更关注的是"国家—社会"框架下的政府合作行为。本书是比较赞同这种观点的，认为合作治理特指政府部门与非政府治理主体之间的合作，它有别于政府间的合作行为。合作治理可以有多个层级的政府部门参与，但是要以有非政府治理主体的参与为必要条件，

---

① 蔡岚：《合作治理：现状和前景》，《武汉大学学报（哲学社会科学版）》，2013 年第 3 期，第 41-46 页。

② Emerson K，Nabatchi T，Balogh S. An integrative framework for collaborative governance. Journal of Public Administration Research and Theory，2012，22（1）：1-29.

③ 虽然蔡岚提及了"政府间的合作治理"这一概念，但她强调的只是"多个地方政府"和"非政府部门"的合作，实质仍是"政府与民间、公共部门与私人部门之间的合作与互动"。参见蔡岚：《缓解地方政府合作困境的合作治理框架构想——以长株潭公交一体化为例》，《公共管理学报》，2010 年第 4 期，第 31-38 页。

④ 唐文玉：《合作治理：权威型合作与民主型合作》，《武汉大学学报（哲学社会科学版）》，2011 年第 6 期，第 60-65 页。

⑤ 陈振明：《公共管理学》，中国人民大学出版社，2005 年，第 84 页。

⑥ Kettle D F. Sharing Power：Public Governance and Private Markets. Washington：Brookings Institution Press，1993：22；Stoker G. Governance as theory：five propositions. International Social Science Journal，1998，50（1）：17-28.

⑦ 何显明：《政府转型与现代国家治理体系的建构——60 年来政府体制演变的内在逻辑》，《浙江社会科学》，2013 年第 9 期，第 4-13 页。

否则合作治理便不能成立。之所以从狭义层面上界定合作治理，是要避免这一概念被"泛化"。正像鲍勃·杰索普谈及治理概念滥用时所指出的，"过去 15 年来，'治理'在许多语境中大行其道，以至成为一个可以指涉任何事物的或毫无意义的'时髦语汇'"①。将合作治理泛化到任何治理主体间的合作行为，会让合作治理变得丧失解释力，最终沦为一个没有生命力的概念。就现有的研究文献而言，虽然有学者把部门间合作也称为治理合作，但绝大部分有关合作治理的文献都把合作治理特指为公共部门和非公共部门利益相关者之间的关系②。因此，合作治理的讨论应当置于国家社会的互动逻辑下。此外，虽然我们可以明确合作治理的范围，但不得不指出，合作治理与"协同治理""网络化治理""协作性公共管理"等竞争性概念的内涵具有重叠之处。本书认为不必对这些术语作过于细致的分析，准确把握合作治理的关键内涵才是重点，在一堆相似概念中争出孰优孰劣对于推进相关研究裨益不多。事实上，"从一元论到多重范式"是学科分支细化和学术繁荣的表现之一。我们所处社会的复杂性会映射到我们的思维模式上，不同学者会带着自己的学科训练和研究目标进入合作治理的研究领域，也就不可避免地带来"多重范式"的问题。就其他领域的研究经验而言，"范式归类"和"新认识论"的形成会伴随着研究深入而产生③，合作治理等相关领域的理论也必然会经历学术界各类研究的"洗礼"，最终从繁杂走向整合。由于这不是重点，本书不予赘述。

第二，合作治理的界定标准。张康之指出，"谈到合作，我们必须承认，在人类社会以往的世代中，都存在着合作行为，在一些局部性的微观活动领域中，也在一定程度上存在着一些不稳定的合作关系"④。那么，何种"合作"为合作治理行为，不同的学者从不同角度分析了这一问题。例如，敬乂嘉认为虽然政府很多合作活动都在进行着资源交换，但合作治理交换的是"治理性资源"，即组织与环境互动过程中所获得的一种交互性的状态或能力，如政府的公共权力与合法性、社会组织的社会权力与合法性。例如，购买公共服务等初级政社协同交换的资源是"运作性资源"，即组织自由的、可以完全交换的资源，如政府控制的财政资金和公共设施、社会组织拥有的专业能力和服务网络⑤。按其观点，合作

---

① 杰索普 B：《治理的兴起及其失败的风险：以经济发展为例的论述》，漆蕪译，《国际社会科学杂志（中文版）》，1999 年第 1 期，第 31-48 页。

② 蔡岚、潘华山：《合作治理——解决区域合作问题的新思路》，见马骏、侯一麟：《公共管理研究（第八卷）》，格致出版社、上海人民出版社，2010 年，第 192-206 页。

③ 斯科特 W R、戴维斯 J F：《组织理论：理性、自然与开放系统的视角》，高俊山译，中国人民大学出版社，2011 年，第 426-431 页。

④ 张康之：《合作的社会及其治理》，上海人民出版社，2014 年，第 151 页。

⑤ 敬乂嘉：《从购买服务到合作治理——政社合作的形态与发展》，《中国行政管理》，2014 年第 7 期，第 54-59 页。

治理更多是发生在政策制定等环节，治理主体间更多的是分享治权。同时，合作治理很大程度上是在政府购买社会组织服务的过程中逐渐衍生出的要素和格局，合作治理比购买服务更为高阶。王辉则指出，合作治理在公共政策制定方面的适用性较低，而在购买公共服务等公共服务提供领域的适用度较高，合作治理的形态包括购买公共服务、合同外包、凭单制、产权交易、志愿者服务等市场化和社会化的政府运作模式，其都属于合作治理研究的范畴①。在本书看来，合作治理的判定以资源交换活动有无实质发生作为标准即可，过于严格的标准容易将诸多类型的活动挡在合作治理的论域之外。所以，敬义嘉指出的"治理性资源"和"运作性资源"的交换都是合作治理的形式，前者主要是指非政府治理主体直接参与公共政策制定并对其政策结果负责，从实质意义上做到共享决策权力，共担决策责任②；后者则关注合作治理主体实质地承担义务以分享组织资源，实现非对抗性的人、财、物等资源的交换。当然，这种资源交换必须以"责任性"为基础，组织在其活动中简单地与外界分享信息等活动不是实质意义上的合作，除非这种信息具有极高的价值，因而咨询委员会、公民大会等松散意义上的"问政"和"参与式治理模式"不能纳入合作治理的研究范围。

第三，合作治理中的政社关系。合作治理的基本特征是拥有两个或更多的公共机构，营利和非营利机构是互惠互利的，这已成为共识③。但在这些主体角色定位及相互间关系的认知上，还存在分歧。张康之认为，合作治理理论从根本上排除了任何政府中心主义的取向，不但拒绝统治型、集权主义的"政府中心主义"取向，而且也不赞成旨在稀释集权的、民主参与型的"政府中心主义"取向，是"真正的民主治理模式"④。赵永飞也表达了相似的观点，认为合作治理超越了问政、参与式治理两种模式，比后两者更为全面和正式⑤。不过，一些研究者认为合作治理并不排斥"政府中心主义"的取向。唐文玉认为，合作治理是一种工具理性，带有很强的实践性和时代性，不是一种固定化、理想化的模式。"合作治理并不意味着就只能是国家与社会之间自由平等的合作，合作治理也并不排斥

---

①　王辉：《合作治理的中国适用性及限度》，《华中科技大学学报（社会科学版）》，2014年第6期，第70-80页。

②　Ansell C，Gash A. Collaborative governance in theory and practice. Journal of Public Administration Research and Theory，2007，18（4）：543-571.

③　Tang S Y，Mazmanian D A. Understanding collaborative governance from the structural choice-poletics，IAD，and transaction cost perspectives. https://ssrn.com/abstract=1516851 or http://dx.doi.org/10.2139/ssrn.1516851，2010-03-01.

④　张康之：《论参与治理、社会自治与合作治理》，《行政论坛》，2008年第6期，第1-6页。

⑤　赵永飞：《合作治理还是"项庄舞剑"：中国地方政府政策过程中的合作与目的》，《复旦公共行政评论》，2011年第1期，第81-106页。

政府中心主义的取向"①，在成熟公民社会基础上建立起来的合作治理形态只是合作治理的高级状态。曹现强和宋学增认为理解合作治理有两个途径，即多元主义模式（pluralism）和合作主义模式（corporatism），前者强调社会中心论，主张在治权分割的基础上建立政治领域多中心的行动体系；后者则强调国家权威的主导性和控制力，强调政府主导的合作使社会不同利益得到有序的集中、表达与协调，达成社会利益格局的相对均衡、有序和协调②。他认为就我国的治理实践而言，基于合作主义模式去理解合作治理较为合适，即合作治理仍以政府为主导。本书认为，这种分歧在很大程度上是研究途径不同带来的。张康之是从哲学层面和广阔的历史视野出发，通过对民主困境和参与式治理的质疑，提出了合作治理模式这一替代方案，并力求梳理出一种不同于以往形式民主的新型社会治理模式③。他为我们提供了一个后工业化社会治理模式的蓝图或愿景，理解这一模式必须将其放置于时代的长河中，他所提出的"行政权力的外向功能会趋近于无""治理主体不会再依靠权力去直接作用于治理对象"④等观点实际上也是一个发展的、未来的议题。因而，有研究者在评价张康之关于合作治理的构想时指出，"合作治理在今天更多地还是以理论的形式出现，……体系化的合作治理尚未成为现实。所以，（合作治理）也是一个需要进行怀疑的改革方案"⑤。而唐文玉、曹现强则主要着眼于实践对合作治理进行阐释并以此作为分析的基础。实际上，将合作治理应用于实践分析将面临一个风险，即若按照严格意义上的概念去界定合作治理活动，恐怕在中国难以找到对应的事例。因而，唐文玉将合作治理看做"工具理性"，认为具体的合作形式、合作结构或合作关系，不应成为辨别是否存在合作治理的标准，他认为其研究的"目的在于深化对合作治理的实践洞悉，尤其是为合作治理在中国语境下的论述提供适切性的基础"①。

　　在本书看来，这种研究途径不同带来的概念认知的差异可以从"价值层面"和"操作层面"对其进行解读和梳理。毫无疑问，在价值层面上，合作治理强调各治理主体间关系的平等与去中心化，但它针对的是政府垄断公共事务管理、依靠权威自上而下单向度管制的传统"统治型"模式，以及政府操控的、公民无实际决策权力的"形式民主"，而不是倡导"无政府主义"和"绝对的自由主义"。合作治理并不否认治理主体的依赖关系，但这种依赖关系是相互的且非"依附"

---

　　① 唐文玉：《合作治理：权威型合作与民主型合作》，《武汉大学学报（哲学社会科学版）》，2011年第6期，第60-65页。

　　② 曹现强、宋学增：《市政公用事业合作治理模式探析》，《中国行政管理》，2009年第9期，第56-60页。

　　③ 张康之：《行政伦理的观念与视野》，中国人民大学出版社，2008年，第355页。

　　④ 张康之：《论参与治理、社会自治与合作治理》，《行政论坛》，2008年第6期，第1-6页。

　　⑤ 周义程、黄菡：《用"合作的治理"取代"民主的治理"——评张康之〈行政伦理的观念与视野〉中的合作治理构想》，《理论探讨》，2010年第4期，第140-143页。

关系。Stoker 曾指出，治理理论明确肯定涉及集体行为的各个社会公共机构之间存在着权力依赖，即"致力集体行动的组织必须依靠其他组织""为求达到目的，各个组织必须交换资源、谈判共同的目标""交换的结果不仅取决于各个参与者的资源，而且也取决于游戏规则以及进行交换的环境"[①]。基于这种认识，不少研究者（如 Ansell、Gash、Zator 及曹现强等）在定义合作治理时，就明确指出政府或公共部门是合作治理的策划者、建立者。当然，政府的这种"领导者"（leader）角色不同于"统治者"（ruler），它更多地建立在共识的基础上。合作治理的运行也需要权威，但这种权威更多的是一种共识。实际上，在治理关系中，有的组织有可能在某一特定的交换过程中处于主导地位，但不宜由哪个机构发号施令。当然，政府或某个机关有可能打算这样做，但总是遭到抵抗，因为无人乐于一味仰仗和屈从他人[②]。亦如 McGuire 所言，虽然合作的机构会发生变化、不同机构之间的合作程度不同、在合作的各方之间存在不同的权力等级，但是有一点是共同的，即没有对方的合作，任何一方都不能完成自己的工作和任务，无法实现自身的利益要求[③]；在"操作层面"上，合作治理也符合其他合作活动的一般特征，其运行的前提是"构建一个高效的治理结构"，这就需要合作治理体系本身能够清楚地表达愿景、明确使命、确定谁负责合作网络、选择正确的合作类型等。要完成这一系列的任务，就必须设计合作治理网络的结构及明确各治理主体的角色，确定整个合作网络由谁"掌舵"。与其他领域的合作不同，合作治理的"掌舵"不仅是一个机械的过程，还是一个政治过程，价值观、意识形态、政治支持、势力范围、权力及个人因素都必须考虑在内[④]。只要能满足合作治理高效和公平运行的要求，"掌舵者"既可以是政府部门，也可以是非政府治理主体，这要视具体的合作环境与合作活动的性质而定。因而，本书认为合作治理实际上同时摒弃了"社会中心论"和"政府中心论"，将"政府对合作网络的领导"视为"政府中心主义"的倾向有失偏颇，对合作网络由谁领导的讨论也不能等同于"以谁为中心"的议题。就目前的实践而言，我国绝大多数的合作治理网络是由政府发起、领导或监管的，但这种"操作层面"上的政社关系不代表"价值层面"合作主体关系的不平等，即合作治理强调的是政府与 NGO 之间平等的合作关系，在不同的情境下各治理主体扮演的角色会有所差异。

综上所述，本书认为合作治理，是指政府部门与私营部门、第三部门、公民

---

① Stoker G. Governance as theory: five propositions. International Social Science Journal, 1998, 50（1）: 17-28.

② Rhodes A W. The new governance: governing without government. Political Studies, 1996, 44（4）: 652-657.

③ McGuire M. Intergovernmental management: a view from the bottom. Public Administration Review, 2006, 66（5）: 677-679.

④ 巴达赫 E.《跨部门合作：管理"巧匠"的理论与实践》，周志忍、张弦译，北京大学出版社，2011 年，第 153 页。

个人等具有互赖关系的参与者组成的、可共享决策权力和共担决策责任、以合作共识和彼此信任为前提基础、以正式协商和资源交换为基本方式，旨在处理公共问题和增进公共利益的行动体系及制度安排。对这一概念的理解可以从以下六个方面展开：①合作治理具有多中心的治理结构，各治理主体之间是一种相互依存而非依附的关系，这种相互依存体现在制度、组织、信息、人力资源和时空环境等多个方面。相对于早期"没有政府的治理"等颇具后现代色彩的口号，合作治理更加务实地看待政府与社会的依赖关系。合作治理特指"政府部门"和"非政府部门或个人"之间的合作，政府部门之间的合作不能称为合作治理，除非这种合作中有"非政府部门或个人"的参与。虽然政府部门往往在合作治理中担任"发起者"和"领导者"的角色，但各治理主体之间具有相对平等的权力。当然，合作治理主体之间存在一定的权力依赖性，不同情境下各治理主体扮演的角色和地位可能有所不同，但不能因此而改变各治理主体拥有平等权力的假设。从理论意义上讲，政府部门和非政府治理主体都有可能是合作治理网络的"发起者"或"领导者"。②合作治理是复合性治理模式，它整合了科层治理、市场治理、自主治理三种不同的治理逻辑。一方面，合作治理继承了自主治理的主要观点，将治理看做相互依存状态下的管理，将公民社会部门看做治理的主体，确立了多中心的公共行动体系；另一方面，它吸收了政府管理途径的重要观点，承认一个复杂、高效、法制的政府对有效治理的重要意义，并认为在网络中，政府与其他主体是平等的关系，需要通过对话、建立伙伴关系和借助其他主体的资源来实现依靠自身无法实现的目标[1]。③合作主体间不是简单的互动关系，它必须以资源的交换和正式的沟通为基础。也就是说，合作治理绝不仅仅是向非政府部门的利益相关者咨询建议，它意味着各机构之间和利益相关者之间的多向交流、相互影响及资源交换的实质发生[2]，这不同于随意的和传统的利益集团的互动或民意的征求。正如 Walter 和 Petr 所言，合作治理是一种"包含共同活动、共同结构和共享资源的正式活动"[3]。④合作治理是一个平等协商和决策的过程，各治理主体都有权参与决策但也必须承担决策的后果。从这种意义上讲，合作治理是"关于规则的游戏"（games about rules）和"遵守规则的游戏"（games under rules）的集合[4]。合作治理主体可以通过协商对话的方式来设计公共政策、共同管理合作网络，并以此约束彼此行为和监督各自责任的落实。当合作治理网络损害某一主体的正当

---

① 陈振明：《公共管理学》，中国人民大学出版社，2005 年，第 81-82 页。

② 蔡岚、潘华山：《合作治理——解决区域合作问题的新思路》，见马骏、侯一麟：《公共管理研究（第八卷）》，格致出版社、上海人民出版社，2010 年，第 192-206 页。

③ Walter U，Petr C. A template for family centered interagency collaboration families in society. The Journal of Contemporary Human Services，2000，81（5）：494-503.

④ Stoker G. Governance as theory：five propositions. International Social Science Journal，1998，50（1）：17-28.

权益时，该主体有权提出网络制度重建的要求，要求共同改变"网络的游戏规则"与重新分配权力和资源。⑤合作治理的机制是共识和信任，它的运行是以非强制性、非控制性的网络权威为支撑。合作治理的运行也需要权威，但这种权威与来自集权的权威有着本质区别，它不以外在性的压力存在，不以人在行为上接受或服从却在心理上排斥的形式出现①，这种"权威"实际上就是合作治理网络中的共识与信任。共识和信任之所以对合作治理至关重要，是因为合作治理以正式协商和权力对等为基础，这势必增加了决策的成本甚至影响决策的质量，而共识和信任是降低合作成本的重要手段，一旦形成信任和达成共识，那么合作治理的决策执行将是顺利和迅速的②。⑥合作治理的目的在于解决公共问题。合作治理的使命不仅是平衡各方利益、共同解决冲突和增进彼此利益，还在于通过一起而非独立的活动来增加公共价值、维护社会秩序和处理公共事务③。相较于一般意义上的合作，它更为强调公共责任及公共利益的最大化。

## 二、合作治理绩效

合作治理绩效是本书的关键概念。对合作治理绩效的理解始于"绩效"，也有研究将其称为"效果"。关于绩效的概念，学界的观点基本一致，一般解释为成绩、成效④，即组织活动产生的影响和效果，包括直接效果、附带效果、意外效果、潜在效果和象征性效果五类⑤。比较有代表性的是 Kast 和 Rosenzweig 的定义，两位认为绩效是组织所从事活动的业绩和效率的统称，通常可以视为组织战略目标的实现程度，其内容包括活动的效率和活动的结果等⑥。也有学者从绩效产生的角度定义绩效，如 Churchill 等认为绩效是组织活动对组织目标贡献程度的评价⑦。结合这两种观点，本书认为合作治理绩效，是指县域内合作治理活动对合作主体、客体及环境所产生的效果，它以主观评价的形式出现，是一个地区合

---

① 张康之：《合作的社会及其治理》，上海人民出版社，2014 年，第 2 页。

② Booher D E. Collaborative governance practices and democracy. National Civic Review, 2004, 93（4）：32-46. 转引自蔡岚：《合作治理：现状和前景》，《武汉大学学报（哲学社会科学版）》，2013 年第 3 期，第 41-46 页。

③ 巴达赫 E：《跨部门合作：管理"巧匠"的理论与实践》，周志忍、张弦译，北京大学出版社，2011 年，第 13 页。

④ 陈振明：《公共管理学》，中国人民大学出版社，2005 年，第 283 页。

⑤ 陈振明：《政策科学——公共政策导论》，中国人民大学出版社，2007 年，第 470 页。

⑥ Kast F E, Rosenzweig J E. Organization and Management：A Systems Approach. 3rd ed. New York：McGraw-Hill, 1979. 转引自武志伟、茅宁、陈莹：《企业间合作绩效影响机制的实证研究——基于 148 家国内企业的分析》，《管理世界》，2005 年第 9 期，第 99-106 页。

⑦ Churchill G, Ford N, Walker O. Sales Force Management. 4th ed. Homewood：McGraw-Hill/Irwin.转引自蔡莉、尹苗苗：《新创企业学习能力、资源整合方式对企业绩效的影响研究》，《管理世界》，2009 年第 10 期，第 129-132 页。

作治理水平的基本体现。合作治理绩效具有绩效的一般特征，同时也有其特殊性，因而准确把握合作治理绩效的内涵对于本书极其重要。本书从以下四个层面对其进行解读。

（1）合作治理绩效是客观事实与主观评价的有机统一。合作治理绩效的呈现需要经过"合作治理活动产生影响""评价合作治理活动影响"两个阶段，前一阶段是合作治理带来的客观事实，后一阶段则是对客观事实的主观评价，合作治理绩效的实质是活动客观情况和人们主观评价的集合。正如有研究者所言，绩效是组织活动的客观产物，更重要的是，它还是人们对于活动过程和成果的一种主观评价[①]。准确把握合作治理绩效蕴涵的客观性与主观性对顺利开展绩效评估具有重要的指导意义：一方面，绩效评估必须具有科学性，要采用恰当的评估模式、构建完善的指标体系、制订完整的评估方案，以尽可能地减少评估人主观偏见带来的影响；另一方面，摒弃所谓的客观指标和主观指标的优劣之争。事实上，人为设定的评价指标都具有主观性。在评估方式不科学或缺少监督的情况下，财务等客观指标与满意度等主观指标都具有"造假"的风险，根据研究对象选择适当的评估指标才是正解。

（2）合作治理绩效是公平取向与效率取向的有机统一。公平取向和效率取向的此消彼长是公共行政研究的一个常态，不同的研究取向和政策导向也会影响绩效评估等微观操作层面。虽然理论主张会因解决现实问题而打上时代烙印，但公平取向与效率取向的分野并非非此即彼、矛盾冲突[②]，效率和公平从来也不会是一对"天敌"。合作治理是在新公共管理、新公共行政等理论逻辑整合基础上产生的，因而其绩效也应当充分体现公平和效率结合的特质。邓恩提出的绩效标准是学界普遍认同的观点，他将绩效评估的标准划分为效果、效率、充分性、公正性、回应性和适应性 6 种[③]，这实际上也体现了公平与效率并重的逻辑。在谁更优先的问题上，本书认为在公共管理领域，效率应该置于公平的框架下讨论。正如美国学者登哈特夫妇所言："效率和生产力等价值观不应丧失，但应当被置于民主、社区和公共利益这一更广泛的框架体系之中。"[④]阿格拉诺夫和麦圭尔甚至用更为激进的观点来强调合作公平性的重要性，他认为合作的有效性"不在于更好的效率——共同制定决策不会特别有效率——而在于更好的效益。……如果

---

① 原欣伟、覃正、伊景冰：《学习与绩效：基于学习–绩效环的组织学习框架》，《科技管理研究》，2006年第 3 期，第 71-73 页。

② 张立荣、姜庆志：《国内外服务型政府和公共服务体系建设研究述评》，《政治学研究》，2013 年第 1期，第 104-115 页。

③ 邓恩 WN：《公共政策分析导论》（第四版），谢明、伏燕、朱雪宁译，中国人民大学出版社，2013 年，第 249 页。

④ 登哈特 JV、登哈特 RB：《新公共服务：服务，而不是掌舵》，丁煌译，中国人民大学出版社，2010年，第 8 页。

合作是共同主导的行动进程，传达的是符合社会利益多样性的政策产出，那么一个费力地、甚至是痛苦地接受这种考验的政策决策肯定是最好的决策"①。一言以蔽之，理解合作治理绩效需要站在公平与效率统一的立场，并将其置于公平的框架中进行讨论。

（3）合作治理绩效是复杂性与整体性的有机统一。合作治理是一个复杂的活动，具有主体多元、动机不一、方式多样等多种特点，因而很难找到一种明确的绩效模式去反映合作网络内部的各种差异。在合作网络中，合作成员投入的资源和目的均不尽相同，成本—收益法有时候很难度量合作带来的整体绩效。同时，合作治理中双边或多边的网络关系使合作绩效可能是不对称的，即一个组织达到了自己的目标，而另外一个组织可能未必如此。很多案例表明，一个合作参与者学到了另一个合作伙伴的技能，而其合作伙伴却没有实现自己的目标，这时便很难断定该合作网络绩效的高低②。这种复杂性和差异性促使我们要在整体层面上思考合作治理绩效，即应当关注合作治理对公共事务解决产生了多大的推动作用。此外，合作网络内部的各种差异给绩效带来的影响可以用矢量加总的方式来衡量，即将不同参与者对合作治理绩效的所得、所失汇总为该合作网络的整体绩效。

（4）合作治理绩效是过程与结果的有机统一。从成本—收益的角度来看，合作治理绩效包括两个方面的含义：一是指合作治理在完成任务、实现目标方面所取得的结果，也就是所谓的业绩；二是指合作治理主体为了取得这样的业绩所付出的成本或代价，也就是所谓的效率和效益。因此，绩效是过程与结果的统一，行为表现就是过程绩效，行为结果就是产出绩效③。在研究合作治理绩效时，我们不仅要看该网络取得的成绩，还应该看为之投入的各种成本及合作过程中各方的满意度。

## 三、影响机制

机制原指机器的构造和动作原理，后被引申为事物的构造、功能和不同组成部分的相互关系。在社会科学领域，它专指社会有机体的构成及在运行过程中各部分的相互联系、相互作用的方式④。基于这种理解，本书所研究的县域合

---

① 阿格拉诺夫 R、麦圭尔 M：《协作性公共管理：地方政府新战略》，李玲玲、鄞益奋译，北京大学出版社，2007年，第174页。

② 严建援、颜承捷、秦凡：《企业战略联盟的动机、形态及其绩效的研究综述》，《南开管理评论》，2003年第6期，第83-91页。

③ 史传林：《社会治理中的政府与社会组织合作绩效研究》，《广东社会科学》，2014年第5期，第81-88页。

④ 郑慧：《民主制度与民主机制之辨》，《社会科学战线》，2012年第2期，第188-199页。

作治理绩效的影响机制包括两个关键问题，即哪些因素影响了县域合作治理绩效和这些影响因素之间是如何作用的。从前者来看，县域合作治理绩效影响因素涉及政治因素、经济因素、社会文化因素、技术因素、法律因素和地理因素等诸多内容，丰富且繁杂；从后者来看，这些因素之间的关系呈现系统化、动态化的特征。而且从较长的历史时期来看，不少因素互为因果关系，这就给实证研究建模带来较大的困难。因而选择从何种角度切入，是分析县域合作治理绩效影响机制的关键。

就研究旨趣而言，本书主要基于合作治理进程模型分析合作治理绩效的影响机制，重点不在于分析宏观政治、经济、社会环境的影响，而是解释合作治理绩效影响机制的微观运行状态。因而，本书在 Ansell、Gash、Wood、Gray 等提出的合作治理进程的研究框架基础上，结合县域治理的特质构建了解释框架，这是本书研究合作治理绩效影响机制的切入点。此外，合作治理的计划与实施、成功或失败会对合作治理影响因素产生影响，即合作绩效对影响因素有回应机制。本项实证研究主要基于横断面数据，因而未对合作治理绩效的回应机制进行研究。综上所述，本书所指的影响机制是狭义、微观和静态的影响机制，是合作治理进程模型视角下特定的影响机制，这是需要特别说明的。

## 四、县域治理

理解县域治理首先应当理解"县"的概念。"县"是我国连接城乡并介于省或自治区与乡、镇之间的地方一级行政区域单位[①]。"县"起源于春秋，推广于战国，定制于秦朝，至今已有两千多年的历史[②]，具有顽强的生命力和长期的稳定性。发展到今日，我国的县是一个城市与乡村的有机结合体，是基层政权发挥作用的主要载体，在我国新型城镇化进程中占有重要位置。据国家统计局最新统计的《中华人民共和国行政区划统计表》，我国有县级行政区划单位 2 852 个，其中市辖区 860 个，县级市 368 个，县 1 453 个，自治县 117 个，旗 49 个，自治旗 3 个，特区 1 个，林区 1 个，覆盖了中国土地的 90%以上、人口的 70%以上[③]。可以看出，县级行政区划单位可以分为市辖区、县级市、县、自治县、旗、自治旗、特区、林区 8 种，本书中未加以区别对待，即研究的是一般意义上的"县"（由于林区、特区县级政府数量极少，因而未纳入研究范围）。从下文调研抽样情况来看，研究基本覆盖了市辖区、县级市、县等主要的县级行

---

① 肖蔚云、姜明安：《北京大学法学百科全书》，北京大学出版社，1999年，第491页。
② 寿孝鹤、李雄藩、孙庶玉：《中华人民共和国资料手册》，社会科学文献出版社，1999年，第10页。
③ 国家统计局统计设计管理司：《最新县及县以上行政区划代码（截止 2016 年 7 月 31 日）》，http://www.stats.gov.cn/tjsj/tjbz/xzqhdm/201703/t20170310_1471429.html，2017 年 3 月 10 日。

政区划单位。

县域治理问题虽然很早便引起广泛的关注，但学界对县域治理的内涵并没有统一认识，县域治理的概念也没有明确界定①。从字面意思上理解，县域治理就是以县域行政区划为边界的治理，它内在地隐含了管辖边界和治理的诸多逻辑。为了更好地理解县域治理，本书从范围、主体、向度和层次四个维度对其进行了解读。

从治理范围上看，县域治理所涉及的对象包括县域内的政治、经济、社会改革等多个层次和维度，与国家层面上公共事务的类型基本相似。正如有研究者指出，县域本身就像个"小国家"，城镇乡村兼有，农民市民混杂，第一、二、三产业共生，可谓"麻雀虽小、五脏俱全"，"治小县如理国政"②。因而，县域治理涉及了新型城镇化中提及的大部分公共事务，只不过难易程度及所涉范围有所变化而已。值得一提的是，伴随着社会流动性和一体化进程的加快，跨域公共事务的治理问题也越来越多，县域治理的开放性不断增强，这似乎使县域治理的范围扩展到域外。但本书认为，如果域外公共事务波及不到县域内，那么它也很难构成县域治理的内容，跨域公共事务之"跨"也隐含了一部分公共事务在县域内的事实。所以，县域治理的对象是县域内或域外相关的公共问题，县域治理的作用范围也主要以县域为界限。

从治理主体上看，县域治理包括国家力量、市场力量和社会力量三部分，即政府、企业、社会组织、人民群众等。政府有广义和狭义之分，广义的政府包括党委、人大、行政、司法等机关，狭义的政府主要指行政机关③，本书采用的是狭义层面上的政府定义；企业从性质上可以分为国有企业、民营企业等，本书指的是县域内的非国有企业。这主要是因为我国国有企业实质上是政府参与和干预经济的一种手段，是政府针对已出现或可能出现的市场失效问题而代表公众利益所采取的制度安排④。从这种意义上讲，国有企业更多的是行使了国家职能，其背后有一股非经济的、出于政治或意识形态考虑的力量⑤，因而不能在治理的框架下完全反映出市场力量对县域治理的影响；广义的社会组织是指人们从事共同活动的所有群体形式，包括氏族、家庭、秘密团体、政府、军队和学校等，本书主要指的是民政部所列出的四类，即在县域内活动的社会团体、非民办企业、基金会和涉外社会组织。作为历史唯物主义的一个重要范畴，人民群众是指推动历

① 王国红、瞿磊：《县域治理研究述评》，《湖南师范大学社会科学学报》，2010 年第 6 期，第 61-65 页。
② 蔡霞：《以县政改革为切入点启动国家政治改革》，《东南学术》，2010 年第 1 期，第 8-11 页。
③ 刘超：《县级政府决策力生成场域研究》，湘潭大学出版社，2010 年，第 49 页。
④ 黄速建、余菁：《国有企业的性质、目标与社会责任》，《中国工业经济》，2006 年第 2 期，第 68-76 页。
⑤ Ramanadham V V. The Economics of Public Enterprise. London: Routledge, 1991. 转引自黄速建、余菁：《国有企业的性质、目标与社会责任》，《中国工业经济》，2006 年第 2 期，第 68-76 页。

史发展的绝大多数社会成员的总和，本书所指的既涉及居民个人，又涉及居民所在村或社区的自治组织，因而是一个复合的概念。

从治理向度上看，大部分研究者认为县域治理变革包含纵、横两个方向，即中央和地方关系的调整、国家和社会关系调整。Box 认为，地方治理强调以分权化为主导的地方权力和自主管理能力，但又倡导地方政府与民营企业组织之间、政府组织与公民社会之间广泛的合作与伙伴关系[①]。徐勇也认为县域治理改革是双向型运作：一是中央权力适度向县级下放，使县级有更强的自主性，同时这种权力下放是整体性的，即权力下放与权力监督同步；二是民众对县域治理的适度参与，县域权力扩大不仅是扩大"县官"的权力，同时还是扩大"县民"的权利[②]。这也形成了县域治理研究的两种类型，一是关注"省直管县""县政财权"等行政体制改革，二是关注政社协同、政企合作等伙伴关系。就研究旨趣而言，本书关注的是横向上的治理，即在国家和社会关系调整的框架下理解县域治理。

从治理层次上看，县域治理是国家治理体系的基石。县域是一个包含完整政权架构的行政区域，是国家和社会、城市与乡村的"过渡地带"，在我国现代国家治理体系中有举足轻重的独特地位，因而县域治理的现代化是地方治理结构现代化的关键节点[③]。正如樊红敏在总结徐勇、杨雪冬、贺东航等学者的观点后所言，"在中国现代国家构建的框架中，县是最全面的微观单位，它在国家转型中扮演重要角色，不仅能够全面反映出整个体制的运行和变迁，而且能够集中体现出国家与社会的互动，县作为一个分析单位对认识和理解中国政治具有重大意义"[④]。理解县域治理要将其放置于国家治理体系现代化的背景之下，研究要注重县域治理"管窥"国家治理的功能。

## 五、新型城镇化

新型城镇化的概念是在对中国特色城镇化道路不断探索和实践的基础上提出的。从《国民经济和社会发展第十个五年计划纲要》提出的"走符合我国国情、大中小城市和小城镇协调发展的多样化城镇化道路，逐步形成合理的城镇体

---

① Box R C. Citizen Governance: Leading American Communities into the 21st Century. Thousand Oaks: Sage Publications, 1998. 转引自孙柏瑛：《当代发达国家地方治理的兴起》，《中国行政管理》，2003 年第 4 期，第47-53 页。

② 徐勇：《国家化与地方性背景下的双向型县域治理改革》，《探索与争鸣》，2009 年第 12 期，第 4-5 页。

③ 唐皇凤：《现代治理视域中的县域治理与县政发展——基于县乡公务员问卷调查的分析》，《社会主义研究》，2014 年第 1 期，第 66-75 页。

④ 樊红敏：《政治行政化：县域治理的结构化逻辑———把手日常行为的视角》，《经济社会体制比较》，2013 年第 1 期，第 107-117 页。

系"[1]，到十六大提出的"要逐步提高城镇化水平，坚持大中小城市和小城镇协调发展，走中国特色的城镇化道路"[2]，再到十七大提出的"走中国特色城镇化道路，按照统筹城乡、布局合理、节约土地、功能完善、以大带小的原则，促进大中小城市和小城镇协调发展"[3]，以及十八大提出的"坚持走中国特色新型工业化、信息化、城镇化、农业现代化道路"[4]，十八届三中全会提出的"坚持走中国特色新型城镇化道路，推进以人为核心的城镇化，推动大中小城市和小城镇协调发展、产业和城镇融合发展，促进城镇化和新农村建设协调推进"[5]，2012年中央经济工作会议提出"积极稳妥推进城镇化，着力提高城镇化质量。……把生态文明理念和原则全面融入城镇化全过程，走集约、智能、绿色、低碳的新型城镇化道路"[6]，2013年中央城镇化工作会议提出的"城镇化是现代化的必由之路。……是一个自然历史过程；……推进城镇化必须从我国社会主义初级阶段基本国情出发。……要以人为本，推进以人为核心的城镇化"[7]等密集的政策表述，"新型城镇化"的提法逐步成型，内涵也逐步丰富。特别是《国家新型城镇化规划（2014—2020年）》的出台，标志着作为全面深化改革的重要战略部署之一的"新型城镇化"建设已经"常态化"。

伴随着中央政策的密集出台，新型城镇化也成为我国地方政府、学界及社会其他领域共同关注和讨论的核心议题。不过由于提出时间较短，关于新型城镇化的概念目前学界尚无一致的界定，但对其基本内涵，学界与政府的观点基本一致，认为新型城镇化是对传统城镇化的扬弃，是发展方式由粗放型向集约型的转变，核心是解决人的问题，旨在追求人口、经济、社会、资源、环境等协调发展的城乡一体化过程[8]。正如李克强总理在2014年政府工作报告中提及的，要健全城乡发展一体化体制机制，坚持走以人为本、四化同步、优化布局、

① 《国民经济和社会发展第十个五年计划纲要》，http://theory.people.com.cn/GB/40557/54239/54243/3783806.html，2015年10月19日。

② 《全面建设小康社会，开创中国特色社会主义事业新局面——在中国共产党第十六次全国代表大会上的报告》，http://cpc.people.com.cn/GB/64162/64168/64569/65444/4429125.html，2002年11月8日。

③ 《高举中国特色社会主义伟大旗帜 为夺取全面建设小康社会新胜利而奋斗——在中国共产党第十七次全国代表大会上的报告》，http://cpc.people.com.cn/GB/104019/104099/6429414.html，2007年10月25日。

④ 《坚定不移沿着中国特色社会主义道路前进 为全面建成小康社会而奋斗——在中国共产党第十八次全国代表大会上的报告》，http://news.xinhuanet.com/18cpcnc/2012-11/17/c_113711665.htm，2012年11月17日。

⑤ 《中共中央关于全面深化改革若干重大问题的决定》，2013年。

⑥ 李学仁：《中央经济工作会议在北京举行》，《人民日报》，2012年12月17日。

⑦ 王晔：《中央城镇化工作会议在北京举行》，《人民日报》，2013年12月15日。

⑧ 汪大海、南锐：《新型城镇化背景下的社会管理转型升级——从碎片化社会管理走向整体性社会管理》，《学术界》，2013年第12期，第27-39页。

生态文明、传承文化的新型城镇化道路[1]；又如 2013 年中央城镇化工作会议中指出的，"走中国特色、科学发展的新型城镇化道路，核心是以人为本，关键是提升质量，与工业化、信息化、农业现代化同步推进"，"使城镇化成为一个顺势而为、水到渠成的发展过程……要注意处理好市场和政府的关系，既坚持使市场在资源配置中起决定性作用，又更好发挥政府在创造制度环境、编制发展规划、建设基础设施、提供公共服务、加强社会治理等方面的职能"，推进城镇化的主要任务在于推进农业转移人口市民化、提高城镇建设用地利用效率、建立多元可持续的资金保障机制、优化城镇化布局和形态、提高城镇建设水平、加强对城镇化的管理[2]。学界的观点及其对新型城镇化内涵的阐释也与上述政策表述基本相似，具体情况见表 1-2。

表 1-2　国内关于新型城镇化的典型定义

| 研究者 | 定义 |
| --- | --- |
| 吴江等 | 新型城镇化主要是指以科学发展观为统领，以新型产业及信息化为推动力，追求人口、经济、社会、资源、环境等协调发展的城乡一体化的城镇化发展道路 |
| 张占斌 | 新型城镇化有四个内涵，即城镇带动的统筹城乡发展和农村文明延续的城镇化；人口、经济、资源和环境相协调，集约、智能、绿色、低碳、生态文明、永续发展的城镇化；区域经济发展和产业布局紧密衔接的、以城市群为主体形态、大中小城市与小城镇协调发展的城镇化；实现人的全面发展，包容性、和谐式城镇，体现农业转移人口有序市民化和公共服务协调发展，致力于和谐社会和幸福中国的城镇化 |
| 倪鹏飞 | 新型城镇化是以科学发展观为指导方针，以人口城镇化为核心内容，以信息化、农业产业化和新型工业化为动力，以"内涵增长"为发展方式，以"政府引导、市场运作"为机制保障，走可持续发展道路、建设城乡一体的城市中国的模式 |
| 陈文科 | 新型城镇化是坚持以人为本，全面改善和提升城乡居民生活质量，使广大农民在破除城乡二元经济社会结构变革中获得更多的实惠，享有与市民同等的有尊严的生活和社会地位的过程 |

资料来源：吴江、王斌、申丽娟：《中国新型城镇化进程中的地方政府行为研究》，《中国行政管理》，2009 年第 3 期，第 88-91 页；张占斌：《新型城镇化的战略意义和改革难题》，《国家行政学院学报》，2013 年第 1 期，第 48-54 页；倪鹏飞：《新型城镇化的基本模式、具体路径与推进对策》，《江海学刊》，2013 年第 1 期，第 87-94 页；陈文科：《转型中国城镇化实践四题》，《江汉论坛》，2013 年第 9 期，第 5-12 页

根据新型城镇化的提出历程及对其概念和内涵的相关论述，本书认为认识新型城镇化可以从以下四个方面入手。

（1）新型城镇化是社会各领域对传统城镇化反思的集中体现，是中国特色社会主义理论在城镇化发展领域的映射。关于新型城镇化"新"在何处，主要体现在新核心、新理念、新动力、新方式、新格局及新重点六个方面，即以人为核心、注重包容与共享、四化统筹推进、融入生态文明、以主体功能区规划为指导布局

---

[1] 《政府工作报告（全文）》，新华社，http://www.gov.cn/guowuyuan/2014-03/14/content_2638989.htm，2014 年 3 月 14 日。

[2] 《中央城镇化工作会议在北京举行》，《人民日报》，2013 年 12 月 15 日。

新城镇、制度等软件建设重要性更加凸显等①，这实际上是近 10 年来学界及政府反思"土地城镇化""社会差距拉大""资源环境恶化""社会矛盾增多""体制机制不健全"等传统城镇化弊端，以及对"新农村建设""发展小城镇战略""公共服务均等化"等政策创新的总结和提升；再从新型城镇化指导思想来看，《国家新型城镇化规划（2014—2020 年）》确定的"以人为本，公平共享""四化同步，统筹城乡""优化布局，集约高效""生态文明，绿色低碳""文化传承，彰显特色""市场主导，政府引导""统筹规划，分类指导"七条基本原则，实际上是"发展是第一要务""以人为本""建设富强民主文明和谐的社会主义现代化国家""完善社会主义市场经济体制"等中国特色社会主义理论元素及要求的具体体现。因此，本书认为新型城镇化是在实践和理论双层面上对传统城镇化的理性反思、提升和整合的结果，也是中国特色社会主义理论的具体实践和创新应用，并非一些观察者所说的"新瓶装旧酒""新型城镇化是个筐，什么都可以往里装"等片面或绝对化的理解。

（2）新型城镇化立足于我国社会主义初级阶段的基本国情，是对传统城镇化的扬弃。这就意味着我们应当在接受传统城镇化留下的遗产上推动新型城镇化。一方面，城镇化是带动我国经济社会健康快速发展的重要平台，对于推动农村剩余劳动力转移、加快产业结构转型、提高城乡居民生活水平、承载工业化和农业现代化具有重要意义，有利于促进社会全面进步和推动我国现代化进程；另一方面，城镇化的发展也带来一系列突出的社会矛盾和问题，如低效的资本与土地利用、"不完整的人口迁移"、社会不平等加剧、公共服务供给不足和"环境污染"等问题②。此外，城镇化影响和重塑了社会关系。伴随着人口居住空间的转移和居住密度的提高，社会异质性程度与多元化趋势不断增强，人们原有的从属关系发生断裂，消费方式、价值观和行为方式都发生了重新调整③。从这种意义上讲，城镇化既是传统社会解构的过程，又是新型社会关系与社会结构重新构建的过程④。因而，建设新型城镇化，应当对传统城镇化"去其糟粕，取其精华"。同时，立足于当前实际，关注城镇化发展中社会结构异质化、社会需求多样化、社会主体多元化、公共事务复杂化等特征，并在遵循城镇化发展规律的基础上有针对性地进行政策调整和创新。

（3）新型城镇化是一个复杂的系统工程，涉及经济发展、人口转移、公共服

---

① 张占斌：《走中国特色的新型城镇化道路》，《经济参考研究》，2014 年第 8 期，第 4-14 页。
② 国务院发展研究中心、世界银行联合课题组：《中国：推进高效、包容、可持续的城镇化》，http://www.cssn.cn/dybg/gqdy_ttxw/201403/t20140328_1049268.shtml，2014 年 3 月 28 日。
③ Hauser P M, Schnore L. The Study of Urbanization. New York: John Wiley and Sons, 1965. 转引自冯涛：《新型城镇化进程中的地方政府治理转型》，浙江大学出版社，2014 年，第 4 页。
④ 冯涛：《新型城镇化进程中的地方政府治理转型》，浙江大学出版社，2014 年，第 4 页。

务、城乡一体等诸多内容，见表 1-3。可以看出，新型城镇化不是简单的"人的城镇化"，所涉及的农业转移人口市民化、城镇化布局和形态、城市发展、城乡发展一体化、城镇化发展体制机制等领域亦包含繁杂的内容，而且这些内容具有相互交叉、彼此影响的特征，很多项目"牵一发而动全身"，这使新型城镇化建设中充满了"一着不慎，满盘皆输"的风险。可以说，新型城镇化不仅是一项涉及"物"的创造，还是一项涉及"人"的管理与服务等方方面面的复杂性、系统性的创新工程[1]。

表 1-3　新型城镇化发展的重点领域及具体内容

| 重点领域 | 具体内容 |
|---|---|
| 农业转移人口市民化 | 落户城镇、基本公共服务共享（随迁子女受教育权、公共就业创业服务、社会保障、基本医疗保障、住房保障）、市民化推进机制（成本分担机制、各级政府职责、农业转移人口社会参与机制） |
| 城镇化布局和形态 | 东部城市群发展、中西部城市群发展、各类城市协调发展（中心城市、中小城市与小城镇发展）、综合交通运输网络建设 |
| 城市发展 | 城市产业就业支撑、城市空间结构和管理格局、城市基本公共服务（城市公共交通、市政公用设施、基本公共服务体系）、城市规划建设、新型城市建设、城市社会治理（城市治理结构、社区自治与服务、社会治安综合治理、防灾减灾救灾体制） |
| 城乡发展一体化 | 城乡统一要素市场建设、城乡公共服务一体化、农业现代化、社会主义新农村建设 |
| 城镇化发展体制机制 | 人口管理制度、土地管理制度、城镇化资金保障制度、城镇住房制度、生态环境保护制度 |
| 城镇化规划实施 | 组织协调、政策统筹、试点示范、监测评估 |

资料来源：笔者根据《国家新型城镇化规划（2014—2020 年）》整理而得

（4）新型城镇化是国家规划性变迁，这意味着国家治理模式的转型与创新。在我国，民众自下而上的需求压力与"倒逼"机制、地方领导的默认支持和回应机制及中央自上而下的合法性确认，推动了整个社会的变迁[2]，由国家回应并勾勒出社会发展方向和总体布局成为现代化进程的首要动力。作为国家意志的体现，新型城镇化的出台必然推动治理模式的升级，现有的治理模式既是新型城镇化发展的历史和制度基础，也是需要破解的规则约束和制度惯性。我国传统城镇化推进模式的突出特征是"政府主导、自上而下推动、民间社会尚不具备自发推进城镇化的条件"等[3]，新型城镇化要转为"市场主导，政府引导"的发展模式，就

---

① 汪大海、南锐：《新型城镇化背景下的社会管理转型升级——从碎片化社会管理走向整体性社会管理》，《学术界》，2013 年第 12 期，第 27-39 页。

② 许远旺：《规划性变迁：理解中国乡村变革生发机制的一种阐释——从农村社区建设事件切入》，《人文杂志》，2011 年第 2 期，第 161-171 页。

③ 李强、陈宇琳、刘精明：《中国城镇化"推进模式"研究》，《中国社会科学》，2012 年第 7 期，第 82-100 页。

必须实现体制机制的创新，把深化改革特别是体制改革放在十分突出的位置①。正如汪大海等所言，要运用"系统整体的观念，多级、多层次的思维，辩证结构的方法"去构建一个闭合的、关联的、科学的城镇化制度支撑系统，实现新型城镇化的"制度之治"②。因而，理解新型城镇化不能仅从城镇布局、产业发展、市政建设等"具象层面"入手，还需要从国家治理模式转型、体制机制创新等"抽象层面"加以分析。

---

① 张占斌：《新型城镇化的战略意义和改革难题》，《国家行政学院学报》，2013 年第 1 期，第 48-54 页。

② 汪大海、张玉磊：《从运动式治理到制度化治理：新型城镇化的治理模式选择》，《探索与争鸣》，2013 年第 11 期，第 47-50 页。

# 第二章 合作治理的理论研究与理论基础

本章将围绕合作治理的相关研究和理论基础进行综述，从而理清本书与现有研究成果之间的理论继承、完善和拓展的关系。首先，本章对合作治理研究进行综述和分析，以作为本书研究的切入点和理论支撑；其次，由于合作治理是一个跨学科的研究领域，公共管理学中有关"合作"的观点来自多门学科和多种传统理论①，因而本章追溯其在各学科领域的主要理论渊源，为本书奠定理论基础。

## 第一节 合作治理的发展脉络及研究进展

合作治理是近年来一种流行的公共管理理论和社会治理模式，它被广泛地应用于政府治理模式变革、中国市民社会发展乃至养老服务、教育服务、社区治理等微观议题中政府与非政府治理主体合作伙伴关系的研究。虽然合作治理是近几年提出的，但"合作"和"治理"在国内外研究中一直是一个高频词。

本书以 CALIS 数据库中的 SSCI 来源期刊为搜索源，以篇名中含 collaborative governance 的论文为搜索对象，共搜索到论文 89 160 篇，载文量靠前的政治与公共管理类期刊有 *Perspectives on Politics*、*Public Administration Review*、*Journal of Public Administration Research and Theory*、*International Public Management Journal*、*Public Policy and Administration* 等；又以 collaborative governance 为主题词，通过 ProQuest 学位论文检索平台，去除语言学、艺术类、地球环境科学和生物科学类的学位论文后，共获得 107 篇硕、博论文。在所有搜集的文献中，最早的文章可溯源至 1911 年。可见，"合作""治理""合作治理"的相关研究早已引起了国外研究者的广泛关注。此外，据搜索结果来看，最早使用 collaborative governance 这一概念

① 阿格拉诺夫 R、麦圭尔 M：《协作性公共管理：地方政府新战略》，李玲玲、鄞益奋译，北京大学出版社，2007 年，第 22 页。

的是 Jennifer 和 Michael，但他们所指的合作治理并不是公共管理领域中的合作治理①。事实上，合作治理这一概念出现在不同学科中，应用范围十分广泛。若以完全匹配的方式进行搜索，则可得到论文 174②篇，数量大幅度减少。可见，"合作治理"是一个既古老又新鲜的话题，不同学科都有使用，如何在公共管理的语境和新的历史背景下把握相关研究极为重要。

与之相似，国内学术界对该议题的关注也由来已久。本书以 CNKI 中的 CSSCI来源期刊为搜索源，以"合作"、"治理"及"合作治理"为主题进行搜索，在"或含"搜索方式下共搜集到相关论文 97 321 篇，又以"并含"的方式搜集到相关论文 2 281 篇。本书再以"合作治理"为篇名，共搜集到论文 633 篇，这与国外搜集的结果相似，即相关研究极为丰富，但以此为题的直接研究则较为少见。国内研究主要以社科领域的基础研究为主，共 74 672 篇，占所有研究的 76.7%。其中主要涉及的学科领域有中国政治与国际政治、行政学及国家行政管理、宏观经济管理与可持续发展、经济体制改革、社会学、政党及群众组织等。国内外以"合作治理"为篇名的论文数量变化趋势见图 2-1。

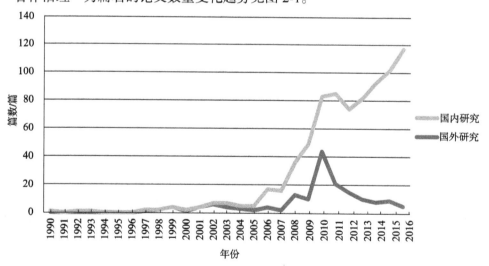

图 2-1　国内外以"合作治理"为篇名的论文数量变化趋势

综上所述，国内外关于合作治理的相关研究极为丰富，但直接以此为题的研究仍较少见。相较于国外而言，国内的相关研究近几年增长较快。为在这两种情况中寻找平衡，做到既紧扣研究主题，又能全面反映本项主题的研究现状，根据合作治理的理论溯源，本书主要聚焦于公共管理领域，以及该领域中与合作治理概念紧密相关的研

---

① Jacoby J, Terpstra M. Collaborative governance：model for professional autonomy. Nursing Management, 1990, 21（2）：42-44.

② 以上两个数据库的搜索时间为 2017 年 2 月 27 日。

究议题进行综述，如"治理"、"公私合作伙伴关系"（public-private partnership，PPP）、"政社协同"、"政府与非营利组织合作"、"民营化"等。有关合作治理内涵的相关研究已在第一章第三节"研究对象的厘定"部分论及，因而此处不予赘述。

在进行综述前，笔者认为应当首先明确国内外研究的关系，为本书研究提供一个参照系。就笔者看来，中西方公共管理领域关于合作治理的研究情况大致相同，但又有所区别。从话语体系上看，国内研究多是借鉴国外研究成果和表述进路，但也有学者提出了自己的理论体系，而且不少研究者已经关注到合作治理在中国的限度及适用性，用中国合作治理的事实去回应、反思和发展国外合作治理的理论。从历史范畴来看，国内外对合作治理的直接研究是同时进行的，都始于20世纪末。本书认为有两点原因：一是伴随着国内外学术交流频率及学术资源开放程度的提高，国外学术热点能够及时传递到国内。全球化的发展为中国社会科学走向世界，进而实现知识转型、开展国际视野下理论对话提供了历史机遇①。二是改革开放的推进使国家与市民社会的二元性分化开始，中国的市民社会也正起步营建，国家与社会的关系正向良性互动的关系转型，这也使合作治理有了讨论的现实土壤。事实上，早在20世纪80年代末90年代初，就有一大批学者关注到市民社会对国家和社会关系转型带来的影响，如邓正来、景跃进、俞可平、康晓光、王绍光、何增科、方朝辉等就深入探讨了公民社会和第三部门等研究议题②，这可以说是合作治理研究的"前奏"。此外，从研究范围来看，国内外研究均已涉及合作治理概念、形态、优势、困境、影响因素等议题。但与国外研究相比，在合作治理进程、合作治理影响机制，以及研究质量、研究层次和研究方法的综合运用上，国内研究还有不小的差距。这决定了国内外研究的特点、态势既有相似之处，又有不同之处。基于国内外研究内容相似的考虑，本书在综述研究内容时按主题同时分析国内外研究，以宏观把握国内外研究现状及研究阶段；针对国内外研究质量不同的情况，本书在评价时分国内外两个方面进行，以明确当前国内研究的重点，并针对当前研究的不足提出研究的展望。对于合作治理其他相关内容的研究，本书主要从以下几个角度进行梳理。

## 一、合作治理兴起的背景及动因

合作治理的兴起有着多重背景和动因，既来源于合作的实践又来源于理论的反思。择其大端，可以分为以下五个方面。

---

① 参见邓正来：《国家与市民社会：中国视角》，格致出版社、上海人民出版社，2011年，序第9页。

② 何增科：《20世纪80年代末以来中国关于政治改革和民主化的探讨》，《北京行政学院学报》，2002年第6期，第18-24页。

（1）社会环境复杂性的挑战。在社会公共事务日益复杂的情势下，无论机构为公有或私营，都不可能拥有知识和资源两个方面的充足能力来独自解决一切问题，这是合作治理兴起的重要动因①。不少学者论及了这一问题。夏书章认为，公共领域的事务纷繁、关系复杂、问题迭出，需要政府与非政府、非营利的社会团体或第三部门、中介组织之类进行合作治理②；张康之认为，工业化和后工业化课题交织在一起使社会的复杂性和不确定性表现得更为强烈，社会治理模式也必然从协作走向合作，合作治理是社会变革的归宿③；彭华民也认为，公共事务的复杂性使政府决策到执行的时间越来越短，仅仅依靠政府难以有效应对和化解。社会组织、公民、专家等各种力量都应该进入治理过程中，实现管辖权的开放，把政策制定由官员闭门协商转变为多种参与者公开的讨论④。社会环境复杂性也使社会运行的"碎片化"不断增强，当前社会中"权力是分散的而不是集中的，任务是'碎片化'而不是细化和特殊性的，全球社会需求是自由化、个性化的而不是整合性的"⑤，这是合作治理等模式形成的重要动因。正如戈德史密斯和埃格斯所言，"当多元流动的人群日益反对用简单统一的方式处理复杂问题时，一方治百病的模式就必须让位给那些个性化的特质模式"，合作治理模式就是"个性化特质模式"的一种⑥。可以说，社会环境日益复杂化的趋势增加了合作的诉求，人们越发地意识到难以凭借自身的组织资源来维持其竞争能力，通过合作治理来实现资源互补和能力提升，是政府部门、私人部门和第三部门等治理主体建立和维持组织竞争优势的重要途径，也是实现互惠共赢、化解社会矛盾和增加公共价值的"良方"⑦。在这种情势下，政府自身不能单独解决社会问题、市场不是唯一的选择、许多问题需要通过多个部门的合作来解决等观念成为广泛的共识⑧。总体而言，社会环境的复杂性作为一个诱因和负向应力，推动和"倒逼"了合作治理在理论与实践中的快速发展。从某种意义上讲，对于绝大多数国家而言，网络与合作的时代已经来临⑨。

---

① Kooiman J. Social-political governance：introduction//Kooiman J. Modern Governance：New Government-Society Interactions. London：Sage，1993：288.

② 夏书章：《合作治理》，《中国行政管理》，2012 年第 8 期，第 105 页。

③ 张康之：《合作的社会及其治理》，上海人民出版社，2014 年，第 30 页。

④ 彭华民：《西方社会福利理论前沿：论国家、社会、体制与政策》，中国社会出版社，2009 年，第 289 页。

⑤ Robert A，McGuire M. Collaborative Public Management：New Strategies for Local Governments. Washington：Georgetown University Press，2003：232.

⑥ 戈德史密斯 S、埃格斯 W D：《网络化治理：公共部门的新形态》，孙迎春译，北京大学出版社，2008 年，第 6 页。

⑦ 史传林：《社会治理中的政府与社会组织合作绩效研究》，《广东社会科学》，2014 年第 5 期，第 81-88 页。

⑧ 汪锦军：《走向合作治理：政府与非营利组织合作的条件、模式和路径》，浙江大学出版社，2012 年，第 10 页。

⑨ McGuire M. Collaborative public management：assessing what we know and how we know it. Public Administration Review，2016，6（S1）：33-43.

（2）传统治理模式的不适应与改革策略的失效。合作治理作为公共事务治理方式的选择方式之一，其兴起很大程度上源于传统治理模式难以应对 21 世纪的新挑战。从本质上讲，合作治理是对传统治理模式失败等公共问题做出回应的一个有效策略[1]。正如俞可平所言，"西方的政治学家和管理学家之所以提出治理概念，主张用治理替代统治，是他们在社会资源的配置中既看到了市场的失效，又看到了国家的失效"[2]。其一，传统等级制政府难以适应复杂而快速变化的时代，依靠命令与控制程序、刻板的工作限制及内向的组织文化和经营模式维系起来的严格的官僚制度，难以处理那些常常要超越组织边界的复杂问题[3]。在当下，公共管理者面对的是一种全新的行政生态，传统内部问题的外溢化和无界化，使"守土有责"的传统治理模式日益显得软弱无力，应对手段也"捉襟见肘"。政府必须有能力与不同的非政府治理主体合作，将各个治理主体所拥有的资源整合在一起用以解决公共治理的危机。在这一背景下，合作治理这样一种"具有可渗透结构，可以跨越组织功能和边界而联系起来的组织形式"应运而生[4]。其二，新自由主义影响下的新公共管理改革策略存在诸多的失灵。20 世纪 70 年代后，西方国家的经济"滞胀"和福利国家的"过度"建设带来了巨大的财政压力，以哈耶克为代表的新自由主义再次受到人们的关注，他们反对凯恩斯的国家干预主义，认为较高水准（甚至仅是中等）的社会福利供给和税收将对一个国家的经济运行产生不利影响[5]。由此西方国家相继开展了以政府再造为主要内容的新公共管理运动，以求化解传统官僚制带来的效率低下、成本过高等问题，试图建立一个市场化、分权化的政府组织模式。然而，新公共管理并没有突破传统官僚制的"桎梏"，相反地，存在忽视公共利益、过分注重专业分工和公务人员的个人特长、政府组织结构的分散和公民满意度的降低等弊端[6]。以至于 Dunleavy 等在考察美国、英国、澳大利亚、新西兰及荷兰等新公共管理运动中的问题后指出，"无论是在学界还是在政府部门占主导的治理理念——新公共管理已经寿终正寝"[7]。新公共管理带来的诸多问题使人们不断反思原有的改革策略，并提出新的方针，

---

① Siddikil S N, Carboni1 J L, Koski C, et al. How policy rules shape the structure and performance of collaborative governance arrangements. Public Administration Review, 2015, 75（4）: 536-547.

② 俞可平：《治理和善治引论》，《马克思主义与现实》，1999 年第 5 期，第 37-41 页。

③ 戈德史密斯 S、埃格斯 W D：《网络化治理：公共部门的新形态》，孙迎春译，北京大学出版社，2008 年，第 6 页。

④ 蔡岚：《合作治理：现状和前景》，《武汉大学学报（哲学社会科学版）》，2013 年第 3 期，第 41-46 页。

⑤ Colin H. Globalization, welfare retrenchment, and "the logic of no alternative": why second-best won't. Journal of Policy, 1998, 27（4）: 525-532.

⑥ 林登 R M：《无缝隙政府》，汪大海、吴群芳译，中国人民大学出版社，2013 年，第 34 页。

⑦ Dunleavy P, Margetts H Z, Bastow S, et al. New public management is dead-long live digital-era governance. Journal of Public Administration Research and Theory, 2006, 16（3）: 467-494.

包括合作治理、整体性治理、协作性公共管理等诸多概念。总之，在政府规模扩大使之背负越来越沉重的财政压力、政府的作用边界和范围已经大大扩展，以及诸多重塑政府的改革运动出现问题的情况下，政府需要寻找新的治理力量，其重要途径之一便是发展和吸纳各类非政府治理主体参与公共服务的提供，以应对日趋增多的社会问题[①]。

（3）市场化变革、社会变革经验的积累。任何一种社会治理模式都不可能在架空的历史上产生，在合作治理、网络化治理等概念被提出前，政府已经在很大程度上与私人部门、各类协会和慈善组织展开合作并提供各种服务[②]，如英国工党的"第三条道路"（third way）、布莱尔政府的"协同型政府"（joined-up government）、美国克林顿政府的"中间派路线"（middle way），都是试图超越传统官僚制及倡导合作的实践，这增加了社会合作经验的累积。此外，新公共管理运动中公私合作等理念也为合作治理提供了理论基础，合作治理在很大程度上也是对新公共管理的发展。例如，萨瓦斯认为，应当打破政府对公共事务的垄断，提出了政府服务、政府出售、政府间协议、合同承包、特许经营、政府补助、凭单制、自由市场、志愿服务和自我服务等在内的具有公私合作特点的"工具箱"[③]；萨拉蒙认为，公共服务中应"创造一个政府机构与非营利组织之间巨大的伙伴关系网络"[④]。伴随这些实践的进行和相关理论的总结，合作治理的环境得以形成，许多公民对政府角色的定位已经有了完全不同的认识，他们意识到自己有权利选择公共服务的替代方案，"即这些服务是否应该以由私营部门全部独自的方式，或以租约外包的方式，或以与公共部门相互合作的方式来提供"[⑤]，这为合作治理的产生提供了现实土壤。在我国，合作治理的提出是社会双重转型压力下理论界和政府的反应，在很大程度上不具备西方国家合作治理产生的政治和社会土壤，也就意味我国的合作治理是一个渐进的过程。不过，有研究者指出，在政府购买社会组织服务的实践过程中，合作治理的要素和格局已得以衍生[⑥]。特别是伴随着"党委领导、政府负责、社会协同、公众参与、法治保障"的社会治理体系创

---

① 汪锦军：《走向合作治理：政府与非营利组织合作的条件、模式和路径》，浙江大学出版社，2012 年，第 1-2 页。

② 戈德史密斯 S、埃格斯 W D：《网络化治理：公共部门的新形态》，孙迎春译，北京大学出版社，2008 年，第 8 页。

③ 萨瓦斯 E S：《民营化与公私部门的伙伴关系》，周志忍译，中国人民大学出版社，2002 年，第 69 页。

④ 萨拉蒙 L M：《公共服务中的伙伴——现代福利国家中政府与非营利组织的关系》，田凯译，商务印书馆，2008 年，第 11-13 页。

⑤ 博克斯 R C：《公民治理：引领 21 世纪的美国社区》，孙柏瑛译，中国人民大学出版社，2005 年，第 6-7 页。

⑥ 敬乂嘉：《从购买服务到合作治理——政社合作的形态与发展》，《中国行政管理》，2014 年第 7 期，第 54-59 页。

新格局的提出，学界也掀起了一股合作理念宣传与推广的热潮，一大批学者从不同维度对这一议题进行了分析[①]。

（4）市民社会发展和社会治理主体多元化的趋势。市民社会的发展造就了社会治理多元化的趋势，这是合作治理产生的重要载体。俞可平曾指出，"90年代以来善治的理论与实践之所以能够得以产生和发展，其现实原因之一就是市民社会或民间社会的日益壮大"[②]。不少研究者认为，在多元治理主体并存的条件下，共同开展社会治理的行动必然是合作的，政府应当根除社会管理中的"行政傲慢"，容纳和接受其他参与者[③]，即放弃在国家和市民社会之间划一条不现实的界线的做法[④]。市民社会的发展及对公共事务治理能力的提升是合作治理得以形成的条件。事实上，在传统的政府单一供给模式越发难以适应当前复杂问题的情况下，社会开始成为资源供给的有力潜在力量[⑤]。同时，在公共物品与服务提供中，非政府参与者也在政府行动的许多领域进行活动，并与政府建立了长期的联盟关系且努力使之成为一种制度，以从事政府不能单独完成的工作[⑥]。针对这一情势，张康之认为，非政府组织作为一种新生的社会结构要素迅速地成长起来，并越来越显示出其力量，能够在社会治理的过程中扮演重要角色[⑦]。

（5）信息化时代的发展。几十年来，信息系统一直是影响公共行政变革的重要因素，政府信息技术成了当代公共服务系统理性和现代化变革的中心[⑧]。随着互联网和信息技术的进步，数字时代的治理发展起来，它推动了公民意识的觉醒和公民社会的崛起，政府机构和公民社会之间的关系产生了深刻变化。这种变化掀起了网络治理时代政府社会治理的新篇章，也推动了合作治理的发展[⑨]。信息化时代对公共领域的治理产生了诸多影响，如公民公共服务意愿和对政府态度在网络冲击下呈现出更多的"分散化"状态，如何在短时间内将民众诉求和意愿汇集起来，是政府不得不面对的一个问题。虽然数字化的革命让人们"用脚投票"的成本越来越低、呼声越来越分散，但与此同时公共管理者也能够以一种崭新而

---

① 王辉：《合作治理的中国适用性及限度》，《华中科技大学学报（社会科学版）》，2014年第6期，第70-80页。

② 俞可平：《治理和善治引论》，《马克思主义与现实》，1999年第5期，第37-41页。

③ 张康之：《论主体多元化条件下的社会治理》，《中国人民大学学报》，2014年第2期，第2-13页。

④ 休伊特 C、阿尔坎塔拉 D：《"治理"概念的运用与滥用》，黄语生译，《国际社会科学杂志（中文版）》，1999年第1期，第105-113页。

⑤ 郁建兴、吕明再：《治理：国家与市民社会关系理论的再出发》，《求是学刊》，2003年第4期，第34-39页。

⑥ 阿格拉诺夫 R、麦圭尔 M：《协作性公共管理：地方政府新战略》，李玲玲、鄞益奋译，北京大学出版社，2007年，第24页。

⑦ 张康之：《合作的社会及其治理》，上海人民出版社，2014年，第40页。

⑧ 竺乾威：《从新公共管理到整体性治理》，《中国行政管理》，2008年第10期，第52-58页。

⑨ 梁莹：《网络世界的合作治理：服务型政府的选择——以南京市的调查为例》，《公共管理学报》，2013年第1期，第107-116页。

不同的方式将复杂的系统组织起来，这些技术的进步力量促进了网络化模式的发展，使政府治理模式的升级成为可能①。正如 Cowley 和 Hollander 所言，"今天信息技术允许一个崭新的公共参与形式的产生，即通过提供一个交互式、网络化的决策过程，促使公共治理质量以一种前所未有的方式得以提高"②。除了对治理方式有了极大的促进外，Bogason 和 Musso 在《网络治理的民主前景》中更加深入地论述到，"网络世界中政府合作治理更重要的是带来了政治协同性与民主效能的发挥"，即合作治理更重要的意义在于使民主得以实现③。

## 二、合作治理主体关系类型的研究

正如前文所言，合作治理中各治理主体间的关系是非平等的。一言以蔽之，合作治理中主体关系也呈现出不同的发展形态。正因如此，主体关系类型引起了诸多学者的关注，相关研究集中于政社关系形态与公私合作形态等议题的讨论中。关于关系模式的研究，国外具有代表性的是 Kuhnle-Selle 模型、Najam 模型、Young 模型、Coston 模型、Brinkeroff 模型、萨瓦斯模型等④，国内学者敬乂嘉、康晓光、唐文玉、刘鹏等也提出了自己的分类方法或观点。应该说，关于合作治理主体关系的研究成果十分丰富，不少研究者从不同维度提出了自己的见解。根据各分析框架构建的特质，本书分三个方面对相关研究进行了总结。

（1）象限逻辑推演法。就搜集到的资料而言，不少研究通过两个维度建立四象限图来观察合作主体关系的类型，即通过不同维度的组合提出四种类型的合作形态。早期 Kuhnle 和 Selle 根据"沟通与交往"和"财务与控制"两个维度，将政府与社会组织的关系划分为整合依附型（integrated dependence）、分离依附型（separate dependence）、整合自主型（integrated autonomy）和分离自主型（separate autonomy）四种模式，所谓整合依附型即彼此沟通交往频繁，但非政府组织在财务和法规上依赖于政府且被其控制；分离依附型即彼此沟通较少，但非政府组织在财务和法规上依赖于政府；整合自主型是指彼此间沟通频繁，但是在财政资源上非政府组织不依赖于政府组织；分离自主型是指彼此间沟通较少，且非政府组

① 戈德史密斯 S、埃格斯 W D：《网络化治理：公共部门的新形态》，孙迎春译，北京大学出版社，2008 年，第 17 页。

② Cowley J E, Hollander J. The new generation of public participation: internet-based participation tools. Planning Practice and Research, 2010, 25（3）: 397-408.

③ Bogason P, Musso J A. The democratic prospects of network governance. The American Review of Public Administration, 2006,（3）: 18. 转引自梁莹：《网络世界的合作治理：服务型政府的选择——以南京市的调查为例》，《公共管理学报》，2013 年第 1 期，第 107-116 页。

④ 汪锦军：《走向合作治理：政府与非营利组织合作的条件、模式和路径》，浙江大学出版社，2012 年，第 40-49 页。

织具有较强的独立性①。这种关系可以用象限图表示，如图 2-2 所示。

图 2-2　Kuhnle-Selle 模型图

Kuhnle-Selle 模型提出于 1992 年，也影响了后续相关研究。Brinkeroff 在此基础上提出了"组织身份–相互依赖性"的分析框架，并据此将合作关系模型划分为合同关系（contracting）、合作伙伴关系（partnership）、延伸性关系（extension）、操作性和逐步吞并性关系（co-optatio & gradual absorption），见图 2-3②。

相互依赖性

|  | 低 | 高 |
|---|---|---|
| **组织身份　高** | 合同关系 | 合作伙伴关系 |
| **组织身份　低** | 延伸性关系 | 操作性和逐步吞并性关系 |

图 2-3　Brinkeroff 模型图

关于相互依赖性（mutuality）和组织身份（organization identity）的含义，Brinkeroff 认为，相互依赖性不是"统治"语境下的依赖，它内在地要求合作者尊重彼此的权利和义务，任何合作伙伴都有机会影响他们共享的目标、过程、结果和评估；组织身份独特而持久地存在于组织自身，它具有两个检验标准，即组织应该具有特有的任务、价值、支持者及责任区，同时组织身份是指那些可以反映自身类型起源的特征。根据对这两个维度的判定，便可以对合作关系的类型进行划分。当然，Brinkeroff 也指出，不是现实中所有的合作关系类型都能找到与理想

① Kuhnle S，Selle P. Government and Voluntary Organizations：A Relational Perspective. Burlington：Ashgatc Publishing，1992.

② Brinkerhoff J M. Government-nonprofit partnership：a defining framework. Public Administration and Development，2002，22（1）：19-30.

类型相适应的标签，这种划分也只是提供了一种理论上的参考①。

国内学者敬乂嘉的研究主要着眼于资源交换的形态，他首先根据资源类型将政社协同关系划分为"购买服务"与"合作治理"两种，而后参照这两个维度将政社关系划分为四种类型。在进行活动类型的判断时，需要依据正式或非正式的制度是否存在，如是否有正式的服务合同、是否有较为稳固持久的机制保障社会组织参与实质性的合作治理活动等。具体情况参见表 2-1②。在模式Ⅰ中，政府和社会组织不可能发生合作关系甚至有可能是对抗关系，而模式Ⅱ、模式Ⅲ、模式Ⅳ中，政社协同可能存在。敬乂嘉指出，从国内外合作的相关实践来看，走向模式Ⅱ、模式Ⅲ、模式Ⅳ是一个发展趋势，但四种模式之间并不存在一个一般性的优劣判断标准，孰好孰坏要根据社会组织、政府部门乃至社会环境的具体情况而定②。

表 2-1　社会组织与政府的关系模式

| 项目 | 不参与购买服务 | 参与购买服务 |
| --- | --- | --- |
| 不参与合作治理 | 模式Ⅰ | 模式Ⅱ |
| 参与合作治理 | 模式Ⅲ | 模式Ⅳ |

唐文玉则从政府权力谱系与社会公民化程度两个维度，把合作治理划分为权威型合作和民主型合作两个基本类型，前者是指权威型国家和臣民型社会之间的合作，后者则是指民主型国家与公民型社会之间的合作。此外，他从合作建构、合作关系、合作结构与合作形式四个维度阐释了权威型合作与民主型合作的理论分野。具体情况见表 2-2。

表 2-2　权威型合作与民主型合作的对比

| 比较维度 | 合作建构 | 合作关系 | 合作结构 | 合作形式 |
| --- | --- | --- | --- | --- |
| 权威型合作 | 政府选择性建构 | 权威—依附关系 | 中心—边缘结构 | 单一化、片面性的合作 |
| 民主型合作 | 社会选择性建构 | 民主—平等关系 | 非中心化结构 | 网络化、全面性的合作 |

（2）层次递进研究法。不少研究者也通过关系层次来论述政社合作的关系模式，如 Esman 和 Uphoff 提出了政府与非营利组织五个层次的关系图，分别如下：自治，即不存在政府对民间组织资源有效运作的控制和互动；低度联系，即政府和非营利组织之间很少互动；中度联系，即有一些互动，但不是规则有序的；高度联系，即有很多互动和一定的互惠（即民间组织在一定程度上能维持对资源流

---

① Brinkerhoff J M. Government-nonprofit partnership: a defining framework. Public Administration and Development，2002，22（1）：19-30.

② 敬乂嘉：《从购买服务到合作治理——政社合作的形态与发展》，《中国行政管理》，2014 年第 7 期，第 54-59 页。

动的控制）；指导，即严格被政府控制的互动①。此外，也有研究者在讨论合作层次时加入了维度分析法。Coston 根据权力平衡程度——制度多元化接受程度的框架提出了压制（repression）、敌对（rivalry）、竞争（competition）、契约（contract）、第三方政府（third-party government）、合作（cooperation）、互补（complementarity）及协作（collaboration）八种关系形态。Coston 认为，每种关系类型都有相应的环境条件和特征。从联络的频率来看，压制、敌对、竞争三种关系中非政府组织与政府没有联络，即不存在政府对非政府组织的有效控制；合作关系中非政府与政府有着低度联系，即有很少的互动；契约、第三方政府、互补三种关系中非政府组织与政府有着中度到高度的联系，即有但不是规则有序的互动或基于互惠的互动；协作中非政府组织与政府组织有高度联系，即有很多互动和一定的互惠。相关情况如图 2-4 所示②。

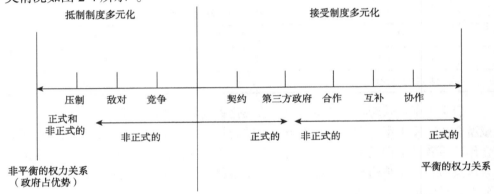

图 2-4　Coston 模型图

萨瓦斯在研究公私合作类型时，以"完全公营→完全民营"的路径对公私合作治理模式的具体形式进行了详细划分，依次将其划分为政府部门、国有企业、服务外包、运行维护外包、合作组织、租赁建设经营、建设-移交-经营（build-transfer-operate，BTO）、BOT、外围建设、购买建设经营及建设拥有经营 11 种③。

（3）实证分析总结法。除了按照一定的维度去划分合作治理中主体关系形态外，大部分研究会根据现实情况对其进行总结。康晓光于 1999 年根据我国国家与社会演变历程分析了政社关系的发展，认为其经历了"国家合作主义体制"、"准

---

① 转引自汪锦军：《走向合作治理：政府与非营利组织合作的条件、模式和路径》，浙江大学出版社，2012年，第47页。

② Coston J M. A model and typology of government-NGO relationships. Non-profit and Voluntary Sector，1998，27（3）：361-375. 转引自汪锦军：《走向合作治理：政府与非营利组织合作的条件、模式和路径》，浙江大学出版社，2012年，第44-47页。

③ 萨瓦斯 E S：《民营化与公私部门的伙伴关系》，周志忍、等译，中国人民大学出版社，2002年，第77页。

国家合作主义体制"与"社会合作主义体制"三个阶段，其逻辑脉络为"政府绝对控制→政府相对控制→社会自治与独立"[①]；2005 年，康晓光和韩恒通过对实践的观察，认为"分类管控"是中国政府管控社会组织的基本方略，即严格控制具有政治挑战性、动员性、宗教类的社会组织，扶持社会服务类、公益类的非政府组织[②]；在后续研究中，Kang 和 Han 又提出了"行政吸纳社会"的理念，并以此概括新形势下我国政社关系，成为学界广泛引用的观点。他们指出，行政吸纳社会的方式不仅包括限制，还包括功能替代和有效满足强者利益两种模式。在行政吸纳社会的体制中，国家与社会既不是分离的又不是独立的，而是在不断互动中走向融合[③]。刘鹏在综合"分类管控"和社会变迁的基础上，提出了"游离型监管"和"嵌入型监管"的模式，认为"嵌入型监管"模式体现出了较高的制度化水平、较强吸纳能力、明确的重点识别和区分、多元化的管理手段等特征，"游离型监管"模式则反之。同时，他指出"从分类控制走向嵌入型监管"是地方政府社会组织管理政策创新的导向。应当说，刘鹏延续了康晓光和韩恒的逻辑，即国家和政府如何利用体制机制创新去营造符合其政治偏好的社会组织生存环境，从而达到对社会管控的目的[④]。陈华在"行政吸纳社会"的基础上，提出了政社"控制—吸纳—协作"的关系模式，认为当前我国政府沿袭长期以来对非政府组织的控制思路，进行选择性吸纳，并在某些领域与之协作，共同管理部分社会事务的治理[⑤]。除此之外，还有研究者提出"合作竞争关系"[⑥]"非对称依赖关系"[⑦]等诸多概念，也大都是关注"政府主导"下的政社合作的关系特征。

　　国外也有学者根据历史环境的变迁及非营利组织行为的双重视野去阐述非营利组织与政府部门的互动模式，如 Young 将合作模式分为"增补性"（supplementary）、"互补性"（complementary）、"抗衡性"（adversarial）三种。当自由经济体受到冲击且政府社会政策相对被动时，增补性关系更为明显。当有更强的内部一致性和相当数量的非营利组织时，增补性关系更容易被重视；互补性关系在战争时期和国家建立时更容易凸显；抗衡性关系在经济动荡和政治

　　① 康晓光：《转型时期的中国社团》，《中国社会科学季刊》，1999 年第 28 期，第 1-14 页。

　　② 康晓光、韩恒：《分类控制：当前中国大陆国家与社会关系研究》，《社会学研究》，2005 年第 6 期，第 73-89 页。

　　③ Kang X G，Han H. Government absorbing society：a further probe into the state-society relationship in Chinese mainland. Social Sciences in China，2007，9（2）：116-128.

　　④ 刘鹏：《从分类控制走向嵌入型监管：地方政府社会组织管理政策创新》，《中国人民大学学报》，2011 年第 5 期，第 91-99 页。

　　⑤ 陈华：《吸纳与合作：非政府组织与中国社会管理》，社会科学文献出版社，2011 年，第 10 页。

　　⑥ 郭小聪：《合作中的竞争：非营利组织与政府的新型关系》，《公共管理学报》，2004 年第 1 期，第 57-63 页。

　　⑦ 徐宇珊：《非对称依赖：基金会与政府关系分析》，《公共管理学报》，2008 年第 1 期，第 33-40 页。

骚乱时期，或者政府主动规制非营利组织之时更容易滋长①。也有学者对各类合作或协作类型进行了总结，如格里姆赛和刘易斯提出了建设-运营-移交、建设-拥有-运营、租赁（lease）、合资、运营或管理合同及合作管理等公私合作形态②；戈德史密斯和埃格斯根据实际工作者和专家共同讨论的结果，确定了6种不同的网络类型，即服务合同、供应链、专门类型、渠道型伙伴关系、信息传播及联结交换台，并根据政府参与的程度对其进行了梳理，见图2-5③。

图 2-5　公私合作网络类型图

## 三、合作治理的价值及优势

在论及合作治理时，大部分研究者都对其优势进行了分析，并将其与许多学术概念进行对比，试图争辩出孰优孰劣④。整体观之，研究者主要通过对合作治理的价值和优势来论述。

在合作治理的优势这一问题上，不少研究者给出了自己的回答。Wanna 认为，合作治理可以让决策者更好地识别问题与目标、制订各利益相关者都能接受的方案、提出物有所值的政策实施方案、综合性地利用各方技能、促进组织间的学习并推动政府政策落向实地等优点⑤；Brookes 和 Grint 认为，在复杂的环境中，政府绩效实际上更取决于政府横向上与其他利益相关者，如公民、私营企业和非营利组织的合作⑥，即合作治理有利于改善政府绩效；敬义嘉认为，"合作治理扩展了政府组织的边界，改变了公共行政的内外环境，促使政府修正其行政过程中

---

① Young D R. Alternative models of government-nonprofit sector relations：theoretical and international perspectives. Nonprofit and Voluntary Sector Quarterly，2000，29（1）：149-172.

② 格里姆赛 D、刘易斯 M K：《公私合作伙伴关系：基础设施供给和项目融资的全球革命》，济邦咨询公司译，中国人民大学出版社，2008 年，第 9-10 页。

③ 戈德史密斯 S、埃格斯 W D：《网络化治理：公共部门的新形态》，孙迎春译，北京大学出版社，2008 年，第 62-64 页。

④ 赵永飞：《合作治理还是"项庄舞剑"：中国地方政府政策过程中的合作与目的》，《复旦公共行政评论》，2011 年第 1 期，第 81-106 页。

⑤ Wanna J. Collaborative government：meanings，dimensions，drivers and outcomes//O'Flynn J，Wanna J. Collaborative Governance：A New Era of Public Policy in Australia? Canberra：ANUE Press，2008：24-26.

⑥ Brookes S，Grint K. The New Public Leadership Challenge. London：Palgrave MacMillan，2010. 转引自史传林：《社会治理中的政府与社会组织合作绩效研究》，《广东社会科学》，2014 年第 5 期，第 81-88 页。

所使用的知识、技术和技能，调整其目标、价值和结构，在组织的决策、执行、监督、控制、评估和再决策上进行变革，以重构适应性的系统，实现对服务过程和效果的有效管理"①；蔡岚认为在涉及诸如资产专用性和双边依赖的公共问题时，合作治理这种混合制度安排在提高服务效率和降低交易成本方面具有优越性②；史传林在前人研究的基础上，将合作治理的影响归纳为"对政府绩效的改善"、"对社会组织绩效的改善"和"对社会治理绩效的改善"三大内容，并指出合作治理绩效更重要地体现为对社会治理绩效的改善，它主要体现在改变了传统的公共行政模式、使多元主体的利益得到整合与均衡、丰富了公共服务供给的数量和种类、提高了公共服务质量和服务对象满意度等方面③。

也有很多学者通过对合作治理模式之于其他模式的优势，论述合作治理的价值，不少研究者将其视为终极治理模式。较为系统论述这一问题的是国内学者张康之。他认为人类社会发展到 20 世纪 80 年代以后，已经形成了参与治理、社会自治和合作治理三种模式，其中参与治理是民主行政从理想走向实践过程中出现的，社会自治是在非政府组织等社会自治力量蓬勃发展及对传统治理模式形塑中产生的，而合作治理则是在对参与治理和社会自治的扬弃基础上产生的④。他认为参与治理是在形式民主思路中创建的治理模式，这一模式实际上是一种"中心—边缘"结构。这种不平等的治理结构是集权的"温床"，是一种反民主的结构⑤，参与式治理这一在工业社会中提出的行动方案也与后工业社会的要求相去甚远⑥；而社会自治在现阶段是有条件的，"无条件的社会自治是对政府的蔑视，是对政府所欲建构的公共秩序的威胁。……通过社会自治走向合作治理将是一个确定无疑的历史趋势"④。除此之外，张康之还认为协作是建立在工具理性意义上的，它具有形式化的特征，其功能表现为行动者间的职能互补。合作是在共同行动中扬弃了工具理性的一种行为模式，是对协作的包容和提升⑦。徐金燕等在张康之研究的基础上加入"政府治理模式"这一概念，展示了合作治理相对于其他治理模式的优势。社会治理模式的变迁和路径见图 2-6⑧。

① 敬乂嘉：《合作治理：再造公共服务的逻辑》，天津人民出版社，2009 年，第 162 页。

② 蔡岚：《合作治理：现状和前景》，《武汉大学学报（哲学社会科学版）》，2013 年第 3 期，第 41-46 页。

③ 史传林：《社会治理中的政府与社会组织合作绩效研究》，《广东社会科学》，2014 年第 5 期，第 81-88 页。

④ 张康之：《论参与治理、社会自治与合作治理》，《行政论坛》，2008 年第 6 期，第 1-6 页。

⑤ 张康之：《行政伦理的观念与视野》，中国人民大学出版社，2008 年，第 324-327 页。

⑥ 张康之：《合作治理是社会治理变革的归宿》，《社会科学研究》，2012 年第 3 期，第 35-42 页。

⑦ 张康之：《合作的社会及其治理》，上海人民出版社，2014 年，第 30 页。

⑧ 徐金燕、陆自荣、蒋利平：《合作治理视野下社区公共服务供给主体关系的断裂与重构——基于长沙市天心区的实证调查》，《湖南科技大学学报（社会科学版）》，2013 年第 3 期，第 136-140 页。

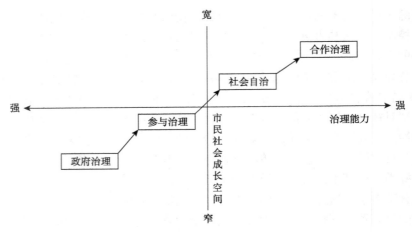

图 2-6　社会治理模式的变迁和路径

除此之外，陈华也沿着张康之关于协作与合作关系的论述，指出合作治理作为一种高级形态的组织行为必然建立在"严格准则"的基础上。合作治理比协作治理更为高阶，这主要体现在协作追求的是效率，具有功利性的色彩，而合作追求的是人的全面发展。同时，协作有被动的意味，而合作的主观能动性更强，权力的控制可以产生协作却难以产生合作[①]。赵永飞延续了张康之"参与治理→社会自治→合作治理"的逻辑，认为合作治理比问政、参与治理更为全面和正式，他从主体、运作方式、操作方式、结果、组织形式和目的等维度对比了这三种治理模式的区别[②]，见表 2-3。

表 2-3　问政、参与治理与合作治理的差异对照

| 治理模式 | 问政 | 参与治理 | 合作治理 |
|---|---|---|---|
| 主体 | 政府 | 百姓 | 政府与非政府部门 |
| 运作方式 | 自上而下 | 自下而上 | 平等合作 |
| 操作方式 | 咨询 | 提意见 | 平等协商 |
| 结果 | 为政策提供建议 | 政策监督并参与政策过程 | 达成一致意见 |
| 组织形式 | 非正式 | 非正式或正式 | 正式 |
| 目的 | 听取意见 | 发表意见 | 制定政策或政府管理 |

除此之外，也有研究者从治理和统治的区别出发，论述合作治理的必然性和比较优势。张润君认为，合作治理是人类社会的管理经历政治统治、行政管理、社会自治之后的一种全新的公共事业管理方式，并借助陈振明的论述，认为合作

---

[①] 陈华：《吸纳与合作：非政府组织与中国社会管理》，社会科学文献出版社，2011 年，第 12 页。

[②] 赵永飞：《合作治理还是"项庄舞剑"：中国地方政府政策过程中的合作与目的》，《复旦公共行政评论》，2011 年第 1 期，第 81-106 页。

治理较之其他治理模式，多中心的公共行动体系、合作互惠的行动策略、共同学习的政策过程是其主要特点[①]。

## 四、合作治理困境及适用性的研究

在分析合作治理概念、形态与优势的基础上，合作治理的失败风险、可行性及适用性等问题也引起了学界的广泛关注。Huxham 和 Hibbert 就曾指出，合作治理的实现非常困难，很多研究者认为它的成功率不会超过 20%，即会有 80%的合作治理活动会失败，因而"从合作中成功获得收益看上去更像是一个神话"[②]。

合作治理存在的现实困境引发了许多研究者的关注。Wanna 认为，合作治理的劣势或弱点主要体现在五个方面：政治家出于政治风险的考虑而对合作治理不予支持；合作治理模糊了主体间责任，并带来责任推卸及合作的失败；合作带来决策成本的提升，阻挠而不是加速了决策进程；非政府行动者脱离或是扰乱政策网络，并且不用对结果负最终责任；政府怀着不可告人的动机开展合作，这种敷衍的方式使合作流于形式[③]。杰索普认为治理有四种困境，即合作与竞争的矛盾、开放与封闭的矛盾、治理性与灵活性的矛盾、责任与效率的矛盾[④]。陈振明在此基础上进一步阐发，认为合作网络层面上的治理也面临着诸多的困境，主要表现在可治理问题、合法性问题、有效性问题和责任性问题等方面。他指出，在市场和政府起不了作用的地方，合作网络也不一定能有效地发挥作用[⑤]。谭英俊也认为尽管合作治理模式是"国家—市场—社会"三股力量的组合，但它不是包治百病的灵丹妙药，它面临着合作治理能力困境、合作治理行动困境、合作治理责任困境和合作治理价值困境等[⑥]。此外，操小娟从法律的角度出发，认为合作治理在合作限度、合作规则制定、合作结果的评估、合作责任的分担、合作纠纷的解决等方面面临着法律的困境[⑦]。

合作治理存在的诸多困境使其可行性与适用性引起了关注。基亚尔指出，如果排除了权力、冲突、利益和标准等概念的分析视角，将会导致我们在网络治理

①　张润君：《合作治理与新农村公共事业管理创新》，《中国行政管理》，2007 年第 1 期，第 56-59 页。

②　Huxham C，Hibbert P. Hit or myth? Stories of collaborative success//O'Flynn J，Wanna J. Collaborative Governance：A New Era of Public Policy in Australia? Canberra：ANUE Press，2008：44-45.

③　参见 Wanna J. Collaborative government：meanings，dimensions，drivers and outcomes//O'Flynn J，Wanna J. Collaborative Governance：A New Era of Public Policy in Australia? Canberra：ANUE Press，2008：24-26.

④　杰索普 B：《治理的兴起及其失败的风险：以经济发展为例的论述》，漆蕉泽，《国际社会科学（中文版）》，1999 年第 1 期，第 31-48 页。

⑤　陈振明：《公共管理学》，中国人民大学出版社，2005 年，第 95-100 页。

⑥　谭英俊：《公共事务合作治理模式：反思与探索》，《贵州社会科学》，2009 年第 3 期，第 14-18 页。

⑦　操小娟：《合作治理的法律困境和出路》，《武汉大学学报(哲学社会科学版)》，2008 年第 2 期，第 250-255 页。

可行性上得出过于乐观的结论①。Morgan 等在对南威尔士经济发展区域合作治理进行研究时发现，在缺乏先前的非正式联系或相关关系准则的地方，强行推进公私合作是有困难的。在推行自上而下的改革时，公私合作有可能会加强垂直网络，而不是培育水平网络②。在中国，有关合作治理或治理的适用性问题也广泛受到关注，并形成了不同的观点和态度③。积极的理论者认为该理论对中国治道变革具有积极意义，而消极的理论者则通过国内外政治、社会环境的对比，认为要慎重对待治理及合作治理理论在中国的适用性④。藏志军、刘建军、李春成、杨雪冬认为治理理论并不适用于中国或者对于中国而言为时尚早。治理应当立足于成熟的多元管理主体及相互间的伙伴关系，以及民主、协作和妥协的精神这两个基本条件，而当前的中国并不存在上述条件，一元化结构在实现国家结构整合及社会、经济、文化等发展方面依然具有现实合理性⑤。虽然专注国家权力的传统政治逻辑和思维惯性已经变弱，但我国的现代政治还未完全成型，此时"对国家权力回归社会的过分呼唤，会使中国重新掉入政治浪漫主义的陷阱"⑥。我们有意无意地赋予了治理以进步改革的光环，而忽视了对于自主治理机制在中国推广的可行性条件及治理风险问题的讨论，这很可能使治理成为一种宣传口号和意识形态⑦。现在谈论治理拯救政府失败、市场失败是一个虚拟的问题⑧。还有研究者用实证研究的方法去检验合作治理在中国的适用性，如赵永飞就通过对中国地方政府案例的追踪观察，提出地方合作治理缺失的观点，并认为合作治理理论不足以解释中国地方政府政策过程的行为方式⑨。相反地，不少研究者虽然也承认治理或合作治理存在限度是不争的事实，治理推进政治进步的功能可能是较为有限或缓慢的，但仍认为中国现有体制并不排斥公民社会，因而治理理论有一定的适用性并会成为最终的"胜利者"⑩。郁建兴和王诗宗等对治理理论在中国的适用性

---

① 基亚尔 AM：《治理与城市管理体制》，见戴维斯 JS，英布罗肖 DL：《城市政治学理论前沿（第二版）》，何艳玲译，格致出版社、上海人民出版社，2013 年，第 172 页。

② Morgan K, Rees G, Garmise S. Networking for local economic development//Stoker G. The New Management of British Local Level Governance. Basingstoke：Palgrave，1999：181-196.

③ 谈及对合作治理的中国适用性问题，则不可避免地谈及治理在中国的适用性问题，因为国内研究者对这两个概念反思的角度相似，因此笔者将相关研究一并列入。

④ 张力：《述评：治理理论在中国适用性的论争》，《理论与改革》，2013 年第 4 期，第 200-203 页。

⑤ 藏志军：《反思与超越——解读中国语境下的治理理论》，《探索与争鸣》，2003 年第 3 期，第 9-13 页。

⑥ 刘建军：《治理缓行：跳出国家权力回归社会的陷阱》，《探索与争鸣》，2003 年第 4 期，第 12-13 页。

⑦ 李春成：《治理：社会自主治理还是政府治理》，《探索与争鸣》，2003 年第 4 期，第 11-12 页。

⑧ 杨雪冬：《论治理的制度基础》，《天津社会科学》，2002 年第 2 期，第 43-46 页。

⑨ 赵永飞：《合作治理还是"项庄舞剑"：中国地方政府政策过程中的合作与目的》，《复旦公共行政评论》，2011 年第 1 期，第 81-106 页。

⑩ 王诗宗：《治理理论及其中国适用性：基于公共行政学的视角》，浙江大学博士学位论文，2009 年，第 186-189 页。

进行了理论辩护，认为"中国研究者应充分意识到中国处于转型期的特征，不能因流行概念体系而削足适履。……我们的选择必须体现策略性、能动性和阶段性，如此方能通过治理变革促进中国现代国家的建构进程"①。王辉认为，合作治理在双重转型的中国社会中，适用性和适用领域不能一概而论，如合作治理在公共政策制定领域的适用性低，但在公共服务提供领域的适应性则较高。看待治理理论或合作治理理论，应该从合作主体的内部因素和外部社会环境进行综合判断和审慎考辩②。

## 五、合作治理进程的研究

公共管理领域关于合作治理进程的研究起步较晚，而且大部分模型的提出是借鉴其他学科的研究成果。正如 Thomson 和 Perry 所言，关于合作治理进程乃至合作的知识大都发源于公共管理领域之外③。国内不少关于合作进程的研究也都存在于工商管理领域，公共管理领域的相关研究以介绍国外研究为主。针对这种研究现状，为了更为贴近本书研究的主题，本书将公共管理领域中引用较多的分析模型或框架综述如下。

（1）按照"合作前—合作中—合作后"的基本思路提出。Ansell 和 Gash 提出的合作程序模型，它将合作进程分为五个基本变量，即合作形成条件、制度设计、领导能力、合作进程与合作结果，每个变量下又有若干维度，具体情况见图2-7④。在该模型中，合作初始条件包括初始信任、前期的合作或冲突、"权力—资源—知识"的不对称性，它们共同影响了合作参与的动因；制度设计即合作治理运行所需要的基本制度，包括共享专用的论坛、清晰稳定的规则、透明的程序等内容；合作进程则包括信任构建、面对面的对话、承诺过程、形成共识和阶段性成果等内容，这些内容下又包含了诸多内容；领导能力就是使合作治理向前推进的力量，组织规则、信任的构建及对话的开展都需要组织的领导能力，它包含直接领导和授权两种方式⑤。

---

① 郁建兴、王诗宗：《治理理论的中国适用性》，《哲学研究》，2010 年第 11 期，第 114-120 页。

② 王辉：《合作治理的中国适用性及限度》，《华中科技大学学报（社会科学版）》，2014 年第 6 期，第 70-80 页。

③ Thomson A M，Perry J L. Collaboration processes：inside the black box. Public Administration Review，2006，66（1）：20-32.

④ 谢新水：《公共领域合作的初始条件和发展变量——一个定性研究》，《中国行政管理》，2010 年第 3 期，第 118-123 页。

⑤ Ansell C，Gash A. Collaborative governance in theory and practice. Journal of Public Administration Research and Theory，2008，18（4）：543-571.

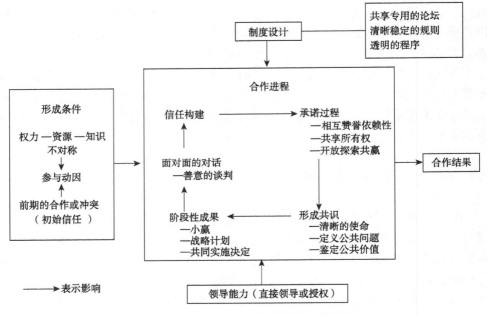

图 2-7　Ansell 和 Gash 合作程序分析框架

Wood 和 Gray 在总结相关研究的基础上提出的"合作前情—合作过程—合作结果"的分析框架，并将很多研究的观点综合进去。应当说，该框架较早，也较为完整地展示了合作治理从开始到结束的过程，具体情况如图 2-8 所示。

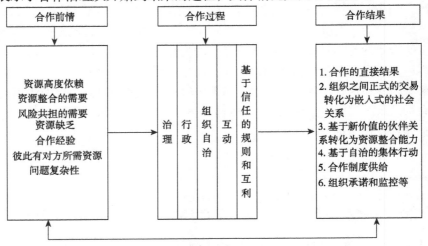

图 2-8　Wood 和 Gray 的合作程序分析框架

（2）只关注合作过程，而不关注合作形成的条件。Ring 和 van de Ven 构建的"谈判—承诺—执行—评价"的合作程序框架，该框架下包含合作谈判、合作承诺、合作执行和合作评价四个阶段。其中，合作谈判包括正式谈判和非正式的谈判，其目的是通过博弈的方式形成共识并推动决策的形成；承诺是指通过正式合法的契约、心理契约构建合作行为的准则，以规避合作过程中可能存在的"搭便车"等策略行为；执行是指通过组织或个人的努力及互动，完成合作决策、践履合作承诺；评价不但包括对执行的评价，而且还包括对谈判和承诺的评价，评价准则为互惠互利[①]，具体情况见图 2-9[②]。可以看出，该模型除了关注正式制度外，还较为重视非正式制度及承诺的作用。正如 Thomson 和 Perry 评价这一模型时指出的，合作是一个通过建立组织角色与个人互动解决合作承诺的过程，合作除了依靠正式的组织和制度，如协议、备忘录和操作程序，更需要在一体化因素和集合化因素之间找到平衡，需要与人际关系、心理契约和非正式的承诺等因素相结合[③]。

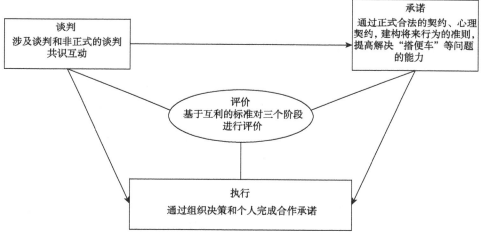

图 2-9　Ring 和 van de Ven 合作程序分析框架

（3）从如何推行的角度分析合作治理的阶段。Carlson 通过列出合作治理前、合作治理中和合作治理后应当做的任务来分析合作的进程[④]；Chrislip 沿着"合作

① Ring P S，van de Ven A H. Development processes of cooperative interorganizational relationships. Academy of Management Review，1994，19（1）：90-118.

② 谢新水：《公共领域合作的初始条件和发展变量——一个定性研究》，《中国行政管理》，2010 年第 3 期，第 118-123 页。

③ Thomson A M，Perry J L. Collaboration processes：inside the black box. Public Administration Review，2006，66（1）：20-32.

④ Carlson C. A practical guide to collaborative governance. 转引自 Morse R S，Stephens J B. Teaching collaborative governance：phases，competencies，and case-based learning. Journal of Public Affairs Education，2007，18（3）：565-584.

准备→准备妥当→一起工作→进入行动"四个层面去分解了合作治理的任务[①]；Morse 和 Stephens 认为虽然不少学者尝试描述和提出合作治理过程的模型，但不少研究画出了一个类似的框架，因而他们在总结 Ansell 和 Gash、Linden、Bryson 等学者研究的基础上提出了"四个阶段"的总结模型，并希望借此培训政府官员开展公共领域的合作治理活动，具体情况见表 2-4[②]。需要指出的是，表 2-4 中的"评估"是指对合作条件的评估。

**表 2-4　合作治理的四个阶段**

| 评估 | 发起 | 审议 | 执行 |
| --- | --- | --- | --- |
| 分析问题 | 利益相关者参与 | 群体简便性 | 确定行动方案 |
| 评估环境 | 组织政治/社区 | 团队的建立及动态性 | 设计治理结构 |
| 确定利益相关者 | 建立社会资本 | 倾听 | 公共参与 |
| 战略性思考 | 过程设计 | 达成共识 | 网络治理 |

## 六、合作治理影响因素的研究

关于合作治理影响因素的研究，经济学、管理学、社会学和政治学等研究领域有不少可资借鉴的成果，该议题也是本书关注的重点。在本部分，笔者主要按照研究方法的不同来对公共管理或相近领域的研究进行综述。

（1）在逻辑分析的基础上提出合作治理的影响因素。Thomson 和 Perry 认为，公共管理者应从治理、管理、组织自治、关系和规则五个维度剖析合作"黑箱"[③]；Kooiman 认为合作的成功与否会受到五个方面的影响，即相互尊重和调试基础上的信任、共同的活动目标、输入风险和反馈的辨别、责任和权力的分配[④]；汪锦军在总结前人研究的基础上，提出了合作治理的三个层次条件，包括逻辑条件（共同目标、组织资源优势）、环境条件（制度环境、信任、组织身份）、操作条件（微观动态过程，如组织战略、行动策略、协调沟通等），他认为这三个层次中条件的相互配合情况决定了合作能否发生[⑤]；唐桦认为合作治理的认同要素"信任"、合作治理的逻辑要素"规范"、合作治理的载体要素

---

① Chrislip D D. The Collaborative Leadership Fieldbook：A Guide for Citizens and Civic Leaders. Wiley：Jossey-Bass，2002.

② Morse R S，Stephens J B. Teaching collaborative governance：phases，competencies，and case-based learning. Journal of Public Affairs Education，2014，18（3）：565-584.

③ Thomson A M，Perry J L.Collaboration processes：inside the black box. Public Administration Review，2006，66（1）：20-32.

④ Kooiman J. Governing as Governance. London：Sage，2003：102.

⑤ 汪锦军：《走向合作治理：政府与非营利组织合作的条件、模式和路径》，浙江大学出版社，2012 年，第 57-59 页。

"网络"是影响合作治理的重要因素[①];胡宜从合作资源、合作成本、合作风险及合作组织四个层面出发,认为合作治理资源约束、合作成本收益比、合作中的"搭便车",以及合作网络的合法性权威是导致合作困境、影响合作效果的深层动因[②];马伊里从组织行为学的角度出发,认为资源依赖结构、合作行为的合法性认同、协商性的资源交换过程、行动规则的形成过程四个环节是合作困境生成的主要原因[③];韦倩在总结当前实验和田野调查的研究后,认为群体成员的异质性、群体的规模、成员的经济不平等性及群体的制度安排是影响群体合作的关键因素[④]。

(2)面向合作案例构建影响合作效果的解释框架。巴赫达通过对 19 个 ICC (interagency collaborative capacity,跨部门协作能力)发展案例的分析,构建了包括主观类影响因素和客观类影响因素在内的框架,主观类影响因素包括履行特定合作任务时彼此之间的期望及形成的合作文化等,客观类影响因素包括正式合作协议、为任务完成配置的各类资源、彼此间的授权与责任关系、跨部门的"掌舵"等[⑤];Zator 在归纳公民参与、民主正当性、政府能力、程序规则、合作资源、信任构建等 22 个影响因素的基础上,构建了"制度设计—关系质量—外部环境—公共信任"的分析框架,并对四个沿海管理委员会的合作案例进行了比较分析[⑥]。

(3)站在"量"的立场分析合作绩效的影响因素。Krueathep 等通过机构设置(当地工人数量、社区数量等)、项目难度(资源依赖性、工作程序、利益相关者数量等)、管理能力(市长服务年限、市长业务经验、工作方式改进的态度、政府角色是否保守等)、政治环境、社会环境五个关键变量,利用 Logistic 回归的方法分析了这些因素对网络形成的影响[⑦];姚引良等从主体因素(合作态度、合作能力与资源投入)、关系因素(信任、信息沟通、协同)、环境因素(上级支持、公众关注)三个角度出发,采用结构方程模型(structural equation modeling,

① 唐桦:《两岸合作治理的结构要素与实践机制》,《厦门大学学报(哲学社会科学版)》,2013 年第 5 期,第 72-78 页。

② 胡宜:《解读合作困境的四个维度》,《开放时代》,2004 年第 2 期,第 38-41 页。

③ 马伊里:《有组织的无序:合作困境的复杂生成机理》,《社会科学》,2007 年第 11 期,第 77-84 页。

④ 韦倩:《影响群体合作的因素:实验和田野调查的最新证据》,《经济学家》,2009 年第 11 期,第 60-68 页。

⑤ 巴达赫 E:《跨部门合作》,周志忍、张弦译,北京大学出版社,2011 年,第 14-17 页。

⑥ Zator R. Exploring collaborative governance—case studies of disruptions in coastal zone management collaborations and resulting effects upon the collaborations and outcomes. Unpublished Ph.D Dissertation,Western Michigan University,2011:16-35.

⑦ Krueathep W,Riccucci N M,Suwanmala C. Why do agencies work together? The determinants of network formation at the subnational level of government in Thailand. Journal of Public Administration Research and Theory,2010,20(1):157-185.

SEM）探讨了地方政府合作效果的影响因素[1]。也有些研究者针对具体的合作项目分析了合作绩效的影响因素，如 Graddy 和 Chen 利用 OLS 模型探讨了组织因素、项目需要、环境三大因素对家庭保护项目合作网络规模的影响[2]；Morehead 将影响因素分为凝聚性、资金、治理、评估、技能和环境六个因素，并采用线性回归方程对农村卫生网络绩效进行了分析[3]；赵佳佳等从合作程度（违约情况、合作历史、合作关系）、合作能力（资金使用能力、合作识别能力、市场垄断能力）、组织效率（无力效率、资金流效率、信息流效率）、合作意向（合作依赖、合作信任、合作承诺）等方面分析了"农超对接"的组织合作效率[4]。

（4）采用实验或计算机仿真的方法探索合作的影响因素。姚引良等利用博弈和仿真等方法对地方政府网络的形成与运行机制进行了分析，在归纳主体间博弈组合基础上列出了收益矩阵及复制动态方程，得出了参与主体的互动模式、资源投入、合作态度等因素对合作网络系统发展演化的重要影响[5]；陈叶烽等从个体微观角度考察了信任与合作之间的关系，发现个体的合作水平与其通过信任博弈实验测度的信任水平显著正相关[6]；Cardenas 利用森林使用的重复博弈实验来测验个体理性与集体理性冲突环境中群体间的合作，发现沟通机制可以提高群体间的合作程度[7]。

## 七、总体性评价

阿格拉诺夫和麦圭尔研究公共组织和非公共组织协作时指出，"由于缺乏具体事实，关于边界的研究有时候被避开了"[8]。按此说法，至少在 2000 年以前，

① 姚引良、刘波、王少军、等：《地方政府网络治理多主体合作效果影响因素研究》，《中国软科学》，2010年第 1 期，第 138-149 页。

② Graddy E A，Chen B. Influences on the size and scope of networks for social service delivery. Journal of Public Administration Research and Theory，2006，16（4）：533-552.

③ Morehead H U. Rural health network effectiveness：an analysis at the network level. Unpublished Ph.D Dissertation，Virginia Polytechnic：2008，19-20.

④ 赵佳佳、刘天军、田详宇：《合作意向、能力、程度与"农超对接"组织效率——以"农户+合作社+超市"为例》，《农业技术经济》，2014 年第 7 期，第 105-113 页。

⑤ 姚引良、刘波、郭雪松、等：《地方政府网络治理形成与运行机制博弈仿真分析》，《中国软科学》，2012年第 10 期，第 159-168 页。

⑥ 陈叶烽、叶航、汪丁丁：《信任水平的测度及其对合作的影响——来自一组实验微观数据的证据》，《管理世界》，2010 年第 4 期，第 54-64 页。

⑦ Cardenas J C. Real wealth and experimental cooperation：experiments in the field lab. Journal of Development Economics，2003，70（2）：263-289.

⑧ 阿格拉诺夫 R、麦圭尔 M：《协作性公共管理：地方政府新战略》，李玲玲、鄞益奋译，北京大学出版社，2007 年，第 1 页。

该议题未受到广泛关注，即便合作和治理的问题已经在学界中讨论多时。事实上，按照"合作治理特指政府部门和非政府治理主体间的互动关系"这一逻辑，相关的研究也必然是在市民社会、非政府部门等兴起之后，这也是合作治理有别于一般意义上或其他领域合作的特质。从研究数量上来看，进入 21 世纪后，关于合作治理的相关研究不断增多。大量学者的论证也表明，合作治理是一个具有理论意义和实践价值的问题。可以说，伴随着跨界问题重要性的日益彰显及诸多学者的努力，合作治理已成为公共管理领域的研究重点。按前文设计，本书拟从国内外两个方面对合作治理的相关研究进行评价。

## 1. 国外相关研究的总体评价

国外关于合作治理的研究已较为全面，关于政府与非政府组织的合作、公私合作的讨论已广泛存在，规范研究和实证研究都取得了较为丰富的研究成果。不过，相关研究也存在一些不足。其一，关于合作治理的理论探讨处于发散状态，正如本书在界定合作治理概念时指出的，合作治理概念的多样性与碎片化共存，它与协同治理、网络治理等一些概念的区别是模糊的，甚至是重复的，理论难以形成聚合。O'Leary 和 Vij 认为合作的各种词汇被混用的现象普遍存在，目前的理论探讨并未为合作治理及相关研究日趋凸显的重要性做足准备①。其二，合作治理的精细化研究不足。Heikkila 和 Gerlak 指出，目前研究中对合作流程的理解仍不精确②，研究缺少基于合作治理过程的系统性研究，这使我们无法认知合作治理是如何发生及运作的。不少实证研究所用的案例并不能展示一个完整的合作网络，在关注正式网络的同时忽视了非正式网络的作用③。实际上，要想认清合作治理的本质，就应当将合作治理活动的所有影响因素都纳入讨论的范围。其三，合作治理的研究中理论与现实脱节，学术界的研究成果不能很好地影响实践的推进，相关研究似乎与合作治理的实践关联不大④，不少研究成果或有"闭门造车"之嫌，或因应用性不强而被束之高阁，这实际上偏离了公共管理学"应用性"的特征。

---

① O'Leary R, Vij N. Collaborative public management where have we been and where are we going? The American Review of Public Administration, 2012, 42（5）: 507-522；汪锦军：《走向合作治理：政府与非营利组织合作的条件、模式和路径》，浙江大学出版社，2012 年，第 26 页。

② Heikkila T, Gerlak A K. Investigating collaborative processes over time: a 10-year study of the South Florida ecosystem restoration task force. American Review of Public Administration, 2014, 24（3）: 697-719.

③ Lsett K R, Mergel I A, LeRoux K, et al. Networks in public administration scholarship: understanding where we are and where we need to go. Journal of Public Administration Research and Theory, 2011, 21（1）: 157.

④ Bushouse B K, Jacobson W S, Lambright K T, et al. Crossing the divide: building bridges between public administration practitioners and scholars. Journal of Public Administration Research and Theory, 2011, 21（1）: 99-112.

## 2. 国内相关研究的总体评价

本书拟从以下六个方面对国内研究进行评价。其一，关于合作治理的研究阶段。鉴于帕里、克里默将研究阶段分为问题描述、变量识别、确定变量之间的关系、建立变量间的因果关系、为政策的形成而控制变量、评估替代性政策或者项目等几个阶段[①]。纵观当前国内合作治理的研究，大部分研究集中于问题描述、变量识别，只有少数的研究去确定变量之间的关系，利用实证的方法确定变量之间因果关系的研究更是少之又少。在建立数量模型的研究中，大都是针对变量之间的直接关系进行论述，缺少基于合作过程的研究，即难以看到这些变量之间是通过何种机制作用于合作治理绩效的。此外，就本书搜集到的文献来看，为政策的形成而控制变量、评估替代性政策或项目的研究尚未发现。其二，关于合作治理的研究内容。合作网络的研究一般会经历"网络形成→网络绩效→网络机制"的研究历程，也即回答"网络为何存在""网络给组织带来怎样的影响""网络怎样才能更好地发挥作用"三个递进式的问题[②]。目前，国外大部门研究集中于前两个阶段，即对合作治理为什么存在、以什么样的形态存在及其特有的价值，但对合作治理怎样去影响公共事务的治理、哪些因素对合作治理绩效具有影响及怎么样影响回答得较少。其三，关于合作治理的研究方法。规范研究和实证研究可以作为我国行政学研究的基本分类。就目前本书搜集到的文献而言，大部分合作治理研究的文献属于规范研究的范畴，如对合作治理产生的理论与现实背景的讨论、各类主体角色与地位的讨论及对合作理念的倡导宣传，即便是在需要实证支撑的主体间关系形态、合作治理影响因素、合作治理中国适用性等问题中，也较少运用实证分析的方法。虽然规范研究与实证研究并无优劣之分，但研究数量上的结构性失衡使合作治理的微观研究乏善可陈。正如何艳玲评述公共行政学研究时指出的，就目前的中国行政学研究而言，我们可以领略到很多研究中所显现的宏大关怀，但可惜的是我们对于公共行政实践的局部叙事大大匮乏。实际上，当建立在没有实证资料支撑之上的宏大关怀到处泛滥时，这种情形其实也应该值得警惕[③]。其四，关于合作治理的概念界定。与国外理论研究中存在的问题一样，国内研究者关于合作治理概念及范围等关键问题尚未形成完全统一的认识，合作治理、协同治理、网络治理等概念经常被混用，含义认知的分歧与词语的混用反映了该领域研究缺乏

---

① 帕里、克里默：《〈公共行政评论〉（1975—1984）中的研究方法》，载怀特 JD、亚当斯 GB：《公共行政研究——对理论与实践的反思》，刘亚平、高洁泽，清华大学出版社，2005年，第79页。

② 吴晓波、许冠南、杜健：《网络嵌入性：组织学习与创新》，科学出版社，2011年，第27-29页。

③ 何艳玲：《问题与方法：近十年来中国行政学研究评估（1995—2005）》，《政治学研究》，2007年第1期，第93-104页。

共识性知识的积累①。同时，合作治理的研究还处于博采众长的阶段，尚不能自成一家，未能形成系统的、有辨识度的理论话语体系。其五，关于合作治理理论与现实链接的问题。实践是检验真理的唯一标准，也是对理论进行修正的良方。合作治理的研究采用的是西方话语体系，其中的理论元素能否在中国找到现实依据是值得探究的。虽然有些学者开始案例分析，但相对于中国合作治理的复杂性和差异性而言，这些研究还不能完全释疑相关疑问。不少研究或是片面强调分权和去中心化，或是对合作治理质疑和抵触，对我国转型期的合作治理亦带有转型和过渡色彩的事实关注不足。其六，关于合作的分类细化研究问题。县级政府合作行为包括政府间合作与政社合作两大向度，两者的运行逻辑有本质区别。不少实证研究将县级政府的合作行为看做一个整体概念，缺少"治理"框架下的针对性研究。同时，政府部门与非政府治理主体的合作具有层次性，不同级别、不同地域乃至不同部门的合作治理问题都有所不同，目前许多研究大都是笼统概之。

　　针对国内研究中的不足，对于未来的研究，本书认为要秉承"体现时代性、把握规律性、富于创造性"的理念，通过严谨、科学地研讨，巩固和扩大共识，减少和弥合分析。一方面，要深化合作治理微观领域的研究，将宏大叙事与微观分析统一起来，着重探讨合作治理的各类机制，将研究引向因果关系、政策评估等更为高阶的研究阶段。同时，或从行政区域层级，或从合作对象，或从政府部门来划定研究问题的层次，使研究主题更加明晰化。另一方面，优化研究方法，改变当前规范研究与实证研究结构性失衡的状况。具体而言，就是应当着重运用实证的（定量或质性）的方法，以深度访谈、典型经验、大样本问卷调查和统计数据为基础开展研究，从而使研究结论和政策建议更具有科学性和有效性。有条件的研究团队可以仿照经济学、心理学的相关研究，采用实验的方法，通过对某些因素和变量的控制，更好地探索和揭示合作治理的内在逻辑。应当说，本书正是尝试在这种理论关照下开展研究，也希望能够在某些方面的研究上取得进展。

## 第二节　合作治理研究的理论基础

　　"尽管协作性管理明显凸起，但仍然不存在一个相当于——或者甚至接近于——官僚体制管理范式的知识基础。相反，关于公共机构中协作的观点来自多门学科和多种传统理论：社会学的组织关系、研究城市的学者关于体制的观点、

---

① 汪锦军：《走向合作治理：政府与非营利组织合作的条件、模式和路径》，浙江大学出版社，2012 年，第 26 页。

政治学家与公共行政管理者关于联邦主义与政府间关系的观点、商业管理的战略联盟观点、公共管理研究者关于多组织网络的观点。……如果可以，这个单子似乎可以无休止地列下去。"①正如罗伯特·阿格拉诺夫所言，纵观公共管理领域中关于合作治理的研究，在很大程度上是多种学科知识的"大杂烩"，关于合作治理的知识大都发源于公共管理领域之外②。因而，合作治理更像是经济学、管理学、政治学和社会学等学科理论中关于合作知识的融会贯通，而不是一个完整而严格的范式。对于目前研究者提到的合作治理及相近概念的相关理论基础，本书进行了总结，详情见表 2-5。

表 2-5　合作治理的理论基础汇总

| 研究者 | 理论基础 |
| --- | --- |
| 尤金·巴赫达 | 资源依赖理论、网络理论、多元民主理论 |
| 汪锦军 | 政府失灵、市场失灵、契约失灵、志愿失灵、资源依赖理论、民营化理论、治理理论 |
| 蔡岚 | 制度分析与发展理论、交易费用理论、结构选择理论 |
| 孙洁 | 公共物品理论、自然垄断理论、委托代理理论 |
| 廖玉娟 | 多元民主理论、公共选择理论、新公共服务理论、治理理论、机制设计理论 |
| 靳景玉、曾胜 | 交易费用理论、价值链理论、博弈论、资源理论、合作进化理论、复杂性理论 |
| 汪伟全 | 区域治理理论、协同治理理论、利益相关者理论、整体性治理理论 |

资料来源：巴达赫 E：《跨部门合作》，周志忍、张弦译，北京大学出版社，2011 年，第 9-20 页；汪锦军：《走向合作治理：政府与非营利组织合作的条件、模式和路径》，浙江大学出版社，2012 年，第 15-21 页；孙洁：《城市基础设施的公私合作管理模式研究》，同济大学博士学位论文，2005 年，第 25 页；廖玉娟：《多主体伙伴治理的旧城再生研究》，重庆大学博士学位论文，2013 年，第 15 页；靳景玉、曾胜：《城市联盟的合作动力机制研究》，西南交通大学出版社，2011 年，第 4-14 页；汪伟全：《地方政府合作》，中央编译出版社，2013年，第 39-66 页

从表 2-5 可以看出，合作治理及相关议题所涉及的理论纷繁多样，不同研究者亦根据研究对象进行了选择。就本书而言，本书也根据前文对合作治理概念的界定选择理论基础，主要包括治理理论、资源基础理论（resource based theory，RBT）、社会网络（social network）理论及协商民主（deliberative democracy）理论。之所以如此选择，主要基于以下五个方面的考虑：其一，合作治理源于治理理论，两者的内涵在某种程度上具有一致性。同时，治理理论也是公共管理领域中使用最为广泛的理论，像一个"概念伞"和"理论包"，蕴涵诸多理论元素，这可以为本书分析提供广泛的理论支撑。其二，合作治理以实质性资源交换的发生为标志，而资源基础理论是研究组织间资源交换的重要理论，也

---

① 阿格拉诺夫 R、麦圭尔 M：《协作性公共管理：地方政府新战略》，李玲玲、鄞益奋译，北京大学出版社，2007 年，第 22 页。

② Thomson A M, Perry J L. Collaboration processes: inside the black box. Public Administration Review, 2006, 66（1）：20-32.

是企业管理领域解释企业网络产生、发展等议题的重要理论基础，这可以为本书提供许多观点上的借鉴。其三，合作治理是市民社会发展后的产物，而社会网络理论中的社会资本理论、嵌入性（embeddedness）理论、强弱关系等已被广泛地应用于该议题的讨论中，本书对信任、共识、社会参与能力等议题的分析也大量借鉴了这一领域的研究结论。其四，从理论溯源上看，合作治理是对选举制民主、参与式民主的超越，它反对形式化的民主，这与协商民主理论提出的初衷极为相似。就本书看来，诸多合作治理的理论研究在很大程度上借鉴了协商民主的理念及研究成果。将协商民主作为合作治理的理论基础，也方便我们通过民主发展之路来定位、评判和反思合作治理。其五，以上四个理论来自公共管理学、企业管理学、政治学和社会学四个学科，且每个理论又都是诸多理论融合的结果，因而能基本反映合作治理的理论基础。基于以上思考，本书将简要地对这四个理论进行阐释。

## 一、治理理论

20 世纪 90 年代，治理理论崛起成为西方学术界的显学。从本质含义看，治理理论对社会科学传统的二分法思维进行了解构，它打破了公域与私域、国家与社会、市场与政府之间的界限，力图通过善治建立新的公共权威和公共秩序，实现公共事务的合作管理[①]。从理论发展脉络来看，治理理论是对新自由主义、干预主义的超越，试图找到政府、市场与社会的重新组合之道，它融合了先前政策网络、民主行政、公民社会、社会资本等诸多理论的主张。国家观念的解构、后现代主义的兴盛及学科交叉融合使诸多学科大有"言必称治理"的趋势，不同领域学者的努力也使治理概念的包容性和解释张力很大。20 世纪 90 年代后，在公共管理领域，"治理"一词也逐渐获得话语权，在很多研究中取代了"公共行政"和"政府管理"等概念[②]。

治理是多元主体参与、多种机制运作的过程，它表明政府不是合法权力的唯一来源，公民社会也同样是合法权力的来源，它既是管理公共事务的全新技术，又是当代民主的一种新的实现形式[③]。虽然学者们对治理的基本内涵达成了较为一致的意见，但由于研究对象、研究视角和学科背景的不同，治理的含义也因研究途径的不同而众说纷纭。常被引用的是 Rhodes 的观点，他认为治理有

---

① 张立荣、姜庆志：《国内外服务型政府和公共服务体系建设研究述评》，《政治学研究》，2013 年第 1 期，第 104-115 页。

② 陈振明：《公共管理学》，中国人民大学出版社，2005 年，第 77 页。

③ 俞可平：《全球治理引论》，《马克思主义与现实》，2002 年第 1 期，第 20-32 页。

六种含义①。国内学者王佃利对公共管理及相关学科的研究汇总后，认为治理含义的研究图式可以归纳为六种：①主体说，即强调治理的发生是治理主体从政府单一中心转变为多元主体的结果；②关系说，即认为治理反映的是众多治理主体之间的关系、质量和目标，其实质是不同主体间的协调和控制；③方式说，即认为治理是一种社会管理方式，它是诸多个人和组织进行合作以解决冲突的工作方式；④过程说，即强调治理是一种综合的发展过程，是通过建构政府和政府以外的机构、组织，解决政治和超越政治有关实现共同目标和集体设想方面的问题；⑤制度说，即认为治理就是建构一种秩序，即通过各种治理机制来完善市场的整体性制度安排②。这基本概括了治理理论的研究途径，也反映了治理理论丰富的内涵。当然，伴随着治理实践的推进，治理理论的内涵和外延也发生了诸多变化，但仍未超越 Stoker 对治理特征的描述，即治理主体范围大于政府组织体系；指出社会和经济问题在寻求解答过程中存在界限和责任方面的模糊点；涉及集体行动的各个社会公共机构之间存在权力依赖；治理是指行为者网络的自主自治；认为办好事不在于政府下命令或运用其权威，政府的能力和责任在于用新的工具和技术来控制和指引③。

从公共行政范式变革的角度来看，治理的总体主张是解构以政府为中心的公共行政体系，重新建构多中心的行动体系，它一方面回应实践中市场失灵和政府失败，为分权化、民营化、社会化的政府改革运动提供理论依据；另一方面，回应了理论上国家和市场的迷失，主张摒弃以市场或政府为唯一政策方案、效率为先或公平为先等非此即彼的逻辑，构建不同领域、不同层次行为主体相互依赖的治理结构。正如 Kohler-Koch 和 Rittberger 所言，治理转型（governance turn）主要体现在两个方面：一是治理研究开拓了一个精致的过程维度，用于探索政策形成和执行的类型、工具和条件及各种不同的行动；二是体现了各种层次的制度转变并对解决问题的能力和民主责任形成了冲击④。从这种意义上讲，治理理论已经具备了超越传统公共行政、新公共行政、新公共管理的条件，当然，能不能成为这些研究范式的有力竞争者，尚需时间的检验。正如任何范式变革的尝试都会遭到来自各方的质疑一样，治理理论因其概念的模糊性及对实践的超前性等，也引来了诸多学者的质疑（相关内容在本章"合作治理困境及适用性的研究"小节中亦有论述），"元治理"等回归国家主义（rolling back to state）的理论主张不断提出。不过大部分批评者同时也是治理理论的提出者，如 Jessop、Stoker、Rhodes

① Rhodes R. The new governance: governing without government. Political Studies, 1996, 44（4）: 652-667.
② 王佃利：《城市治理中的利益主体行为机制》，中国人民大学出版社，2009年，第22-25页。
③ Stoker G. Governance as theory: five propositions. International Social Science Journal, 1998, 50（1）: 17-28.
④ Kohler-Koch B, Rittberger B. Review article: the "governance turn" in EU studies. Journal of Common Market Studies, 2006, 44（1）: 27-49.

等，因而不少批评实质上是对治理理论的发展。

对于国内研究而言，"治理"是一个舶来品，因而其"适用性"和"本土化"问题受到了诸多国内学者的关注。与治理概念及理论大量引入国内一样，国内学术界对治理理论在中国的适用性也保持了强烈的怀疑态度。在《中国行政管理》《理论文萃》等期刊上，不少学者在"中国离'善治'有多远""反思与超越——解读中国语境下的治理理论"等主题下表达了要审慎看待治理理论的观点①。也有学者认为使用治理概念时应进行中国化的理论阐释，要特别注意从传统官僚制出发考察当前我国的治理问题②；虽然经过十几年的发展，我国学者已普遍将治理应用于各种议题的讨论，治理本土化已经取得了不少进步，如燕继荣提出了"治民（社会治理）—治政（政府治理）—治党（政党治理）"的分析框架③，俞可平提出了具有中国特色的治理评估框架④等。但从整体来看，基于本土事实和本土过程的深入分析和理论把握仍然不足，大多数研究依旧是出于对治理理念的回应⑤。

作为脱胎于治理理论的合作治理，其本质内涵与治理大致相同，也经历了治理研究从兴起到被质疑、从被质疑到再发展的种种过程。因此，把握治理的内涵对于开展本项研究大有裨益。在合作治理概念的界定、合作治理兴起的背景等诸多研究议题的讨论中，本书大量借助了治理理论的研究成果。某种程度上，本书大部分内容的讨论都是基于治理理论展开的。

## 二、社会网络理论

社会网络是社会学和经济学研究中一个非常重要的概念，被广泛地应用于政治参与、企业发展、社会分层、企业创新、职业获得等多个领域的研究中，研究也包含微观、中观和宏观，个体网、整体网等多个层次，体现了极强的理论适用性和解释力。社会网络基本的论点是"我们所嵌入的关系网络对所开展活动的成败有着极其重要的影响"⑥。社会网络的概念始于社会学，20 世纪初英国人类社会学家拉德克里夫·布朗首次提出了社会网络的概念，不过在他的研究中网络只是一个隐喻；1954 年巴恩斯在分析跨亲缘和阶级的关系时，首

---

① 王诗宗：《治理理论及其中国适用性：基于公共行政学的视角》，浙江大学博士学位论文，2009 年，第 130 页。

② 娄成武、张建伟：《从地方政府到地方治理——地方治理之内涵与模式研究》，《中国行政管理》，2007 年第 7 期，第 102-104 页。

③ 燕继荣：《治民·治政·治党：中国政治发展战略解析》，《北京行政学院学报》，2006 年第 1 期，第 15-20 页。

④ 俞可平：《中国治理评估框架》，《经济社会体制比较》，2008 年第 6 期，第 1-9 页。

⑤ 耿国阶：《困境、重构与突破：中国治理转型的模式研究》，东北大学出版社，2011 年，第 35 页。

⑥ 齐达夫 M、蔡文彬：《社会网络与组织》，王凤彬、朱超威译，中国人民大学出版社，2009 年，第 2 页。

次使用社会网络进行了系统研究；博特在《家庭与社会网络》中，提出了网络结构的测量工具——结（knit）[①]。至此，社会网络分析开始引起诸多社会学家的注意，在经济（市场）社会学研究领域中占据主流，并逐渐拓展到政治研究领域。所谓社会网络，是指人与人之间、组织与组织之间由于交流和接触而发生和存在的一种纽带[②]，它是主体获取信息、资源、社会支持以识别与利用机会的结构[③]，这对我们认识个人或组织的活动提供了广阔的视野。经过几十年的发展，社会网络领域已形成了诸多具有影响力的概念和理论，如社会资本理论、嵌入性理论、强-弱联结理论、结构洞理论等。根据本书需要，主要介绍社会资本理论、嵌入性理论。

### 1. 社会资本理论

社会资本理论是 20 世纪社会科学中最具影响力的解释图式之一，社会学家、经济学家、政治学家、管理学家乃至历史学家纷纷使用这个概念来解释社会经济现象[④]。最早使用社会资本概念的是翰尼范，他于 1916 年发表的《乡村学校社区中心》中首次提出了社会资本这个概念。关于社会资本的概念，不同学者基于自身理解进行了定义，其中五位学者的定义较为典型：Bourdieu 认为，社会资本是一个社会或群体所具有的现实或潜在的资源集合体，主要由确定社会或群体成员身份的关系网络构成[⑤]。科尔曼认为社会资本为行为者创造了一种有效资源，为人们实现特定的目标提供了便利，社会资本存在于不同行为者之间的相互关系结构中，表现为人与人的关系，是无形的、具有创造性和不可替代性[⑥]。帕特南认为，社会资本是普通公民参与网络及包含于内的互惠和信任的规范，是一种公共财产。社会资本是指社会组织的特征，如信任、规范及网络，它们能够通过合作行为来提高社会的效率[⑦]。福山认为，社会资本是一个有助于两个或更多的个体之间相互合作、可用事例说明的非政府规范。他也提出社会资本外部性和社会资

---

① 肖鸿：《试析当代社会网研究的若干进展》，《社会学研究》，1999 年第 3 期，第 3-13 页。

② Grabher G. The Embedded Firm：On the Socioeconomics of Industrial Network. London：England Routledge，1995. 转引自彭正银、韩炜、韩敬稳、等：《基于任务复杂性的企业网络组织协同行为研究》，经济科学出版社，2011 年，第 42 页。

③ Aldrich H E，Zimmer C. Entrepreneurship through social networks//Sexton D，Smilor R W. The Art and Science of Entrepreneurship. Cambridge：Ballinger，1986：3-23.

④ 张文宏：《社会资本：理论争辩与经验研究》，《社会学研究》，2003 年第 4 期，第 23-35 页。

⑤ Bourdieu P. The forms of social capital//Richardson J G. Handbook of Theory and Research for the Society of Education. Westport：Greenwood Press，1986：241-258.

⑥ 科尔曼 J：《社会理论的基础》，邓方译，社会科学文献出版社，1999 年，第 356 页。

⑦ 帕特南 R：《使民主运转起来：现代意大利的公民传统》，王列、赖海榕译，江西人民出版社，2001 年，第 3、195 页。

本在现代社会所具有的功能，阐明了增加社会资本储备的基本途径[①]。林南则从网络资源的角度研究社会资本，认为社会资本是在目的性行动中被获取或被动员的、嵌入社会结构中的资源[②]。

关于社会资本的要素，我国学者燕继荣将其总结为个人和团体两个层面，反映个人能力的社会资本主要由个人的人际关系和组织身份（成员资格）构成；反映组织或团体（一个社会乃至一个国家）能力的社会资本主要由网络、关系和文化构成。社会资本的基本属性表现在四个方面：①隐形资产，即社会资本存在于人际关系中，是一种无形资产；②公共物品性质，即社会资本在受益上具有非排他性，属于准公共物品；③外部性，社会资本具有积极和消极两种外部性；④自我强化性，即"社会资本不会因为使用但会因为不使用而枯竭"[③]。对于破解集体行动的困境而言，社会资本的功能主要体现在以下几个方面：①降低交易成本，有助于解决信息不对称的问题；②增强社会心理的稳定性，强化社会成员的身份和认同，使组织资源得到共享；③规范和网络因素使集体问题能够得到高效解决，提高个体和集体的决策理性；④信任因素能够使社会平稳运转，规避复杂社会中投机、欺骗和逃避等行为。当然，社会资本也具有负外部性，这主要体现在排斥圈外人、对团体成员要求过多、限制成员的个人自由和反社会风险等方面[④]。

### 2. 嵌入性理论

嵌入性是新经济社会学中的一个基本概念，最早由美国经济史学家波兰尼提出，他认为经济发展嵌入包括制度在内的各种非经济因素的结构中[⑤]，这成为嵌入性理论的逻辑起点。Granovetter 是嵌入性理论的集大成者，他将嵌入性理论发展成为一个试图连接宏观与微观的中层理论，这为讨论行动者如何嵌入其所在的关系网络并获得资源提供了方便。当然，也有研究者称 Granovetter 的嵌入性理论实际上是一种形式嵌入，其针对经济学所做出的替代性解释不够彻底。不过，他的研究也确实推动了社会建构论中市场观的发展[⑥]。Granovetter 提出了关系性嵌入和结构性嵌入分析框架，前者是指社会网络中二元关系的结构与特征，包括关系的强度、亲密程度、持续性和方向等；后者描述的是行动者所在的整体网络，表现为行动者所处的网络结构、位置等因素。关系性嵌入对关系成员的态度和行

---

① 福山 F：《社会资本、公民社会与发展》，曹义恒译，《马克思主义与现实》，2003 年第 2 期，第 36-45 页。

② 林南：《社会资本——关于社会结构与行动的理论》，张磊译，世纪出版社集团、上海人民出版社，2005 年，第 28 页。

③ 燕继荣：《投资社会资本——政治发展的一种维度》，北京大学出版社，2005 年，第 100-123 页。

④ 燕继荣：《投资社会资本——政治发展的一种维度》，北京大学出版社，2005 年，第 100-123 页；帕特南 R：《使民主运转起来：现代意大利的公民传统》，王列、赖海榕译，江西人民出版社，2001 年，第 190-212 页。

⑤ 汪和建：《经济生活的新社会学：一个批判性述评》，《马克思主义与现实》，2000 年第 6 期，第 41-47 页。

⑥ 符平：《嵌入性：两种取向及其分歧》，《社会学研究》，2009 年第 5 期，第 141-164 页。

为影响更大，而结构性嵌入对关系成员的行为联系更为紧密。Granovetter 批判了先前理论研究中过度社会化与不充分社会化的倾向，强调了经济行为嵌入社会关系网络的观点，并把经济社会学的理论核心归纳为三个基本命题，即经济行动是社会行动的一种形式、经济行动具有社会性的定位、经济制度是一种社会性的建构①，这三个观点奠定了经济社会学研究的理论基础。

嵌入性的提出对于经济学、社会学的发展起到了极大的推动作用：其一，确定了新经济社会学的理论基础，使"经济嵌入社会、宗教及政治制度"之中的观念深入人心；其二，避免了极端的个体原子化考虑和极端的个体社会化考虑扭曲社会复性的风险，按照嵌入性的观点，规则演化同时体现在社会制度和社会结构两个层面，制度的形成和变化同样也会带来社会网络和经济体系的变化，这为理解制度演化提供了一个必要的支持②；其三，建立新经济社会学分析的基本假设，即处于社会网络之中的自利行动者。正如"嵌入性"概念所暗含的，许多交易都发生在相关社会网络成员之间，而较少发生在与完全的陌生人之间③。这些理论观点对我们认知社会成员的活动具有极大的推动意义。

## 三、资源基础理论

资源基础理论是战略管理兴起后最具影响力的理论，是学界研究企业行为与绩效、理解企业竞争优势的重要理论依据④。所谓资源基础理论，即是以资源为企业战略决策的思考逻辑中心和出发点，以资源联结企业的竞争优势与成长决策⑤，它强调的是组织间异质性资源的获取及利用能够为组织发展带来竞争优势。资源基础理论最早可以追溯到 1957 年，Selznick 在其所著的《行政管理中的领导行为》一书中提出了"独特能力"（distinctive competence）这一概念，认为一个组织比其他的组织表现得更为优秀的原因在于它具有与众不同的能力⑥；潘罗思在其所著的《企业成长理论》一书中首次将企业视为生产资源的集合体，她认为企业如同有机体一般成长。随后经过张伯伦和罗宾逊、沃纳菲尔特、格兰特、巴尼等的努力，资源基

---

① Granovetter M. Economic action and social structure: the problem of embeddedness. American Journal of Sociology, 1985, 91（3）: 481-510. 参见彭正银、韩炜、韩敬稳、等：《基于任务复杂性的企业网络组织协同行为研究》，经济科学出版社，2011 年，第 44 页。

② 周业安、杨祜忻、毕新华：《嵌入性与制度演化——一个关于制度演化理论的读书笔记》，《中国人民大学学报》，2001 年第 6 期，第 58-64 页。

③ 李久鑫、郑绍濂：《管理的社会网络嵌入性视角》，《外国经济与管理》，2002 年第 6 期，第 2-6 页。

④ 杨春华：《资源概念界定与资源基础理论述评》，《科技管理研究》，2008 年第 8 期，第 77-79 页。

⑤ 黄旭、程林林：《西方资源基础理论评析》，《财经科学》，2005 年第 3 期，第 94-99 页。

⑥ Selznick P. Leadership in Administration: A Sociological Interpretation, Row, Peterson and Company. New York: Free Press, 1957. 转引自黄旭、程林林：《西方资源基础理论评析》，《财经科学》，2005 年第 3 期，第 94-99 页。

础观和资源基础理论逐渐成型，并成为企业管理领域的一个重要理论流派[①]。

就资源基础理论的发展来看，经历了"传统资源基础理论→动态资源基础理论（企业核心能力理论、企业知识理论、动态能力理论等）→网络资源理论"三个阶段，研究层次从企业内部逐步拓展到企业外部，研究重点从静态过程发展到动态过程，研究对象从有形资产逐步拓展到无形资产。

传统资源基础理论研究阶段，学者更多地基于资源理论来揭示组织竞争优势的来源。乐尼、李普曼、鲁梅尔特等都将具有异质性的企业作为研究对象，并试图打开企业发展的黑箱。Barney 在总结前人研究的基础上，提出了资源基础理论的两个基本假设：一是企业所拥有的资源都是不同的，这些资源可以转变成独特的能力，即资源的异质性；二是资源在企业之间不能更好地流动且难以复制，即资源的非完全流动性。从特质来看，资源具有价值性、稀缺性、难以模仿性和难以替代性的特点[②]，也有学者将其扩展为互补性、稀缺性、难以交易性、不可模仿性、有限替代性、专用性、持久性等[③]。

在动态资源基础理论中，学者们认识到为了获得持续的竞争优势，企业需要具有利用资源和知识的能力，并通过动态的过程最大限度地实现资源的潜在价值。学者们从不同的角度分析了这一问题，并逐渐形成了企业核心能力理论、企业知识理论、动态能力理论等分析框架。表 2-6 展示了以上三个分析框架的主要观点及与网络理论的关系。

**表 2-6　动态资源基础理论与网络理论**

| 理论 | 主要观点 | 与网络理论的关系 |
|---|---|---|
| 企业核心能力理论 | 企业竞争优势源于具有集体学习型的核心能力，企业要学会发掘、培育并利用其核心能力 | 企业网络有利于企业专注于核心能力 |
| 企业知识理论 | 企业竞争优势源于蕴藏于组织的社会知识或集体知识，企业要学会对知识的创造、储存及应用 | 企业网络有利于企业获取和利用知识 |
| 动态能力理论 | 企业竞争优势源于整合企业内外资源去适应环境变化的能力，企业要发展关系网络去整合资源 | 企业网络有利于企业动态能力的提升 |

资料来源：吴晓波、许冠南、杜健：《网络嵌入性：组织学习与创新》，科学出版社，2011 年，第 16 页；杨春华：《资源概念界定与资源基础理论述评》，《科技管理研究》，2008 年第 8 期，第 77-79 页

这些理论观点使资源基础理论扩展到组织外部。有学者基于组织外部视角，

---

① 黄旭、程林林：《西方资源基础理论评析》，《财经科学》，2005 年第 3 期，第 94-99 页；彭正银、韩炜、韩敬稳、等：《基于任务复杂性的企业网络组织协同行为研究》，经济科学出版社，2011 年，第 34-35 页；杨春华：《资源概念界定与资源基础理论述评》，《科技管理研究》，2008 年第 8 期，第 77-79 页；魏谷、孙启新：《组织资源、战略先动性与中小企业绩效关系研究——基于资源基础观的视角》，《中国软科学》，2014 年第 9 期，第 117-126 页。

② Barney J. Firm resources and sustained competitive advantage. Journal of Management, 1991, 171（1）: 99-120. 转引自杨春华：《资源概念界定与资源基础理论述评》，《科技管理研究》，2008 年第 8 期，第 77-79 页。

③ Raphael A, Schoemaker P J H. Strategic assets and organizational rent. Strategic Management Journal, 1993, 14（1）: 33-46.

提出了资源规划（structuring）、资源捆绑（bundling）、资源整合（leveraging）等行为，认为这些行为会受到环境动态性的影响①，这使资源基础理论得到了进一步的完善。企业核心能力理论认为企业应当把资源和管理集中于其自身的核心能力上，把一些次能力或短期内难以形成的能力转由企业外部组织来提供，这样能够使企业资源得到最优化的配置；企业知识理论认为，为了更好地获取资源，应当与其他企业结成网络，从而促进知识的创造、传播及应用；动态能力理论则认为企业网络具有较大的灵活性，通过合作网络可以规避资源缺陷、缩短企业创新时间，从而实现对市场需求的敏捷响应②。这些观点，对网络理论的发展起到了极大的推动作用。

　　伴随着企业网络理论的发展，人们越来越深刻地认识到，资源不一定只存在于企业内部，也可能存在于企业的外部，这种资源就是网络资源，这些资源同样具有价值性、稀缺性、难以模仿性和难以替代性，也能够为企业的发展带来持续的竞争优势。这种强调企业在网络中获取资源并使企业获益的理论观点及形成的体系，就称为网络资源理论③。网络资源理论是对传统资源观和动态资源观的超越，研究者认为虽然资源基础理论的学者们已经强调了社会因素的重要性，但没有重视企业通过其所在的网络获取网络资源，进而提升企业绩效的问题。他们认为，网络资源决定了企业联盟的存在形式，这种资源不存在于任何企业内部，它是一种完全不同于技术资源和商业资源的社会资源，这种网络资源往往是由网络中的成员身份、网络结构及网络治理所带来的④。企业能够获得何种类型的网络资源和竞争优势主要取决于企业自身能力的大小、在网络中的位置及在网络中发挥作用的大小，即基于企业自身的优势（firm-based advantages）和基于网络的优势（network-based advantages）⑤。总体而言，在网络资源理论视野中，合作关系是组织竞争力的重要来源，由合作关系组成的合作网络则是组织获取资源并维持其竞争力的重要途径。

　　资源基础理论对合作治理的研究具有很多借鉴之处，本书认为主要体现在以下三个方面：一是组织要取得竞争优势，必须在资源类型或资源数量上具有异质

---

①　Sirmon D G, Hitt M A, Ireland R D. Managing firm resources in dynamic environments to create value: looking inside in black box. Academy of Management Review, 2007, 32（1）: 273-292.

②　吴晓波、许冠南、杜健：《网络嵌入性：组织学习与创新》，科学出版社，2011年，第19页。

③　刘雪锋：《网络嵌入性与差异化战略及企业绩效关系研究》，浙江大学博士学位论文，2007年，第17页。

④　Gulati R. Network location and learning: the influence of network resources and firm capabilities on alliance formation. Strategic Management Journal, 1999, 20: 397-420. 转引自刘雪锋：《网络嵌入性与差异化战略及企业绩效关系研究》，浙江大学博士学位论文，2007年，第17-24页。

⑤　Gomes-Casseres B. The Alliance Revolution: the New Shape of Business Rivalry. Cambridge: Harvard University Press, 1996. 转引自吴晓波、许冠南、杜健：《网络嵌入性：组织学习与创新》，科学出版社，2011年，第19页。

性，从而构成有别于其他组织的组织身份，这是不同组织间组成合作网络的物质基础和原动力。只有这样，组织间才会形成资源互补性和依赖性，组织才会有动力通过建立合作伙伴关系以形成更大的竞争合力，从而获得各自发展所需要的资源。二是组织必须与其所处的环境进行资源交换以维持自身的生存和发展。对于嵌入社会网络的组织而言，势必对外界产生依赖性，而变动不居的环境使这种依赖性充满了未知与危险。通过契约与其他网络组织建立稳定的合作关系，能够最大限度地控制和减少对不确定环境的依赖，从而提高组织获得关键资源、驾驭市场、赢得竞争的能力。三是资源基础理论更为强调组织通过整合和利用资源来实现价值创造的最大化，这与一味强调成本最小化、资源封锁的观点不同。在环境日益复杂的情况下，资源外取已不是组织的一种劣势；相反，资源外取已经成为智慧型组织运作的关键[1]，即组织要想维持自身地位，必须学会资源的共享与整合。

当然，并不是企业管理资源基础理论都适用于公共管理中合作治理的研究，如巴赫达在谈及资源依赖理论时就明确指出，资源依赖理论在使用时不得不面对一个基本事实，即公共部门组织不可能迅速采取行动，通过合作或其他方式降低资源相关的风险，不管组织领导者多么期望这样做[2]。在很多时候，以利益最大化为原则的资源基础理论并不能对公共管理领域的合作进行充分解释，如公民参与有可能带来行政机构管理绩效降低，但为了以一种符合民主价值观的方式来治理，这种方式依旧需要推进。这就说明，在借鉴资源基础理论时，我们需要特别关注公共管理的"公共性"。

## 四、协商民主理论

协商民主无论作为一种政治理论，还是一种政治实践都在当代西方世界产生了广泛影响。一些现代西方政治思想界的领军人物，如约翰·罗尔斯、安东尼·吉登斯、于根·哈贝马斯、菲利普·C. 施密特等都是协商民主的积极倡导者[3]。从2002年开始，国内学术界也对这一议题进行了大量的研究，相关学术论文和学术专著层出不穷，协商民主理论在我国大有成为主流的趋势[4]。在政治实践中，党的十八大也首次从政策表述上提出"健全社会主义协商民主制度。社会主义协商

① 坎贝尔 A、萨姆斯 K：《战略协同》（第二版），任海通、龙大伟译，机械工业出版社，2003年，第29-31页。
② 巴达赫 E：《跨部门合作：管理"巧匠"的理论与实践》，周志忍、张弦译，北京大学出版社，2011年，第18页。
③ 俞可平：《协商民主译丛总序》，见博曼 J：《公共协商：多元主义、复杂性与民主》，黄林怀译，中央编译出版社，2006年，第1页。
④ 朱宗友、许开轶：《协商民主研究：10年回顾与思考》，《中州学刊》，2013年第7期，第5-11页。

民主是我国人民民主的重要形式"①。

何为协商民主，不同的学者有不同的定义，陈家刚总结为三种，一是将协商民主看做一种决策体制或决策形式，二是将协商民主看做一种民主治理形式，三是将协商民主看做一种团体组织或政府形式②；朱宗友和许开轶则将其总结为多维说、要素说、制度平台说、治理形式说等诸多路径③。有研究者在总结国内外研究的基础上，将协商民主的内涵总结为四点，即参与是核心、倾听是保证、讨论是关键、妥协是必要④。可见，协商民主这一概念尚未完全统一。在本书看来，将协商民主视为一种民主治理形式较为妥帖。正如陈家刚所言，协商民主是平等、自由的公民在公共协商过程中，基于广泛的公共利益、利用公开审议过程的理性指导协商，从而赋予立法和决策以政治合法性的治理形式，它具有合法性、公开性和责任性的特质⑤。

国内有学者将协商民主理论总结为三种⑥：一是以罗尔斯为代表的自由主义协商合作理论⑦，主要是从社会力量多元化、社会价值多元并存的角度出发，认为人们必须寻找可以消融矛盾和推进共同发展的新民主形式。罗尔斯以"理性多元论"为出发点，构建了自由主义的协商合作理论，其中原始状态和无知之幕是背景条件、具有一定政治美德的冷淡而又理性的公民是主体设定、正义原则是指导原则、民主政治体制的稳定性与合法性是现实目的，"稳定性问题从一开始就铭记在我们心中"⑧。二是以哈贝马斯为代表的批判主义协商民主理论，主要基于对竞争性民主理论和实践的反思与批判来提出协商民主的观点。哈贝马斯认为，在参与政治意志形成的过程中，公民有必要诉诸于对理性的偏爱；而协商民主或话语民主是达到"实质民主"（materiale demokratie）的具体路径⑨。他认为，协商民主具有两种方式，一是用民主程序来调节的趋向于决策的协商；二是公共领域中非正式意见的形成过程⑩。三是以合作主义为取向的商议合作思想，即在合

①《坚定不移沿着中国特色社会主义道路前进　为全面建成小康社会而奋斗——在中国共产党第十八次全国代表大会上的报告》，http://news.xinhuanet.com/18cpcnc/2012-11/17/c_113711665.htm，2012 年 11 月 17 日。

② 陈家刚：《协商民主引论》，《马克思主义与现实》，2004 年第 3 期，第 26-34 页。

③ 朱宗友、许开轶：《协商民主研究：10 年回顾与思考》，《中州学刊》，2013 年第 7 期，第 5-11 页。

④ 王建军、唐娟：《中国协商民主制度的历史演进》，《四川行政学院学报》，2012 年第 6 期，第 30-33 页。

⑤ 陈家刚：《协商民主引论》，《马克思主义与现实》，2004 年第 3 期，第 26-34 页。

⑥ 王洪树：《协商合作视野下的民主政治研究》，中国社会科学出版社，2010 年，第 6-11 页。

⑦ 也有学者认为罗尔斯并不是协商民主论者，将"公共理性"等解释为"协商民主"中的"主要观点"，但这带有模糊性，罗尔斯不是也不可能是一个协商民主论者。参见萨沃德 M：《罗尔斯和协商民主》，何文辉译，《马克思主义与现实》，2006 年第 3 期，第 106-112 页。

⑧ 罗尔斯：《政治自由主义》，万俊人译，译林出版社，2000 年，第 150 页。

⑨ 哈贝马斯：《合法化危机》，刘北成译，上海人民出版社，2010 年，第 187 页。

⑩ 哈贝马斯：《在事实与规范之间：关于法律和民主法治国的商谈理论》，童世骏译，生活·读书·新知三联书店，2003 年，第 380-381 页。

作主义的思潮下探讨不同利益如何得到有序集中、传输协调，将各方意见输入体制以便决策吸收社会需求，并将社会冲突降低到不损害秩序的限度①。合作主义突出了国家和社会的联结，正如施密特所言，"在市场和国家之间的某个地方，存在着许多自我组织的、半公共性质的团体，个体和公司或多或少地依赖这些团体确定彼此行为的预期，并依赖它们为彼此之间经常的冲突提供实际的解决方案"②。国内关于协商民主的研究也主要集中于三个方面：一是对西方协商民主理论的引进和介绍，这以俞可平、陈家刚主编的《协商民主译丛》为典型代表；二是将协商民主理论作为一个理论工具，分析反思中国民主政治的发展，并在此基础上尝试本土化地看待这一理论，如林尚立、虞崇胜、庄聪生、浦兴祖、燕继荣等；三是关注我国基层协商民主的实践，并在此基础上做理论的提升，如诸多学者对"温岭民主恳谈会"的关注等。

　　协商民主理论的提出和本书所指的合作治理有很多相似之处，虽然各自的理论观点以不同的形式来呈现。本书从以下五个维度尝试论述两者的关联：①从提出背景上看，协商民主的复兴与合作治理都是 20 世纪 80 年代在西方产生，90 年代末、20 世纪初被国内引进或得到回应，无论是国内还是国外，两种理论的提出实际上都是对"多元主义问题"的回应，即社会利益分化、多元价值观和多元社会团体带来的社会权力散点式分布、利益冲突加剧等问题。概括起来讲，后工业社会公共事务复杂性增强、市场经济自由平等观念的溢出、市民社会的产生与发展及信息时代的到来，是协商民主在民主政治领域、合作治理在公共管理领域产生的背景。②从理论溯源上看，协商民主和合作治理都是对传统民主形式和治理模式的扬弃，前者主要是对选举民主、多数民主、远程民主等理论的反思，旨在应对选举民主成本高昂、被金钱支配、多数人暴政、合法性衰微、包容性不强、公民政治冷漠、拒斥公民参与新要求等弊端，引导"以投票为中心"的民主理论向"以对话为中心"的民主理论过渡③。后者则是对科层体制、问政、参与式民主等"形式民主"的反思，旨在构建一个多中心的行动体系，以增进公共利益。③从逻辑内核上看，协商民主和合作治理都反映了合作主义的主张，协商民主所包含的"多元性、包容性、理性、程序性、公共性和共识性"④的特质也是合作治理所拥有的。④从理论反思上看，协商民主与合作治理在提出之日便遭到了各方的批判，如现实主义的观点——协商民主的理念与现存民主实践有着不可逾越的鸿沟，公共选择的观点——协商民主是一种类似于普遍意志的东西，缺乏合理

---

　　① 张静：《政治社会学及其主要研究方向》，《社会学研究》，1998 年第 3 期，第 17-25 页。
　　② 施密特 PC、哥诺特 JR：《法团主义的命运：过去、现在和将来》，载张静：《法团主义》，中国社会科学出版社，1998 年，第 167-191 页。
　　③ 金里卡 W：《当代政治哲学》（下），刘莘译，上海三联书店，2003 年，第 552 页。
　　④ 韩冬梅：《西方协商民主理论研究》，中国社会科学出版社，2008 年，第 42-53 页。

性与合法性，公平主义的观点——协商民主不是中立过程，它歧视了弱势群体[①]等。合作治理也饱受以上观点的质疑，其中尤以前两者为重。⑤从国内研究现状上看，虽然大部分研究都是引入国外研究，但也有大量学者开始了本土化的研究，关注的兴趣点已从理论走向实践。从某种意义上讲，协商民主与合作治理更像是一个主张在两个领域的反映，这种理论上的天然关联，为民主政治与政府治理领域的相关研究提供了相互借鉴的桥梁。

# 第三节　本　章　小　结

本章通过对合作治理研究现状的梳理发现，国内外关于合作治理议题的直接研究大致同时进行，研究主题主要集中于合作治理兴起的背景及动因、合作治理主体关系类型的研究、合作治理的价值及优势、合作治理困境及适用性、合作治理进程、合作治理影响因素六个方面。研究发现，国内研究尚处于问题描述和变量识别阶段，较少去用实证的方法确定变量之间的因果关系；研究内容主要集中于"网络形成""网络绩效"两个方面，对网络机制的研究较少，缺少对合作治理进程的关注；关于合作治理绩效影响因素的研究多以规范分析为主，已有的量化研究亦多以多变量直接模型为主；合作治理的本土化研究缺乏实证依据等。这些情况的存在为本书的开展提供了空间。

在此基础上，本章着重介绍了合作治理的相关理论基础，以指导后续研究的进行。由于公共管理领域中"合作治理"研究是多种学科知识的"大杂烩"，本书根据前文对合作治理概念的界定，主要选取治理理论、社会网络理论、资源基础理论和协商民主理论进行分析。应该说，合作治理脱胎于治理理论，其核心主张来源于治理理论；社会网络理论融合了社会资本、嵌入性等理论元素，并形成了大批实证分析的文章，这为本书实证设计提供了诸多理论依据；合作治理以资源交换的实质性发生为基础，资源基础理论中资源依赖性、资源交换，尤其是网络资源理论可为本书提供丰富的、可资借鉴的资料；作为与公共管理学最近的政治学，协商民主理论是不少合作治理研究者经常引用的理论，两者更像是合作主义在不同领域的映射，这种理论上的天然关联，为民主政治与政府治理领域的相关研究提供了相互借鉴的桥梁。

---

① 参见聂鑫：《协商民主理论视野中的公共决策问题研究》，吉林大学博士学位论文，2009年，第7-8页。

# 第三章　新型城镇化进程中县域合作治理的运行现状

学界对合作治理模式和类型的划分有诸多方法，各有优缺点。为了更好地了解县级政府及其职能部门、乡镇政府等在新型城镇化进程中开展合作活动的状况，本书利用集体座谈和问卷调查的形式，请政府各部门主要领导对其部门近年开展的合作活动进行描述，具体内容见表3-1。由于该问卷的测量主要是用于描述性统计，因而没有进行结构化处理。罗伯特·阿格拉诺夫曾对美国地方政府合作管理活动进行了梳理，并将横向合作活动（即政府与非政府治理主体间的合作，这与本书所指的合作治理类似）划分为政策制定和战略制定、资源交换、基于项目的工作 3 大类共 9 种形式①。本书也仿照这一分类方法，并根据研究对象进行了调整。其中7、8 为"信息搜集类"合作活动，第 1、2、4 为"资源交换类合作活动"，第 3、5、6 为"政策制定类合作活动"。

**表 3-1　新型城镇化进程中合作治理情况调查问卷（领导卷）**

| 合作活动类型 | 与哪些部门（组织）一起展开 | | | | | |
|---|---|---|---|---|---|---|
| | 社会组织 | 自治组织 | 本地居民 | 科研院校 | 当地企业 | 外地企业 |
| 1. 为本单位启动与城镇化建设相关的项目寻求社会融资 | | | | | | |
| 2. 为本单位实施与城镇化建设相关的项目寻求技术援助 | | | | | | |
| 3. 研究制订本单位与城镇化建设相关的工作计划 | | | | | | |
| 4. 同其他部门或组织签订与城镇化建设相关的项目合作协议 | | | | | | |
| 5. 出台支持本单位开展城镇化建设的制度规范 | | | | | | |

---

① 阿格拉诺夫 R、麦圭尔 M：《协作性公共管理：地方政府新战略》，李玲玲、鄞益奋译，北京大学出版社，2007 年，第 65-66 页。

续表

| 合作活动类型 | 与哪些部门（组织）一起展开 | | | | | |
|---|---|---|---|---|---|---|
| | 社会组织 | 自治组织 | 本地居民 | 科研院校 | 当地企业 | 外地企业 |
| 6. 调整已出台的城镇化建设政策和办法 | | | | | | |
| 7. 寻求支持本单位开展城镇化建设的上级政府或政策信息 | | | | | | |
| 8. 搜集与本单位开展城镇化建设具体工作的信息 | | | | | | |

笔者要求部门主要负责人从 8 项活动中确定出近两年所在部门进行的合作活动，并明确指出介入合作活动的主体，包括社会组织、自治组织（村民委员会或居民委员会）、本地居民、科研院校、当地企业、外地企业（统称为非政府治理主体）[1]。最终，本书共调查到 9 个县（市、区、旗），包括政府办公室、发展和改革局、规划局、财政局、建设局、国土资源局、经济贸易局、招商局、农业局、环保局、城市管理局、统计局、社会治安综合治理办公室、公安局、法院、检察院、信访局、司法局、安全生产监督管理局、民政局、卫生局、教育局、人力资源和社会保障局、文化体育局、劳动就业局、水利局、交通局、妇女联合会、工会等在内的部门。就其职能范围而言，涵盖了新型城镇化涉及的绝大多数公共事务，因而数据有较好的说服力，能够展示所调查地区县域内合作活动的基本状况。本次调研共发放问卷 151 份，收回 150 份，有效问卷共 130 份[2]，问卷有效率为 86.7%。问卷具体收回情况见表 3-2。

表 3-2 调查问卷发放情况一览表（领导卷）

| 省（自治区） | 县（市、区、旗） | 发放数/份 | 收回数/份 | 有效数/份 | 有效率/% |
|---|---|---|---|---|---|
| 山东 | 安丘市 | 22 | 22 | 20 | 90.9 |
| | 诸城市 | 23 | 23 | 21 | 91.3 |
| | 五莲县 | — | — | — | — |
| 安徽 | 肥东县 | 24 | 24 | 17 | 70.8 |
| | 利辛县 | 9 | 9 | 8 | 88.9 |
| | 徽州区 | 14 | 14 | 14 | 100 |
| 内蒙古 | 乌审旗 | 28 | 28 | 23 | 82.1 |
| | 东胜区 | 12 | 12 | 12 | 100 |
| | 九原区 | 19 | 18 | 15 | 83.3 |
| 总计 | | 151 | 150 | 130 | 86.7 |

---

① 为了增加对比性，笔者将域外合作主体也纳入分析范围，目的是分析合作治理现象主要发生在域内主体间还是域外主体间。

② 五莲县数据暂缺。

# 第一节　县域合作治理的基本类型

为了考察县域合作治理在所有政社合作关系中的位置、理清县域政社合作的发展状况、归纳县域合作治理的典型特征，本书在考察合作治理活动的同时也对县域政府横向合作的类型进行了分析。对于如何分析合作活动，罗伯特·阿格拉诺夫提出了协作链条的概念并将其作为基本的分析单位。所谓横向合作链条，就是指政府与其他合作主体开展合作活动时所形成的关系，一个链条就表示一对互动关系。合作链条是合作网络的基础，通过合作链条，地方公共事务的合作治理才得以设计和执行①。他在研究中，通过邮件调查的方式对官员所在部门从事的合作活动进行了分析，首先要求被调查者确定所从事的活动，其次要求被调查者明确指出介入每项活动的准公共组织、私人机构和非政府组织等合作主体，通过所得的数据进行合作活动的类型化分析。

本书对合作治理活动的研究即借用了这种研究方法。不过由于我国政府主导本区事务的惯性，在很多时候对企业尤其是社会组织和自治组织的控制力较强，所以本书加入了"管辖范围"这一维度，以区分与政府合作的主体是域内还是域外的，希望借此得出一些有益的结论。有鉴于此，本书拟通过"合作主体""合作活动""合作范围"三个角度展示所调查部门的合作类型，并分析某一个合作链条是否比其他合作链条更为频繁，以及这些链条是否以模式化的形式存在。据此，本书构建了政府合作治理活动分析的三维模型，见图3-1。

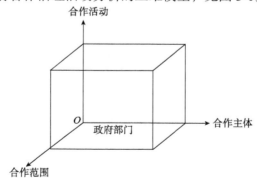

图 3-1　政府合作治理活动分析三维模型

为了更好地了解每类合作链条上所开展活动的类型，分析哪一类活动对某一类合作链条最为核心，本书对信息搜集类、资源交换类、政策制定类三类合作活

---

① 阿格拉诺夫 R、麦圭尔 M：《协作性公共管理：地方政府新战略》，李玲玲、鄞益奋译，北京大学出版社，2007年，第65-66页。

动进行了分析，其中信息搜集类的合作活动是指为了获得信息而与非政府治理主体发生联系的事项，这是最基本的合作。在信息化的时代，掌握并擅长利用所得信息是提升政府治理能力的重要途径。如前文所述，信息搜集并不能算做真正的合作治理，除非这种信息的价值非常高。这里将其纳入政府横向合作的范畴，目的是为分析县域合作治理提供一个参照。资源交换类的合作活动是指政府需要其他组织的资源来达成目标，通过项目建设、社会融资、技术援助等形式实现资源互通和共享的合作活动，这是合作治理的主要形态，其基础是互惠互利。政策制定类的合作活动是指政府在制定和执行有关城镇化发展的政策时，非政府治理主体参与政策过程的合作，这类合作是公共管理公共性的要求，即合作治理是每个公民的权利。本书认为，按照合作治理"必须有实质性的资源交换发生"这一特质，信息搜集类的合作可以算做横向合作的一种，这是以政府为主导发起的一种合作。此外，就笔者所在团队调研的情况而言，政策制定类的合作实际上多以"政府主导+公民参与+专家咨询"等形式为主，即张康之等所言的"问政"或"参与式治理"，也很难算做真正的合作治理活动。但参照敬乂嘉的观点，在政策制定类合作活动的开展中，政府必然会让渡一部分公共事务治理权，这又使其具有合作治理的某些特征。这也反映了合作治理不是一蹴而就的，在分享运作型资源到治理型资源之间还有一个较长的阶段。从实证的角度来看，研究要关注合作治理的情境性和发展性，本书将合作治理置于横向合作的题目下，目的也是分析资源交换类合作与其他横向合作形态的区别。

表 3-3 展示了主体维度下各类合作链条的数量及其对应的合作率与集中度[①]，合作率是指某一类型合作占所调查部门的比例（合作链条数/调查部门数），集中度为某一类合作占所有合作链条的比例（合作链条数/所有合作链条数），两者都可以从不同层面反映县域内横向合作活动的结构。可以看出，130 个被调查部门与非政府治理主体共形成 275 个合作链条，平均每个部门建立了 2.11 个合作链条，与理论饱和合作次数的比值为 0.038[②]。其中，资源交换类的合作活动最多，占样本总数的 51.6%，其中以"为本单位启动与城镇化建设相关的项目寻求社会融资"的合作活动最频繁；合作对象以自治组织（村民委员会和居民委员会）、当地企业和科研院校为主；合作链条数量排名最后的两位为本地社会组织和外地社会组织，这一方面意味着社会组织参与县域横向合作网络的频次相对较低，另一方面也从侧面说明了大部分社会组织的活动以域内为主；"政府—外地非政府治理主体"链条数为 97，"政府—当地非政府治理主体"链条数为 178，后者是政府横

---

① 就所调查地区而言，没有科研院校，因而均算为外地合作组织。由于当时社会组织没有区分当地和外地，笔者又对填答者进行电话或邮件回访，确定外地社会组织为 6 个。

② 部门平均合作次数/（合作活动类型数量×合作主体数量），即 2.11/（8×7）。

向合作活动的主体类型，占所有合作活动的为 0.647 2%，这意味着大部分的横向合作活动仍发生在县域内的治理主体之间；合作活动集中于自治组织、当地企业和科研院校三种类型，对应的集中度分别为 20.36%、20.36%、20.00%，三者共占所有合作活动的 60.72%，这意味着自治组织、当地企业和科研院校是县域政府推进新型城镇化的主要合伙人。

表 3-3　主体维度下合作链条汇总及其对应的合作率及集中度（N=130）

| 调查部门 | I | II | III | IV | V | VI | VII | VIII | 链条数/个 | 合作率/% | 集中率/% |
|---|---|---|---|---|---|---|---|---|---|---|---|
| 自治组织（本地） | 2 | 18 | 7 | 4 | 7 | 9 | 7 | 2 | 56 | 43.08 | 20.36 |
| 当地企业（本地） | 1 | 7 | 23 | 11 | 7 | 3 | 4 | 0 | 56 | 43.08 | 20.36 |
| 科研院校（外地） | 5 | 5 | 4 | 21 | 4 | 1 | 4 | 1 | 55 | 42.31 | 20.00 |
| 本地居民（本地） | 1 | 13 | 6 | 2 | 5 | 4 | 4 | 1 | 36 | 27.69 | 13.09 |
| 外地企业（外地） | 0 | 3 | 15 | 6 | 8 | 1 | 3 | 0 | 36 | 27.69 | 13.09 |
| 社会组织（本地） | 2 | 12 | 3 | 2 | 0 | 7 | 3 | 1 | 30 | 23.08 | 10.91 |
| 社会组织（外地） | 0 | 1 | 4 | 1 | 2 | 0 | 1 | 0 | 6 | 4.62 | 2.18 |
| 小计 | 11 | 59 | 62 | 47 | 33 | 32 | 22 | 9 | — | — | — |
| 合计 | 70 | | | 142 | | | 63 | | 275 | — | — |

注：I 是指寻求支持本单位城镇化建设的上级政府或政策信息；II 是指搜集与本单位开展城镇化建设具体工作相关的信息；III 是指为本单位启动与城镇化建设相关的项目寻求社会融资；IV 是指为本单位实施与城镇化建设相关的项目寻求技术援助；V 是指同其他部门或组织签订与城镇化建设相关的项目合作协议；VI 是指研究制订本单位与城镇化建设相关的工作计划；VII 是指出台支持本单位开展城镇化建设的制度规范；VIII 是指调整已出台的城镇化建设政策和办法

表 3-4 为活动类型维度下各合作链条对应的合作率及活动集中度，表 3-4 中合作率的计算方法同表 3-3，活动集中度为某一类合作活动占某一类合作链条的比例，主要为了测量每一种活动的相对参与程度，即回答 A 合作者对 A 活动贡献。例如，如果政府与自治组织合作的链条数为 56 个，其中信息搜集类的合作活动为 20 个，那么信息搜集类合作活动在该链条上的活动集中度即为 35.71%（20 除以 56）。

表 3-4　活动类型维度下各合作链条对应的合作率及活动集中度（N=130）

| 合作者 | 活动类型 | 合作链条数/个 | 合作率/% | 活动集中度/% |
|---|---|---|---|---|
| 自治组织（本地） | 信息搜集类 | 20 | 15.38 | 35.71 |
| | 资源交换类 | 18 | 13.85 | 32.14 |
| | 政策制定类 | 18 | 15.38 | 35.71 |
| 当地企业（本地） | 信息搜集类 | 8 | 6.15 | 14.29 |
| | 资源交换类 | 41 | 31.54 | 73.21 |
| | 政策制定类 | 7 | 5.38 | 12.50 |

续表

| 合作者 | 活动类型 | 合作链条数/个 | 合作率/% | 活动集中度/% |
|---|---|---|---|---|
| 本地居民（本地） | 信息搜集类 | 14 | 10.77 | 38.89 |
| | 资源交换类 | 13 | 10.00 | 36.11 |
| | 政策制定类 | 9 | 6.92 | 25.00 |
| 社会组织（本地） | 信息搜集类 | 14 | 10.77 | 46.67 |
| | 资源交换类 | 5 | 3.85 | 16.67 |
| | 政策制定类 | 11 | 8.46 | 36.67 |
| 科研院校（外地） | 信息搜集类 | 10 | 7.69 | 18.18 |
| | 资源交换类 | 31 | 23.85 | 56.36 |
| | 政策制定类 | 14 | 10.77 | 25.45 |
| 外地企业（外地） | 信息搜集类 | 3 | 2.31 | 8.33 |
| | 资源交换类 | 29 | 22.31 | 80.56 |
| | 政策制定类 | 4 | 3.08 | 11.11 |
| 社会组织（外地） | 信息搜集类 | 1 | 0.77 | 16.67 |
| | 资源交换类 | 5 | 3.85 | 83.33 |
| | 政策制定类 | 0 | 0.00 | 0.00 |
| 总数 | | 275 | — | |

　　从表 3-4 中所列的合作活动集中度可以看出，每一类合作活动都有其独特的倾向，合作参与者所开展的合作活动并不是平均用力。具体而言，在资源交换类的合作治理活动中，"政府—当地企业"的合作最频繁，其中以"为本单位启动与城镇化建设相关的项目寻求社会融资"的活动最多；排在第 2 位的是"政府—科研院校"的合作，其中以"为本单位实施与城镇化建设相关的项目寻求技术援助"的活动最多；排在第 3 位的是"政府—外地企业"的合作，也以"为本单位启动与城镇化建设相关的项目寻求社会融资"的活动最多。在信息搜集类的合作活动中，"政府—自治组织"的合作最频繁，其中以"搜集与本单位开展城镇化建设具体工作相关的信息"的活动最多；紧随其后的为"政府—当地居民"和"政府—本地社会组织"的合作，亦都以"搜集与本单位开展城镇化建设具体工作相关的信息"的活动最多。在政策制定类的合作活动中，"政府—自治组织"的合作活动最频繁，其中以"研究制订本单位与城镇化建设相关的工作计划"的活动最多；其次是"政府—科研院校"的合作活动，其中也以"研究制订本单位与城镇化建设相关的工作计划"的活动为主。

# 第二节　县域合作治理的典型特质

结合以上分析结果、相关部门提供的材料及调研中的观察和感受，笔者对此次调查地区合作治理活动的基本特征及其背后的逻辑进行了总结。具体而言，包括以下三个方面。

## 一、合作治理活动在县域层面已逐渐开展

合作治理活动已经在县域层面上展开。从政府部门开展的横向合作活动来看，资源交换类的合作治理活动为 142 项，数量上远高于信息搜集类和政策制定类的合作活动，占整个合作活动类型的 51.6%，这说明县域内政府开展合作的目的主要是获得资源。就合作开展的原因而言，主要是政府治理能力与社会公共事务复杂性不匹配所致。一方面，调查地区的经济社会发展正承受着"传统社会→现代社会"和"计划经济→市场经济"双重转型的挑战，个人服从集体、集体服从国家的价值链已经被打破，社会利益格局已发生深刻变化。伴随着城镇化的发展，调查地区的社会矛盾已从传统的婚姻家庭、分家析产、邻里纠纷，扩展到土地承包、征地拆迁、企业改制、劳资纠纷、医患纠纷、政策待遇、环境保护、医药安全等多个方面，呈现出类型多样化、主体多元化、内容复合化、规模群体化、调处疑难化、矛盾易激化、影响扩大化和诉求对象行政化的特征。利益冲突的频发使人们的行为逻辑更多地展现出经济人的一面，人们活动的独立性、选择性、差异性越发明显，这给县级政府带来极大的挑战。另一方面，地方政府财政能力和处置社会矛盾的能力有限，这突出地表现在两个方面：一是 2008 年经济危机的余波犹在，地方政府负债压力较大，仍面临土地财政的困局，在一些公共事务的治理中有心无力；二是秉承"稳定压倒一切"的管理逻辑，影响了政府对民生问题的投入。同时，在矛盾处置中有政府主导的路径依赖，行动上轻视或忽视政社合作、政企合作。政府大包大揽式的管理模式破坏了社会自治机制，也把自身绑架在各类社会矛盾漩涡和化解的终端上，加重了自身的维稳负担。在矛盾高压频发、集体至上价值观解构及政府能力不足的情况下，政府面临的不可治理性（ungoverability）问题越来越多，这就意味着政府无法成为社会问题的唯一治理者，需要其他主体的介入[①]，合作治理也就成为一种必然选择。事实上，为破解城镇化发展中的公共事务治理的困境，不少县域主政者已意识到与社会合作的价值。

---

[①] 陈华：《吸纳与合作：非政府组织与中国社会管理》，社会科学文献出版社，2010 年，第 2 页。

在调查中，一位县委副书记说道：

> 光靠政府肯定不行的，政府提供各种公共服务是本身职责，但像城镇规模扩张、城镇道路建设、征地拆迁这些花钱最多的地方，还是要依靠社会上的资本。我们把社会组织培养起来，给企业一个好的发展环境，它们自然就会参与到整个社会经济的发展中来。现在很多地方是政府投资城镇建设，最后（出了问题）也是政府买单，我认为这就是本末倒置了，因为政府不能直接涉入生产环节，应当让企业和社会发挥主导作用，政府只是一个协调者而已。……政府要学会与企业和社会合作，不能总是想着把企业圈进来收税，把包袱甩给社会，这实际上干的都是杀鸡取卵的事，今天为企业和社会组织发展花费的钱和精力，明天它们能数倍地回馈给我们经济社会的发展①。

## 二、合作治理活动整体上处于低水平状态

调研地区合作治理水平处于低水平状态。就调研到的 130 个部门而言（其中 3 个部门含缺失值），没有参与合作活动的有 58 个，占整个样本的 45%，即近一半的单位未与政府外的治理主体合作过。合作链条在 4 条及以上的仅占样本总数的 17%，而且参与过资源交换类合作治理活动的有 43 个，占整个样本的 33.1%，具体情况可参见图 3-2。以上数据说明了大部分县级政府职能部门或乡镇政府并未与社会建立有效的合作渠道，也较少地开展过真正意义上的合作治理活动。

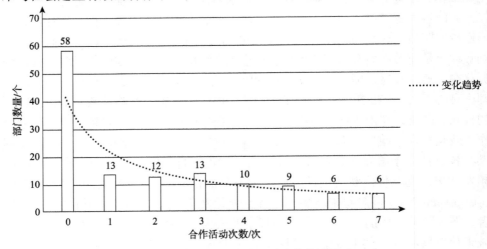

图 3-2　政府开展合作活动次数统计情况

---

① 访谈对象：S 县委副书记。

此外，就已经开展合作活动的部门而言，每个部门平均建立了 2.11 个合作链条，这说明所调查部门开展合作活动的范围较窄。本书未查到国内相关调查数据，但与罗伯特·阿格拉诺夫等 20 世纪 90 年对美国地方政府横向协作活动调查结果相比（城市和 10 个合作人之间的平均链条为 61.32，与理论饱和合作链条的比为 0.68），样本所显示的合作链条相对较少①。在集体座谈中谈及政社合作时，不少部门领导认为当前县域由合作治理承担的公共事务并不多。

关于政府、企业还有其他的社会组织的合作情况，首先我认为它对于这个新型城镇化的发展很重要，但我们区开展的确实不多。就我了解主要是有公共自行车和污水处理项目，不过这都是政府牵头开展的项目。我想不只我们这，在县区这个层级上，还没有达到你们所说的西方或者是大城市那个水平，市场和社会力量还是比较薄弱，涉及城镇化的事务目前还主要是靠政府推动②。

这种情况在所调查的 9 个县中相当普遍，相关数据也可以佐证这一结论。这说明调研地区合作治理带有很强的转型痕迹，即便地方主政者认识到合作治理的必然性和必要性，但市场和社会力量的薄弱、政府一元单向管理的"惯性"仍使合作治理活动的开展较为困难。事实上，政府在公共事务的治理乃至合作中依旧扮演着主导者和推动者的角色。

除此之外，国家政策号召和上级领导要求也是县级政府开展合作活动的主要原因。"加大政府购买公共服务力度""凡属事务性管理服务，原则上都要……通过合同、委托等方式向社会购买""实现政府治理和社会自我调节、居民自治良性互动"等要求③，以及"党的群众路线教育"等活动在一定程度上推动了县域内合作活动的开展。在集体座谈中，不少参与过合作的部门负责人谈及国家政策及上级领导要求的影响。

现在搞购买公共服务、社会治理创新国家也比较提倡，在一定程度上也是地方解决财政困难、提高办事效率的方法，国家有政策我们就好办了④。

开不开展关键看两个方面，一看是否是必须要的，二看是上级领导要求的⑤。

这显示了县域内政府合作治理中"科层制"的逻辑。在我国，国家政策和要求是通过层级政府加以贯彻落实的，科层制特有的压力型体制、向上负责制和激

---

① 罗伯特·阿格拉诺夫等以城市为调查单位，且调查对象有 10 个，调查的合作活动有 9 个。虽然调查口径不一致，仍可在一定程度上说明问题。

② 访谈对象：B 县发展和改革委员会主任。

③ 《中共中央关于全面深化改革若干重大问题的决定》，2013 年。

④ 访谈对象：C 县发展和改革委员会主任。

⑤ 访谈对象：C 县水利局局长。

励机制使基层官员对来自上级的指令十分敏感。因而，响应国家或上级领导要求也是县域内政府开展合作活动的一个重要动因。

## 三、合作治理活动中政府偏好具有差异性

政府与非政府组织所形成的各类合作链条并不是偶然的，而是出于一定的战略目的建立的，这也使合作活动在构成上存在显著的差异，根据前文设计的分析模型，本书从以下三个维度进行总结和分析。

### （一）地域维度上的差异

以县域内的非政府治理主体为主要合作对象。具体来讲，政府与域内非政府治理主体的合作治理活动主要集中在资源交换类，共 77 个合作链条；信息搜集类和政策制定类的合作活动也较多，分别为 56 个和 40 个，这说明县域内公共事务治理参与者的合作是全方位的且有层次的。政府与域外非政府治理主体的合作活动也主要集中在资源交换类，共 65 个合作链条；但信息搜集类和政策制定类的合作活动数量明显降低，分别为 14 个和 18 个。这说明政府与县域外非政府治理主体的合作主要集中于资源交换类的合作治理活动。总体而言，县域内政府开展合作主要依靠的是当地的非政府治理主体，与外地非政府治理主体的合作主要集中于资源交换类，表现出了合作治理的形态。

### （二）主体维度上的差异

自治组织、当地企业和科研院校是政府推进新型城镇化的主要合伙人，政府与社会组织的合作频次最低。

其一，经历了集体化和社区化的整合，城乡社区自治组织已经成为一个具有凝聚力和行动力的社会共同体，承担了大量的基层服务功能，因而与政府发生的合作活动较多。不过值得注意的是，自治组织扮演着国家代理人的角色，在很多地方被视为"准政府"，自治组织与政府的合作是否为真正的合作关系，还需要进行甄别。按照 Brinkerhoff 的观点，如果一个组织的自主性过低，那么建立的合作关系很可能是"延伸性关系"（extension）或"操作性和逐步吞并性关系"（co-optation & gradual absorption）[①]。就调查所搜集到的资料而言，乡镇政府和街道办事处将村民委员会、社区委员会看做自己下属部门的情况较为普遍，但集体经济发达的自治组织的自主性较强，在被吸纳和整合进政府领导的合作网络中

---

① Brinkerhoff J M. Government-nonprofit partnership: a defining framework. Public Administration and Development, 2002, 22（1）: 19-30.

保持了相对独立的组织身份。例如，笔者在 W 市 G 区调研时，发现由于市政府搬迁和产业转移，该区在"村改居"的推动下城镇化水平提升较快，农村集体经济在这一背景下得到了快速发展，以自治组织为依托的"社区内生型企业"逐渐增多，在公共服务供给和公共事务处置中发挥了很大作用，在与街道办事处关系处理中的话语权重不断增强。正如该区街道办事处工作人员所言，"在我们区，征地、拆迁都是村委会自己跟别人签合同，我们就管政策监督。现在的村委会、居委会，因为经济发展了，自主性比以前强多了"①。

其二，调查地区政府与企业结成了不同程度的公私伙伴关系（public-private partnerships），其目的主要是破解城镇化发展中的财政瓶颈。金融危机的余波，以及房地产的不景气对土地财政的冲击使县级政府普遍"缺钱"，BTO、BOT 等向民资开放的城市建设融资模式再次受到地方政府的关注。在调研地区，公私合作伙伴多是"政府（安排者）—企业（生产者）—居民（消费者）"的模式，如图 3-3 所示。

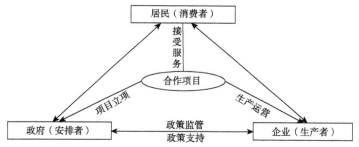

图 3-3　县域治理中公私合作的基本形态

在扮演安排者的角色时，政府或是指派企业为居民提供服务，或是为居民指派企业，同时通过项目立项来选择公共服务的生产者，并对其进行政策监督或支持，为其活动提供相应的行政环境及法律服务；生产者则需要通过投入资金或技术，为居民提供相应的公共服务，同时在运营管理中为自己谋取利润回报；而消费者则主要是接受服务，消费者既可以是居民个体，也可以是特定的私人组织或群体。在笔者调研的区域，公私合作的主要类型有三种，即合同承包（如通过竞争性招标外包垃圾处理、污水处理等事务）、特许经营（如将自来水、天然气、公共自行车等项目经营权委托给私企等）和补助（如资金补助让企业为居民提供低价纯净水等）。当然，也有部分企业家为报答家乡人民，通过政府引介直接为当地居民提供志愿服务（如建小学、卫生所、养老院等）。

其三，政府与科研院校的合作主要是为了寻求技术援助。就笔者通过集体座谈的了解，大部分合作集中在城市规划（设计城镇化发展规划等）、项目建设（如

---

① 访谈对象：G 区 G 街道办工作人员。

政府、学校和企业共建新能源项目等）、劳动培训（由高等职业技术学校为居民提供技能培训等）三类。

其四，政府与社会组织合作较少，这主要源于县域社会组织发育不完善，因而政府难以与其实现资源的互补。从组织形成的角度看，一部分社会组织是因为政府让渡出部分公共管理职能而产生的，这部分社会组织在很大程度上是政府职能社会化的产物，不少都有行政级别和对口单位，由国家财政拨款，如妇女联合会、消费者协会等社会团体；另一部分社会组织的形成与市场经济的发展程度密切相关，如各类农业协会、牧业协会等。除此之外，也有民办学校、民办医院等民办非企业单位，但数量较少。前者虽是非政府性质的组织，但在人员编制、经费上由当地编制委员会办公室确定，因而实际上是"第二政府"（government organized non-governmental organization，GONGO），行使着政府的部分职能；而后者则因数量较少，实力较弱，参与资源交换类合作活动的能力有限。所以整体而言，社会组织在信息搜集类和政策制定类的合作活动中参与较多，而较少地参与到资源交换类的合作活动中。

### （三）活动类型维度

大部分合作活动集中于资源交换类，这也说明了政府合作最主要的目的是弥补政府自身资源的不足或者解决复杂公共事务。正如资源依赖理论所强调的，一方的存在刚好可以弥补另一方的不足，这时合作就会发生。县域内政府开展资源交换类合作的主要对象是本地企业、科研院校和外地企业，又以寻求社会融资和技术援助为主。政府之所以与以上三者发生的资源交换类合作活动最多，就笔者调研的观察而言，主要有两个原因：其一，伴随着市场经济的发展，企业已经能够担任公共产品生产者的角色，而且在效率上具有比较优势。同样，科研院校科技成果转化和对外合作越来越多，在一些智力支出较多的项目上也具有政府无法比拟的优势。换言之，企业和科研院校某些方面的资源优势是政府与之进行资源交换的基础。其二，与社会组织、自治组织等合作主体相比，企业和科研院校的独立性和自主性较强，且与政府的资源结构相异。与其他合作主体与政府的"强关系"不同，政府与企业、科研院校的联系属于"弱关系"，这更有利于实现资源交换和政策创新，因而也是政府开展资源交换类活动的主要选择对象，更为接近合作治理。政策制定类的合作活动主要发生在政府与本地非政府治理主体之间，这说明在政策制定中直接利益相关者是主要的合作主体。另外，值得注意的是，政府部门在政策制定中也与科研院校开展了不少合作活动，这说明政府部门在政策制定中重视科研院校的作用。事实上，本次调研的9个县（市、区、旗）都与科研院校建立了长期合作伙伴关系，其中不少高校的学者还是当地政府"智库"成员。信息搜集类的合作活动与政策制定类合作活动的结构与之相似，本书不予赘述。

## 四、合作治理体现了"转型"的时代特质

根据前文所述，所调研地区合作治理现状具有以下两个大方面的特点。

（1）合作治理"少"与"多"并存，且处于"资源交换→治权共享"的起端。"少"是指合作治理在所调研地区以中低水平状态运行。笔者所在调研团队通过对 130 个与城镇化相关的县级政府职能部门和乡镇政府主管领导的问卷调查和访谈发现，近一半的职能部门未与社会建立横向的合作关系，发生资源交换类合作活动的部门占样本总数的 33.1%，这显示了合作治理在县域层面的低水平运行状态。考虑到不少资源交换类的活动可能以非正式的状态运行，因而严格意义上的合作治理活动的数量可能会比这一统计数据更低。这说明了在新型城镇化的有关事务中，被调查的大部分县级政府职能部门或乡镇政府并未与社会建立有效的合作渠道，较少开展真正意义上的合作治理活动，这是我国正经历从计划经济到市场经济、全能政府到有限政府转型的一个缩影。"多"是指合作治理在横向合作中所占比例最高。虽然横向合作开展较少，且有不少信息搜集类和政策制定类等非实质性的合作活动，但整体来看，资源交换类合作治理活动是已有横向合作中最主要的合作方式，其中又以"为本单位启动与城镇化建设相关的项目寻求社会融资"和"本单位实施与城镇化建设相关的项目寻求技术援助的合作活动"最为常见，这体现了县级政府职能部门和乡镇政府希望与非政府治理主体进行资源交换以弥补自身资源不足的合作偏好。就笔者访谈发现而言，不少县级政府领导认为，与社会开展合作的主要目的是破解城镇化发展中的财政瓶颈，应对金融危机余波、房地产不景气、实体经济萎缩等因素冲击下的"政府缺钱"的窘境。

合作治理以实质性资源交换或权力共享的发生为标志，以此观之，合作治理包含资金、技术、设备等资源的交换，以及公共事务的治理权的让渡与共享两种基本形式，前者是最为广泛的合作治理形式，后者则更为高阶。就笔者调研情况来看，虽然县域政府职能部门和乡镇政府在政策制定时与社会有横向的合作关系，但多以"政府主导+公民参与""政府主导+专家咨询""政府主导+公民参与+专家咨询"等形式推进，即张康之等学者所言的"问政"或"参与式治理"模式，其中亦不乏"形式民主"和"形式协商"等"走过场"式的合作，因而很难算做合作治理或者只能称为合作治理的"雏形"。基于这种认知，笔者认为当前县域合作治理主要是指政府与企业、科研院校、非政府组织乃至当地居民开展的各类"有形"的资源交换活动，包括合同承包（如通过竞争性招标城市道路建设、外包垃圾处理、污水处理、城市规划设计等事务）、特许经营（如将自来水、天然

气、公共自行车等项目经营权委托给私企）、补助（如通过资金补助让企业为居民提供低价纯净水）、志愿服务（当地企业家建小学、卫生院、养老院等）等诸多形式，其中最主要的是"政府（安排者）—企业（生产者）—居民（消费者）"模式。总体而言，县域合作治理主要体现在资源交换的层面上且表现出方式多元、势头迅猛的态势，但还远未达到分享治权的阶段。

（2）合作治理活动反映了县域治理生态中"政府—市场—社会"关系的嬗变。

改革开放以来，政府、市场和社会三股力量的互动推动了治理结构的变化，也成为学界分析治理问题的重要框架之一。政府职能的转变、市场体系的成熟及市民社会的完善具有发展性和阶段性，这也决定了合作主体间关系具有时代性，这种时代性也恰恰是"政府—市场—社会"关系嬗变在治理结构上的映射。就调研所搜集到的资料而言，自治组织、当地企业和科研院校是政府推进新型城镇化的主要合伙人，政府与社会组织的合作频次最低；自治组织具有"准政府"的特质，乡镇政府和街道办事处将自治组织视为下属部门的情况较为普遍。但笔者调研中也发现，集体经济发达的自治组织的自主性较强，在被吸纳和整合进政府领导的合作网络中保持了相对独立的组织身份。伴随着城镇化带来的利益格局的调整，城乡接合部自治组织的权限正逐步扩大；经过20多年的发展，市场经济在县域层面已逐步完善，企业已相对独立地与政府部门开展合作活动，且成为资源交换类合作活动的主力军。这主要是因为在合作中，政府、企业彼此具有较高的资源依赖性，但同时又能保持相对的组织独立性，这为公平合作提供了基础；社会组织在信息搜集类和政策制定类的合作活动中参与较多，而较少地参与到资源交换类的合作活动中，整体上与政府形成的合作链条并不多。这主要源于县域层面上社会组织发育得不完善，其志愿性、独立性和专业性的优势并不强，因而政府难以与其开展基于资源交换的合作。实际上，社会组织参与合作网络面临着两难困境，即拥有资源的、正式的社会组织，其组织独立性不强，而非正式的社会组织又因资源不足难以承担合作重任。县域层面上国家、市场和社会三个领域内各治理主体的关系可用图3-4表示[①]。

总体而言，县域内政府职能转变和企业公共事务承载能力的提升使"政府—企业"合作逐渐增多，政府对自治组织管理的制度惯性也使"政府—自治组织"的合作保持了高位运行状态，而"政府—社会组织"的合作则因县域市民社会发育不善处于低位运行状态。

---

① 本图参阅了贾西津的观点。参见贾西津：《转型时期的行业协会——角色、功能与管理体制》，社会科学文献出版社，2004年，第101页。

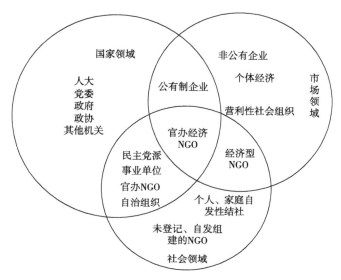

图 3-4　转型期县域各治理主体关系图

# 第三节　本章小结

　　本章介绍了调研地区政府横向合作活动的情况，以便更好地解释和理解县域合作治理。经分析发现，调研地区政府合作治理活动具有四大特质：一是政府部门开展了一系列合作活动且合作治理特质明显，这说明县域内政府开展合作的目的主要是获得资源。就合作开展的原因而言，主要是政府治理能力与社会公共事务复杂性不匹配所致；二是合作治理活动整体上仍处于低水平状态，就调研到的130 个部门而言，未参与合作的有 58 个，占整个样本的 44.62%，这表明大部分县级政府职能部门或乡镇政府并未与社会建立有效的合作渠道，也较少开展过真正意义上的合作治理；三是合作活动具有内部差异性，政府与非政府组织所形成的各类合作链条并不是偶然的，而是出于一定的战略目的而建立的，这也使合作活动在主体、空间和类型三个维度上存在显著的差异；四是合作治理体现了"转型"的时代特质，合作治理处于"资源交换→治权共享"的起端，同时反映了县域治理生态中 "政府—市场—社会"关系的嬗变。

# 第四章　县域合作治理绩效影响机制的
# 理论模型

从前文研究综述可知，合作治理绩效涉及太多的影响因素，这导致解释框架构建面临理论精当性和现实匹配性的两难困境，即理论精当性要求框架的系统性和完备性，现实匹配性则关注框架是否立足国情特色并具有针对性[①]。实际上，我们很难在公共管理领域找到一个有关合作治理的中坚理论与标准范式，而且研究主题越微观解释框架彼此间的异质性也越强。正因如此，越来越多的研究者选择立足于现实匹配性去解释公共领域中合作的生成，并基于研究对象特点构建分析框架[②]。本书顺应这一研究趋向，以前人提出的合作治理进程的研究框架为基础，借鉴治理理论、社会网络理论、资源基础理论及协商民主等理论的主张，立足于我国县域合作治理中政府"掌舵"的特质，着重关注各种基础性潜要素如何进入合作及县域政府在这一过程中的作用。需要特别指出的是，网络分析可以分为个体网络和群体网络两个层次，本书聚焦于群体层面而非考察个体层面的合作网络，所有变量都具有"跨组织"的特性，因而不再将年龄、收入、户口性质等变量纳入解释框架进行分析。基于这种思考，本书从以下三个方面进行分析并构建了县域合作治理绩效影响机制的解释框架。

---

① 周志忍、蒋敏娟：《中国政府跨部门协同机制探析——一个叙事与诊断框架》，《公共行政评论》，2013年第1期，第91-117页。

② 如从两个层面分析了跨部门合作失灵的原因，包括政治、行政体制及其相应的行政文化，以及程序性机制和运作中的技术细节；从逻辑条件、环境条件和操作条件三个层面分析中国政府与非营利组织合作的影响因素。参见周志忍、蒋敏娟：《中国政府跨部门协同机制探析——一个叙事与诊断框架》，《公共行政评论》，2013年第1期，第91-117页；汪锦军：《走向合作治理：政府与非营利组织合作的条件、模式和路径》，浙江大学出版社，2012年，第97-113页。

# 第一节　合作治理的前情要素与合作治理绩效

基于过程的研究一般以合作的前情或初始条件为逻辑分析起点，所涵盖的内容主要包括合作公共事务复杂性、主体资源互补性[1]、合作意愿、初始信任[2]等因素。在公共领域的合作中，公民参与能力也是学者关注的重点内容。此外，任务复杂性对合作绩效的影响方向是复杂的，因而它在大多数研究中被视为调节变量。出于这种思考，笔者亦将任务复杂性单列出来进行分析，详情见本章第三节"任务复杂性的调节作用"。通过理论观察和审思，本书从以下四个方面讨论县域合作治理的前情要素对合作治理绩效的影响。

## 一、资源依赖性

资源依赖理论是合作治理的一个重要理论基础，该理论认为没有组织是能够完全自给自足的，所有的组织都处于一个复杂且开放的环境中，相互之间都进行着资源交换并推动组织自身的发展，组织与外部环境进行交换过程中产生的依赖关系是资源依赖性的本质[3]，这种资源依赖性是合作联盟形成的重要动机，也是提升合作网络绩效的重要途径[4]。资源依赖性鼓励参与主体将组织间的关系进行战略整合，也是 BTO、BOT 等公私合作模式中常见的现象[5]。McCutcheou 和 Stuacc 认为，资源依赖与互补是促进利益相关者参与合作的内在因素，也是合作形成的客观条件与重要前提[6]。在资源依赖的视阈下，虽然组织具有保持自主权并避免合作的原始动因，但特定的资源依赖关系会催生组织的合作意愿[7]，将双方的利益更加紧密地绑

① Chen B，Graddy E A. Inter-organizational collaborations for public service delivery：a framework of preconditions，processes，and perceived outcomes. Paper presented at the 2005 ARNOVA Conference，2005：17-19.

② Ansell C，Gash A. Collaborative governance in theory and practice. Journal of Public Administration Research and Theory，2007，18（4）：543-571.

③ 菲佛 J、萨兰基克 G R：《组织的外部控制——对组织资源依赖的分析》，闫蕊译，东方出版社，2006年，第2页。

④ Lusch R C，Brown J R. Interdependency，contracting，and relational behavior in marketing channels. Journal of Marketing，1996，60（10）：19-38.

⑤ 刘波、王彬、王少军、等：《地方政府网络治理形成影响因素研究》，《上海交通大学学报（哲学社会科学版）》，2014年第1期，第12-22页。

⑥ McCutcheon D，Stuacc F I. Issues in the choice of supplier alliance partners. Journal of Operation Management，2000，18（3）：279-301.

⑦ Dyer J H，Singh H. The relational view：cooperative strategy and sources of interorganizatioal competitive advantage. Academy of Management Review，1998，23（4）：660-679.

定在一起并促进联盟绩效的提升[1]。当然，也有研究者指出不平衡的资源互依将会对合作治理产生负面影响，依赖性有可能加大权力差距而不是实现资源的共享，合作过程很有可能被强势的合作主体操纵[2]。不过，Ansell 和 Gash 认为，只要保持合理的资源依赖结构或将不平衡置于可控水平，合作治理主体的关系依赖性仍是合作形成的良好条件[3]。总体而言，伴随着新型城镇化的推进，县域内政府及其他非政府治理主体都难以实现自给，相互之间必然进行资源交换并由此获得生存和发展，这种资源依赖性推动了县域合作治理的嬗变。基于上述文献分析，提出如下假设。

$H_{4-1}$：合作治理主体间资源依赖性越强，合作治理绩效越好。

## 二、主体间信任

主体间信任是个体间或组织间的信任，它不同于个体或组织信任，是跨组织的信任。Rousseau 等认为组织间的信任是指一方对于另一方的意愿或行为的积极期待和接受意愿[4]，Das 和 Teng 强调，组织间信任是一方在考虑自身所面对风险的情况下对另一方行为的预期[5]。李东红和李蕾在归纳相关定义的基础上，认为组织间的信任具有四个特点：①组织间信任是一种心理感知和主观评价；组织间信任是一种集体意识；组织间信任以风险承担为前提；组织间信任表现为双向关系。他们还认为组织间信任能够促进联盟绩效的提升[6]。与之相同，在合作治理的视阈下，信任也是促使人们进行合作的一个系统性因素和组织合作成功的关键变量，它能够推动组织成员彼此形成善意的认知，进而推动成员间的互动和合作成果的实现[7]。Yang 认为，公民越信任政府，就越愿意参与政府发起的合作活动；

---

① 巴达赫 E.：《跨部门合作：管理 "巧匠" 的理论与实践》，周志忍、张弦译，北京大学出版社，2011 年，第 14-17 页。

② Coglianese C. The limits of consensus. Environment，1999，41（3）：28-33；Ansell C，Gash A. Collaborative governance in theory and practice. Journal of Public Administration Research and Theory，2007，18（4）：543-571.

③ Ansell C，Gash A. Collaborative governance in theory and practice. Journal of Public Administration Research and Theory，2007，18（4）：543-571.

④ Rousseau D M，Sitkin S B，Burt R S，et al. Not so different after all：a cross-discipline view of trust. Academy of Management Review，1998，23（3）：393-404. 转引自李东红、李蕾：《组织间信任理论研究回顾与展望》，《经济管理》，2009 年第 4 期，第 173-177 页。

⑤ Das T K，Teng B S. Between trust and control：developing confidence in partner cooperation in alliances. Academy of Management Review，1998，23（3）：491-512. 转引自李东红、李蕾：《组织间信任理论研究回顾与展望》，《经济管理》，2009 年第 4 期，第 173-177 页。

⑥ 李东红、李蕾：《组织间信任理论研究回顾与展望》，《经济管理》，2009 年第 4 期，第 173-177 页。

⑦ Levin D Z，Cross R. The strength of week ties you can trust：the mediating role of trust in effective knowledge transfer. Management Riience，2004，50（11）：1477-1490；Chen B，Graddy E A. Inter-organizational collaborations for public service delivery：a framework of preconditions，processes，and perceived outcomes. Paper presented at the 2005 ARNOVA Conference，2005：17-19；赵文红、邵建春、尉俊东：《参与度、信任与合作效果的关系——基于中国非营利组织与企业合作的实证分析》，《南开管理评论》，2011 年第 3 期，第 51-57 页。

行政管理者越信任公民，公民将越忠于公民参与[①]。[②]稳定的信任关系类似于制度化的"心理契约"，能够削弱机会主义和利己主义带来的不确定性与易变性，降低交易成本从而为合作建立基础[②]。在高度信任的县域治理环境中，非政府治理主体更愿意参与合作并承担相应的责任。同时，信任减少了合作者转嫁责任、搭便车等投机心理，组织不必过分担心对方的策略行为，这有利于降低合作的组织成本、实现合作网络的高效运转。[③]信任是合作参与者有效协调和沟通的前提，能够推动更加详细、敏感和整合性信息的传递，增强合作者彼此的开放程度及互动频次[③]。在此基础上，合作治理主体更愿意将敏感的信息提供给对方。[④]信任能够推动组织更加开放地对待合作伙伴，组织间可以更加深度地利用对方的互补性资源[④]，这也有利于合作网络取得更高层次的绩效。事实上，信任和合作绩效的正向相关关系已经得到了学界一致的认可，大量的实证研究亦将其证实[⑤]。甚至不少研究者认为，在推动政府与非政府治理主体合作的因素中，信任是最重要的[⑥]。顺应这一逻辑，本书认为在信任水平高的环境中，县域内政府与其他主体能够快速完成信息沟通、化解矛盾冲突，防止意外事件削弱或扰乱合作网络的管理系统，保证合作效果的实现。基于上述文献分析，提出如下假设。

H[4-2]：合作治理主体间信任越高，合作治理绩效越好。

## 三、合作治理认同

在不同的学科中，认同（identity）的含义是不同。心理学意义上的"认同"指的是个人或群体在感情上、心理上趋同的过程[⑦]，它最初指的是防卫机制；社

---

① Yang K F. Public administrators' trust in citizens：a missing link in citizen involvement efforts. Public Administration Review，2005，65（3）：273-285.

② Ring P S，van de Ven A H. Development processes of cooperative interorganizational relationships. Academy of Management Review，1994，19（1）：90-118；Mandell M P，Robin K. Evaluating network arrangements. Public Performance and Management Review，2007，30（4）：574-597；陈叶烽、叶航、汪丁丁：《信任水平的测度及其对合作的影响——来自一组实验微观数据的证据》，《管理世界》，2010年第4期，第54-64页。

③ Uzzi B. Social structure and competition in interfirm networks：the paradox of embeddedness. Administrative Science Quarterly，1997，42（1）：35-67.

④ McEvily B，Marcus A. Embedded ties and the acquisition of competitive capabilities. Strategic Management Journal，2005，26（11）：1033-1055.

⑤ 吴晓波、许冠南、杜建：《网络嵌入性：组织学习与创新》，科学出版社，2011年，第80-81页。

⑥ Seppanen R，Blomqvist K，Sundqvist S. Measuring inter-organizational trust：a critical review of the empirical research in 1990—2003. Industrial Marketing Management，2007，36（2）：249-265. 转引自汪锦军：《走向合作治理：政府与非营利组织合作的条件、模式和路径》，浙江大学出版社，2012年，第55页。

⑦ Bernal G，Trimble J E. Handbook of Racial & Ethnic Minority Psychology. London：SAGE Publications，2003. 转引自万明钢、王舟：《族群认同、族群认同的发展及测定与研究方法》，《世界民族》，2007年第3期，第1-9页。

会学意义上的"认同"分为角色认同（role identity）、个人认同（personal identity）和社会认同（social identity）等，但其基本内涵是指人们在一定意义上对自身同一性的意识或内在界定[①]；企业管理中的认同起源于社会认同，而且多指个体对组织的认同，是指个体对组织成员感、归属感的认知过程，它具有自我归类和自我提升两个基本动机[②]；在政治学领域，政治认同、国家认同、民族认同是较为常见的概念，它更多是指从人内心深处产生的一种对所属政治系统情感上的归属感或依附感[③]，本质上是社会公众对政治系统的信任，也是政治合法性的重要支撑。本书指的是政治学意义上的认同，这种认同具有稳定性和持续性。从这种观点来看，合作治理认同是主体合作意愿的集合与理性升华，它关涉合作治理的合法性。Waage[④]、Heikkila 和 Gerlak[⑤]认为，在合作治理启动前，利益相关者必须形成共同的使命和准确的核心价值。公众把合作提供公共服务看做一种社会责任而不是"搭便车"的机会，公共管理者信任公共利益相关者并积极追求民主和提高回应性，这种对合作的认同状态是公共领域合作的基本动力[⑥]。合作治理认同一旦发生危机，往往会影响合作网络的运行效率并降低公众对合作治理的信心。事实上，不少公众认为提供公共物品是政府的天职，他们要求由政府官员来组织和提供公共服务[⑦]，在"单位人"向"社会人"转变的间隙，公众仍倾向于向各自的单位或政府而不是非政府组织表达利益诉求[⑧]，这种认识必然削弱合作治理的合法性。在县域内，由于"政权下乡"的全方位整合与社会力量发展的相对迟缓，公众对政府的依赖程度仍然较高，因而合作治理的社会认可度成为制约其绩效发挥的关键。基于上述文献分析，提出如下假设。

H~4-3~：县域内合作治理认同越高，合作治理绩效越好。

$H_{4-3}$：县域内合作治理认同越高，合作治理绩效越好。

---

① 陈午晴：《海外华人文化认同的建构：一个社会心理分析架构》，《社会心理研究》，2002 年第 4 期，第 1-13 页。

② Ashforth B E, Mael F. Social identity theory and the organization. Academy of Management Review, 1989, 14（1）：20-39. 转引自李燚、魏峰：《高绩效人力资源实践有助于组织认同？——一个被中介的调节作用模型》，《管理世界》，2011 年第 2 期，第 109-117 页。

③ 孔德永：《政治认同的逻辑》，《山东大学学报（哲学社会科学版）》，2007 年第 1 期，第 124-128 页。

④ Waage S A. Reclaiming space and place through collaborative planning in rural Oregon. Political Geography, 2001, 20（7）：839-857.

⑤ Heikkila T, Gerlak A K. The formation of large-scale collaborative resource management institutions：clarifying the roles of stakeholders, science, and institutions. Policy Studies Journal, 2005, 33（4）：583-612.

⑥ Thomson A M, Perry J L. Collaboration processes：inside the black box. Public Administration Review, 2006, 66（1）：20-32；谢永新：《公共领域合作的初始条件和发展变量——一个定性研究》，《中国行政管理》，2010 年第 3 期，第 118-123 页。

⑦ 陈振明：《公共管理学》，中国人民大学出版社，2005 年，第 95-97 页。

⑧ 张立荣、姜庆志：《组织工程视角下的非营利组织信任危机治理进路探究》，《中国行政管理》，2013 年第 9 期，第 104-108 页。

## 四、社会参与能力

合作治理不同于传统的参与治理和社会自治，它建立在平等、正式及协商的基础上，因而对社会主体参与能力提出了更高的要求。Lasker 和 Weiss[1]、Zator[2]认为，在合作过程中，参与者的技能、知识及对政策的理解等能力被认为是合作成功的关键。在托马斯看来，当参与者不能理解政策质量标准中所包含的知识和常识，但又被纳入政策制定过程时，公共决策的质量无疑会遭受损失[3]。合作能力也往往会影响主体的合作意愿及网络位置，Ansell 和 Gash 认为在一些需要高技术的公共问题中，没有技能、经验、知识的弱势合作主体参与合作的意愿不强烈，即便参与进来也容易被强势一方控制[4]。所以，社会参与能力不强很可能带来形式合作或资源浪费等弊端，这不仅容易造成合作治理进程的扭曲，还可能增加公共事务治理的成本，甚至阻滞改革创新的推行，从而导致更广泛的公共利益损失。如何提升社会参与能力并将其效能最大化，进而作用于合作治理绩效，是新型城镇化推进中县域治理亟待解决的问题。基于上述文献分析，提出如下假设。

H4-4：县域内社会参与能力越强，合作治理绩效越好。

## 第二节 县域政府合作网络管理的中介作用

在合作治理中，政府作为政策制定和执行的"掌舵者"，应当起到重要的作用[5]。当政府领导人具有更多的合作管理能力和经验时，选择合作伙伴的难度和合作交易成本都会得到降低，这有利于本地网络治理的实现[6]。从我们调查的实际来看，县域

① Lasker R D, Weiss E S. Broadening participation in community problem-solving: a multidisciplinary model to support collaborative practice and research. Journal of Urban Health: Bulletin of the New York Academy of Medicine, 2003, 80 (1): 14-60.

② Zator R. Exploring collaborative governance—case studies of disruptions in coastal zone management collaborations and resulting effects upon the collaborations and Outcomes. Western Michigan University, Unpublished PhD. Dissertation, 2011: 16-35.

③ 托马斯 J C：《公共决策中的公民参与》，孙柏瑛、等译，中国人民大学出版社，2012 年，第 28 页。

④ Ansell C, Gash A. Collaborative governance in theory and practice. Journal of Public Administration Research and Theory, 2007, 18 (4): 543-571.

⑤ McGuire M. Managing networks: propositions on what managers do and why they do it. Public Administration Review, 2002, 62 (5): 599-609.

⑥ Graddy E A, Chen B. Influences on the size and scope of networks for social service delivery. Journal of Public Administration Research and Theory, 2006, 16 (4): 533-552; Krueathep W, Riccucci N M, Suwanmala C. Why do agencies work together? The determinants of network formation at the subnational level of government in Thailand. Journal of Public Administration Research and Theory, 2010, 20 (1): 157-185.

政府对合作网络的管理主要体现在制定合作规则、合作领导和资源整合三个层面。

## 一、合作规则

实证研究的证据表明，合作规则对合作绩效产生了非常重要的影响，其作用在于为合作治理的合法运行提供基本的原则。所谓规则，通常指的是人们在活动中必须遵守的具体要求[①]，它涉及各种规定、守则、习俗、习惯等各个层次。规则具有人为性，主要是为解决活动方法（怎么做）和活动顺序（何时做）两大问题[②]。在公共管理领域，奥斯特罗姆将工作规则定义为"人们在采取什么行动进行实际选择时实际使用的、需要监督和强制实施的规则"，它包含禁止、允许或要求某些行动或结果的规定，换而言之，工作规则就是众所周知的东西，需要监督和强制实施。工作规则可以是立法、行政规制和法庭决定的正式法律，也可以是非正式的行为规范[③]。不少研究者认为，集体选择的规则影响了实际操作的选择，而明晰的产权和制度创新对治理绩效起着关键作用，能减轻政府与市场的"双重失灵"。因而，成功的合作应当有一套内部控制的机制来确保合作行为的成功演化[④]。Thomson 等认为，只有形成清晰的角色定位、责任划分及彼此遵循的机制，合作治理中的冲突和矛盾才能稳定地得到消除[⑤]。一般而言，研究中经常涉及的规则安排包括全等的参与制度、可信的制裁机制、可解决冲突的讨论机制及明确的责权划分等[⑥]。与其他领域相比，公共领域的合作规则要求必须准确完整地反映合作主体的认同，并且能够在增进公共利益的基础上调和各方的目标与诉求。作为县域合作治理规则的设计者，县域政府能否基于公共利益构建公平、可行的合作规则，是合作治理绩效提升的关键。基于上述文献分析，提出如下假设。

H$_{4-5}$：政府合作规则构建得越完善，合作治理绩效越好。

① 黄楠森、李宗阳、涂荫森：《哲学概念辨析词典》，中共中央党校出版社，1993 年，第 122 页。

② 林德宏：《规则及其哲学意义》，《江海学刊》，2006 年第 5 期，第 18-22 页。

③ 奥斯特罗姆 E：《公共事物的治理之道——集体行动的制度演进》，余逊达、陈旭东译，上海三联书店，2000 年，第 81-85 页。

④ 韦倩：《影响群体合作的因素：实验和田野调查的最新证据》，《经济学家》，2009 年第 11 期，第 60-68 页。

⑤ Thomson A M, Perry J L, Miller T K. Conceptualizing and measuring collaboration. The Journal of Public Administration Research, 2007, 19（1）: 23-56.

⑥ Bardhan P. Irrigation and cooperation: an empirical analysis of 48 irrigation communities in South India. Economic Development and Cultural Change, 2000, 48（4）: 847-865; Cardenas J C. Real wealth and experimental cooperation: experiments in the field lab. Journal of Development Economics, 2003, 70（2）: 263-289.

## 二、合作领导

合作领导之于合作治理绩效的提高至关重要，巴赫达甚至以"管理代替治理"来强调合作中领导的作用[1]。在公共事务治理中，合作领导是引导和修复合作进程的关键要素，它被广泛地视为一种严格地把握合作程序、把参与者凝聚在一起并为他们掌舵的能力[2]。领导之所以是影响合作的关键变量，其主要原因在于合作主体的有限理性和公共事务的产权不明晰。一方面，合作主体是理性人，在社会利益格局复杂化和彼此信任降低的态势下，合作者即便认识到合作的价值，仍会倾向于选择可以实现自身利益最大化的行动策略，这带来了合作者相互推诿、转嫁责任的风险；另一方面，在特定的合作网络中，合作收益具有公共性，即网络中每个成员都能够均等地分享，而不管其自身是否为之投入了精力。资源共享的这种性质促使合作者产生"搭便车"的投机心理，合作网络越大，"搭便车"的行为就越多。有研究者便指出合作"既有让私方利用国家资源谋求私利的危险，也有政府出于国家的或执政党的利益把手伸到市场经济和民间社会中的危险"[3]。因而，合作不可能消除利益冲突，这也意味着合作治理的"掌舵权"必须明确，否则彼此之间的利益冲突很容易将合作引向对抗性的非均衡博弈状态。合作领导才能使利益相关者重视公共问题，才能打破利益相关者的边界，整合合作主体所享有的资源。企业网络绩效领域的早期研究甚至发现，当有一方占据主导位置时，往往要比那些所有合作者地位都平等的网络更为成功[4]。合作领导一般会涉及集成网络责任的落实、提供对话平台、确保网络控制、落实不同主体的角色及责任、推动积极的参与等内容[5]。就县域内政府合作网络领导的实际而言，主要涉及领导机构、合作"掌舵权"、信息对话、责任控制等因素。基于上述文献分析，提出如下假设。

H$_{4-6}$：政府合作领导能力越强，合作治理绩效越好。

---

① 巴达赫 E：《跨部门合作：管理"巧匠"的理论与实践》，周志忍、张弦译，北京大学出版社，2011年，第162-165页。

② Imperial M Y. Using collaboration as a governance strategy：lessons from six watershed management programs. Administration & Society，2005，37（3）：281-320；Ansell C，Gash A. Collaborative governance in theory and practice. Journal of Public Administration Research and Theory，2007，18（4）：543-571.

③ 杰索普 B：《治理的兴起及其失败的风险：以经济发展为例的论述》，《国际社会科学（中文版）》，1999年第1期，第31-48页。

④ Killing J P. How to make a global joint venture work. Harvard Business Review，1982，60（3）：120-127.

⑤ Lasker R D，Weiss E S，Miller R. Partnership synergy：a practical framework for studying and strengthening the collaborative advantage. The Milbank Quarterly，2001，79（2）：179-205；McGuire M. Managing networks：propositions on what managers do and why they do it. Public Administration Review，2002，62（5）：599-609；Goldsmith S，Eggers W D. Governing by Network：The New Shape of the Public Sector. Washington：Brookings Institute Press，2004：90-92.

## 三、资源整合

在组织管理领域，资源整合是组织识别、获取、配置、构建、组合资源及运用资源的一种动态能力[①]。资源整合在合作过程中发挥着重要作用，它是合作的阶段性成果。有学者就认为，资源整合是合作进程中"小赢"（small wins）的一种，这种小的成功有助于建立良性循环的信任和承诺，当合作的"小赢"变成可能时，合作发展就可能得到保证[②]。事实上，组织间互动的关键都牵涉资源问题，合作资源的整合也预示着实质性合作的发生，是合作发展的重要标志和迈向成功的关键一步[③]。如果政府没有优质的资源整合能力，逐渐崛起的社会力量将难以发挥正能量，甚至将社会引向碎片化的状态。当然，好的资源整合不是简单的资源索取，它要以公共利益为出发点，在注重资源使用效率的同时还需特别重视资源分配的公平性与公正性。从目前县域层面上看，合作治理主体间资源转移、交换、使用的管理权基本都掌握在县域政府手中。因而，县域政府能否将推动合作的力量相加并削弱相关约束力量，把各方投入的资源转化为合作治理绩效，这决定了合作治理发展的未来。基于上述文献分析，提出如下假设。

$H_{4-7}$：政府资源整合能力越强，合作治理绩效越好。

## 四、县域政府合作网络管理的中介作用

合作治理的前情要素是合作治理形成的必要不充分条件，各类要素需通过合作运行才能更好地发挥作用，这是合作过程研究的一个基本立场[④]。基于这种认知，我们可以推断，资源依赖性、主体间信任、合作治理认同、社会参与能力对合作治理绩效的影响也需要通过县域政府合作网络管理的中介作用来传递。根据中介效应理论，我们从以下两个方面对三者的关系进行阐述。

第一，合作治理的前情要素对县域政府合作网络管理具有正向影响。从前

---

① 易朝辉：《资源整合能力、创业导向与创业绩效的关系研究》，《科学学研究》，2010 年第 5 期，第 757-762 页。

② Vangen S，Huxham C. Nurturing collaborative relations：building trust in interorganizational collaboration. Journal of Applied Behavioral RIience，2003，39（1）：5-31；Jeroen F W. More sustainable participation？Multi-stakeholder platforms for integrated catchment management. Water Resources Development，2006，22（1）：15-35；Ansell C，Gash A. Collaborative governance in theory and practice. Journal of Public Administration Research and Theory，2007，18（4）：543-571.

③ 谢永新：《公共领域合作的初始条件和发展变量——一个定性研究》，《中国行政管理》，2010 年第 3 期，第 118-123 页。

④ Wood D J，Gray B. Toward a comprehensive theory of collaboration. Journal of Applied Behavioral RIience，1991，27（2）：139-162；Ansell C，Gash A. Collaborative governance in theory and practice. Journal of Public Administration Research and Theory，2007，18（4）：543-571.

文论述可知，资源依赖性、主体间信任、合作治理认同、社会参与能力既有助于合作治理绩效的提升，又是合作网络形成的前提和高效运转的基础：资源依赖性是合作网络形成的动因，主体间信任有利于降低合作网络管理的成本，合作治理认同能够增强合作网络的合法性，社会参与能力则是合作网络运行的必要条件，它们有助于合作规则的构建和合作领导与资源整合的实现。与此同时，合作治理前情要素对合作治理绩效具有正向作用，县域政府合作网络管理对合作治理绩效具有正向影响，这满足了统计意义上的中介效应模型。基于以上分析，提出如下假设。

$H_{4-8a}$：资源依赖性对县域政府合作网络管理具有显著正向作用。

$H_{4-8b}$：主体间信任对县域政府合作网络管理具有显著正向作用。

$H_{4-8c}$：合作治理认同对县域政府合作网络管理具有显著正向作用。

$H_{4-8d}$：社会参与能力对县域政府合作网络管理具有显著正向作用。

第二，县域政府合作网络管理是合作治理前情要素进入合作网络的关键。有学者认为，合作网络的权威从根本上来源于政治权威的认同，是政治系统以法律或默认的方式将公共权力赋予其他行动主体[①]。纵观中华人民共和国成立以来的政治发展历程，民众进入现代政治体系，乡土社会得以迅速整合，在相当程度上是依靠强大的行政能力的渗透、介入和扩展[②]。就我国目前的行政生态而言，政府在合作网络形成和发展过程中依旧起着主导和支配的作用，在各类要素之间发挥着中介效应的功能[③]。在城镇化推进过程中，县域内合作治理网络大都是政府主动建构的，政府是最主要的行动者、协调者和资源整合者，各类前情要素要通过政府管理的合作网络才能发挥更大的效应。基于以上分析，提出如下假设。

$H_{4-8e}$：合作规则在合作前情要素与合作治理绩效之间起中介作用。

$H_{4-8f}$：合作领导在合作前情要素与合作治理绩效之间起中介作用。

$H_{4-8g}$：资源整合在合作前情要素与合作治理绩效之间起中介作用。

## 第三节　任务复杂性的调节作用

合作治理中的任务复杂性（task complexity），是指合作中组织或个体所担负的责任或者预期要完成的工作体现出路径和结果的多样性、路径信息和结果信息

---

① 陈振明：《公共管理学》，中国人民大学出版社，2005 年，第 83-85 页。

② 徐勇：《"行政下乡"：动员、任务与命令——现代国家向乡土社会渗透的行政机制》，《华中师范大学学报（人文社会科学版）》，2007 年第 5 期，第 2-9 页。

③ 刘波、王彬、王少军、等：《地方政府网络治理形成影响因素研究》，《上海交通大学学报（哲学社会科学版）》，2014 年第 1 期，第 12-22 页。

不对称、路径选择冲突、子任务关系不确定、子任务冲突等非线性的特征[1]，任务复杂性产生的根源是组织的局限性，即任务复杂与否是相对于任务承担者的能力而言的[2]。任务复杂性在合作网络的发展过程中起着关键的作用，它既是合作治理生成的动因，又决定了合作网络的限度。就作用方向而言，公共事务复杂性既可以对合作治理施加正向的影响，又可以施加负向的影响。任务复杂性的这种双重特性不同于其他合作前情要素，这是本书将其单列出的原因。笔者拟从任务复杂性对合作治理绩效的影响，以及任务复杂性在县域政府合作网络管理与合作治理绩效之间的调节作用两个方面考察其作用机制。

## 一、任务复杂性

一方面，任务复杂性是网络形成的一个诱导条件，也是网络成员之间协同行为的促进因子[3]。伴随着公共事务复杂性和非线性的增强，传统政府主导的治理模式受到了极大的挑战，要求公共管理者与其他治理主体建立有效的合作关系。特别是在新型城镇化这场规划性变迁中，公共权力所要面临的问题更为复杂，这给县域政府提出了源源不断的新挑战。在政府的能力不足以解决复杂的公共事务时，他们更多地会向社会谋求合作的机会。从这种意义上讲，当公共事务复杂性成为县域治理中的常态时，合作治理也就会成为县域内公共管理的新常态。另一方面，公共事务复杂性的刺激也可能导致合作治理的失败。从作用的限度而言，合作只是公共事务治理的一种选择，在市场和政府无法发挥作用的地方，合作也可能表现得无能为力，即合作网络无法调动充足的资源应对变动不居的合作环境。作为现代化"迟—外发型"国家（即现代化进程落后于西方国家且较多地依靠行政力量推进），转型使社会和政治的异质性逐渐增加，治理者需要面对社会流动加速、利益分化加剧、社会矛盾交织等诸多问题的冲击，合作治理的外部约束不断增强。同时，转型期催生了大量跨界性、非线性、复合性的公共问题，合作被给予维护社会公平正义、改善保障民生、推动经济发展、促进社会稳定、消除贪污腐败、推动环境保护、平衡地区差异等各种厚望，这在增大合作诉求的同时也给其提出了源源不断的新挑战。此外，原本固化的社会结构不断分异，多元利益主体格局基本形成，利益糅合和冲突化解的难度不断提升，合作网络的有效运行需要面对不同类型甚至是相互矛盾的社会需求。在这种情况下，合作不仅很难有效化解社会需求，反而有可能因不堪重负而崩

① 彭正银、韩炜：《任务复杂性研究前沿探析与未来展望》，《外国经济与管理》，2011 年第 9 期，第 11-18 页。

② Seijts G H, Latham G P. The effects of distal learning, outcome and proximal goals on a moderately complex task. Journal of Organizational Behavior, 2001, 22（3）: 291-307.

③ 彭正银、韩炜、韩敬稳、等：《基于任务复杂性的企业网络组织协同行为研究》，经济科学出版社，2011 年，第 19 页。

溃。因而，本书认为任务复杂性虽然催生了合作，但在合作治理的过程中，任务复杂性对合作治理绩效的提升起到的是负向作用，即任务复杂性程度越高，合作治理绩效就越低。基于上述文献分析，提出如下假设。

H<sub>4-9</sub>：任务复杂性对合作治理绩效具有显著负向影响。

## 二、任务复杂性的调节作用

在合作网络研究中，任务的复杂性常被作为调节变量来分析合作网络的绩效①，这主要是因为其能影响团队成员的认知和决策，而后者又是影响绩效的重要原因②。在现有的研究中，任务复杂性的调节作用分析主要分为三种类型：一是任务的类型对团队绩效的影响，如 Perona 和 Miragliotta 通过研究发现，销售、物流、产品工艺开发、生产组织等任务在任务复杂性的调节作用下，会对工作团队的绩效产生不同程度的影响③；二是任务复杂性对团队特质与绩效的影响，如 Cannon-Bowers 等研究发现，在任务复杂性的调节下，团队异质性会对团队绩效产生影响，即执行简单任务往往是同质团队绩效较高，而执行复杂任务则异质团队绩效较高④；三是任务复杂性对团队行为与绩效的影响，如奉小斌通过对 131 个研发团队的研究发现，在任务复杂性的调节作用下，研发团队的协调行为、侦测行为对团队创新绩效的影响程度是不一样的⑤。在合作治理中，公共事务的复杂性无疑也影响着县域政府合作网络管理对合作治理绩效的作用，影响方向可以是线性的也可以是非线性的，但总的方向是负向的。因而，在公共事务复杂性增强的情势下，合作规则、合作领导和资源整合都有无法应对合作网络运行的风险。在这种情况下，县域政府合作网络管理与合作治理绩效的正向显著关系可能会变弱。基于以上认识，笔者提出如下假设。

H<sub>4-10a</sub>：任务复杂性在合作规则与合作治理绩效之间起到负向调节作用。

---

① 由于公共管理领域中缺少对合作任务复杂性的定量研究，因而本书借鉴了企业管理领域中关于任务复杂性的论述。

② 彭正银、韩炜、韩敬稳、等：《基于任务复杂性的企业网络组织协同行为研究》，经济科学出版社，2011年，第 21 页。

③ Perona M, Miragliotta G. Complexity management and supply chain performance assessment: a field study and a conceptual framework. International Journal of Production Economics, 2004, 90 (1): 103-115. 转引自彭正银、韩炜：《任务复杂性研究前沿探析与未来展望》，《外国经济与管理》，2011 年第 9 期，第 11-18 页。

④ Cannon-Bowers J A, Salas E, Converse S. Shared mental models in expert team decision making//Castellan N. J. Individual and Group Decision Making. Hillsdale: Lawrence Erlbaum Associates, 1993: 221-246. 转引自彭正银、韩炜：《任务复杂性研究前沿探析与未来展望》，《外国经济与管理》，2011 年第 9 期，第 11-18 页。

⑤ 奉小斌：《研发团队跨界行为对创新绩效的影响——任务复杂性的调节作用》，《研究与发展管理》，2012年第 3 期，第 56-65 页。

$H_{4-10b}$：任务复杂性在合作领导与合作治理绩效之间起到负向调节作用。

$H_{4-10c}$：任务复杂性在资源整合与合作治理绩效之间起到负向调节作用。

通过上述分析，本章概括出三类共八个基本概念，加上绪论部分"合作治理绩效"这一核心概念，本章所提出的解释框架共涉及四组九个基本概念，笔者对其所包含的构念进行了总结和梳理。具体情况见表 4-1。

表 4-1　本章所涉及的基本概念及对应的基本构念

| 序号 | 概念 | 概念内涵 | 构念 | 构念内涵 |
|---|---|---|---|---|
| 1 | 合作治理前情要素 | 合作治理前情要素指的是合作形成阶段中环境的、资源的、问题的变量，如主体间资源依赖、主体间信任、合作认同等 | 资源依赖性 | 所有的组织都处于一个复杂且开放的环境中且都无法实现自给自足，相互之间必然存在资源的交换，这种特性就是资源依赖性，它是合作的基本动因 |
| | | | 主体间信任 | 主体间的信任是指一方对于另一方的意愿或行为的积极期待和接受意愿，它是一方在考虑到自身所面对的风险的情况下对于另一方行为的预期，对合作绩效的提升具有正向促进作用 |
| | | | 合作治理认同 | 合作治理认同指从人内心深处产生的一种对合作治理情感上的归属感或依附感，是主体合作意愿的集合与理性升华，是利益相关者共同的使命和准确的核心价值，它关涉到合作治理的合法性 |
| | | | 社会参与能力 | 社会参与能力包括合作参与者的技能、经验、知识及对政策的理解等能力，它是影响合作质量的关键因素 |
| 2 | 政府合作网络管理 | 县域政府通过制定合作规则、领导合作网络、整合合作参与者资源，并为其"掌舵"、保证合作网络健康运行的过程 | 合作规则 | 合作规则通常指的是人们在活动中必须遵守的具体要求，它包含禁止、允许或要求某些行动或结果的规定，规则既可以是正式法律，也可以非正式的行为规范 |
| | | | 合作领导 | 合作领导是引导和修复合作进程的关键要素，被视为一种严格地把握合作程序、把参与者凝聚在一起并为他们掌舵的能力，涉及集成网络责任、提供对话平台、确保网络控制、落实不同主体责任等内容 |
| | | | 资源整合 | 资源整合是组织识别、获取、配置、构建、组合资源以及运用资源的一种动态能力，包括资源识别、资源获取、资源配置、资源运用等能力 |
| 3 | 合作任务复杂性 | | | 合作中组织所担负的责任或工作中路径和结果的多样性、路径选择冲突等特征，它既是合作治理生成的动因，又影响了合作治理绩效 |
| 4 | 合作治理绩效 | | | 合作治理绩效是合作组织所从事合作活动的业绩和效率的统称，通常可以视为组织战略目标的实现程度，其内容包括活动的效率和活动的结果等。从性质上讲，合作治理绩效是组织活动对组织目标贡献程度的评价，即绩效是组织活动的客观情况和人们主观评价的集合 |

资料来源：根据文献综述整理

本章以县域政府合作网络管理为核心，基于合作过程进行文献检视并提出研究假设，最终构建了县域合作治理绩效影响机制的理论模型，如图 4-1 所示。

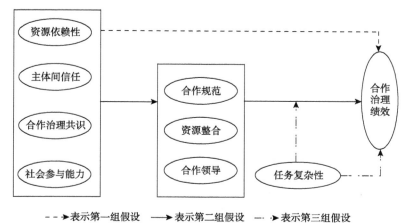

- - ▶表示第一组假设 ──▶表示第二组假设 —·▶表示第三组假设

图 4-1 县域合作治理绩效影响机制的理论模型

## 第四节 本 章 小 结

在新型城镇化推进过程中，县域合作治理绩效涉及太多的影响因素，如何在理论精当性和现实针对性之间构建合适的解释框架是研究者应当解决的关键问题。从目前研究现状来看，大部分研究停留于对合作影响因素的类型分析，为数不多的实证研究也仅是探讨变量之间的直接关系，忽视了对合作治理过程的观察。本章以合作过程的相关研究为基础，立足于我国县域合作治理的特质，着重关注各种基础性潜要素如何进入合作网络及政府在这一过程中的作用。基于这一思考，本书重点考察资源依赖性、主体间信任、合作治理认同、社会参与能力四个合作治理前情要素对合作治理绩效的影响，县域政府合作网络管理在合作治理前情要素与合作治理绩效之间的中介作用，以及任务复杂性在县域政府合作网络管理与合作治理绩效之间的调节作用，形成了三组共 18 个研究假设，如表 4-2 所示。

表 4-2 本章假设汇总表

| 第一组：合作治理前情要素对合作治理绩效的影响 |
| --- |
| $H_{4-1}$：合作治理主体间资源依赖性越强，合作治理绩效越好 |
| $H_{4-2}$：合作治理主体间信任度越高，合作治理绩效越好 |
| $H_{4-3}$：县域内合作治理认同越高，合作治理绩效越好 |
| $H_{4-4}$：县域内社会参与能力越强，合作治理绩效越好 |

续表

| 第二组：县域政府合作网络管理对合作治理绩效的影响及其中介作用 |
|---|
| $H_{4-5}$：政府合作规则构建得越完善，合作治理绩效越好 |
| $H_{4-6}$：政府合作领导能力越强，合作治理绩效越好 |
| $H_{4-7}$：政府资源整合能力越强，合作治理绩效越好 |
| $H_{4-8a}$：资源依赖性对县域政府合作网络管理具有显著正向作用 |
| $H_{4-8b}$：主体间信任对县域政府合作网络管理具有显著正向作用 |
| $H_{4-8c}$：合作治理认同对县域政府合作网络管理具有显著正向作用 |
| $H_{4-8d}$：社会参与能力对县域政府合作网络管理具有显著正向作用 |
| $H_{4-8e}$：合作规则在合作前情要素与合作治理绩效之间起中介作用 |
| $H_{4-8f}$：合作领导在合作前情要素与合作治理绩效之间起中介作用 |
| $H_{4-8g}$：资源整合在合作前情要素与合作治理绩效之间起中介作用 |
| 第三组：任务复杂性对合作治理绩效的影响及其调节作用 |
| $H_{4-9}$：任务复杂性对合作治理绩效具有显著负向作用 |
| $H_{4-10a}$：任务复杂性在合作规则与合作治理绩效之间起到负向调节作用 |
| $H_{4-10b}$：任务复杂性在合作领导与合作治理绩效之间起到负向调节作用 |
| $H_{4-10c}$：任务复杂性在资源整合与合作治理绩效之间起到负向调节作用 |

# 第五章　县域合作治理绩效影响机制的实证研究

在第四章中，本书构建了"合作治理前情要素—县域政府合作网络管理—合作治理绩效""县域政府合作网络管理—任务复杂性—合作治理绩效"的解释框架，并提出了三组研究假设。本章将以实际调查的数据为基础，运用相关统计知识、SPSS 20.0 以及 LISREL 8.8 对相关假设进行检验，以探讨测量模型是否与实际资料相符，并在此基础上对相关结论进行延伸探讨。

## 第一节　实证研究设计

关于研究设计，克雷斯威尔指出，人文社会科学中的研究设计有三个核心议题，即研究者需要运用什么样的知识观（包括理论视角），什么样的研究策略贯穿于整个研究步骤，将用什么样的资料收集和分析方法[①]。本章主要着眼新型城镇化推进中县域合作治理绩效的影响机制，探寻哪些因素通过何种方式影响县域合作治理的开展。基于实证主义的知识观，本章选用的研究策略主要是量化研究，同时辅之以一定的质性研究方法。根据这种研究策略，笔者在资料收集时选择了问卷调查和半结构化访谈的方法，在数据分析时选用了中介效应（mediating effect）模型、调节效应（moderating effect）模型等工具。具体内容如下。

### 一、研究方法的选择

伴随着社会科学的发展，研究方法论也在不断碰撞与融合中汇成四大思想流派，即后实证主义（postpositivism）、建构主义（constructivism）、辩护或参与

---

① 克雷斯威尔 J W：《研究设计与写作指导：定性、定量与混合研究的路径》，崔延强译，重庆大学出版社，2007 年，第 4-5 页。

主义（advocacy/participatory）和实用主义（pragmatism）[①]，四大思想流派虽然理论主张、立场乃至于资料收集方法上有明显分野，但近些年来"方法论上的折中主义"（methodology eclecticism）[②]越发盛行，不少学者在研究将问卷调查、内容分析、深入访谈、个案研究等方法融合在一起，而不是孤立地使用某一方法[③]。人们认识到，只有把量化研究和质性研究结合起来，站在实用主义的立场将多种方法、不同知识观、迥异的研究假设和多样的数据搜集方法和分析方法融合起来，并根据研究对象的特点在这些方法"工具箱"中去选择合适的组合，才能认识到社会现象本质及其蕴涵的规律[④]。基于折中主义和实用主义的立场，本书采用量化研究与质性研究相结合的方法进行论述。

　　实际上，量化研究与质性研究都属于实证研究的范畴，前者主要依据统计数据、利用数学模型来研究社会现象的数量特征、数量关系和数理变化；后者则主要是对深度访谈、参与观察、文本分析等质性研究技术所搜集到的资料进行非数字的估计[⑤]。不过伴随着量化研究和质性研究日趋完善，两种方法的交融趋势日渐明显，也形成了诸多的混合研究策略。克雷斯威尔在总结相关研究的基础上将其划分为两大类策略，即顺序性研究策略和并行法研究策略，每个策略下又含有三种类型[⑥]，详情见表5-1。

表 5-1　量化与质性研究结合的策略

| 策略 | 基本类型 | 主要特点 |
|---|---|---|
| 顺序性研究 | 顺序性解释 | 量化在前，质性在后，量化优先，质性研究结果用以辅助解释量化研究结果 |
| | 顺序性探究 | 质性在前，量化在后，质性优先，量化数据分析结构辅助解释质性研究结果 |
| | 顺序性转换 | 量化和质性可在不同研究阶段转换，研究总结时将两个阶段的解释加以整合 |
| 并行法研究 | 并行三角互证 | 量化与质性在整个研究中同时进行，研究总结时将两种研究所得结果加以整合 |
| | 并行嵌套策略 | 量化与质性在数据搜集时同时进行，研究总结时使用主要研究方法所得结论 |
| | 并行转换策略 | 量化与质性可在不同研究阶段转换，研究总结时将不同阶段的解释加以整合 |

---

① 克雷斯威尔 J W：《研究设计与写作指导：定性、定量与混合研究的路径》，崔延强译，重庆大学出版社，2007年，第 4-5 页。

② Devine F，Heaht S. Social Research Methods in Contex. London：Macmillan Press Ltd，1999：4.

③ 陈曼蓉：《当前社会研究方法的特点、趋势及问题》，《社会》，2002 年第 5 期，第 22-23 页。

④ 克雷斯威尔 J W：《研究设计与写作指导：定性、定量与混合研究的路径》，崔延强译，重庆大学出版社，2007 年，第 10 页；仇立平：《社会研究方法》，重庆大学出版社，2008 年，第 32-33 页。

⑤ 巴比 E：《社会研究方法》（第十版），邱泽奇译，华夏出版社，2005 年，第 360 页。

⑥ 克雷斯威尔 J W：《研究设计与写作指导：定性、定量与混合研究的路径》，崔延强译，重庆大学出版社，2007 年，第 168 页。

关于采用混合研究的目的，Greene 等将其归纳为 5 种：三角互证（通过利用不同的研究方法来寻求对同一现象结果的确证）；互补（通过比较寻求详尽解释、改进、例证和澄清）；创新（揭示导致研究问题重构的矛盾和冲突的因素）；发展（利用一种方法获得的结果来丰富另一种方法的结论）；扩展（通过利用不同的方法为不同的研究结论寻求广度与范围的扩展）①。研究者可根据实际需要，以不同的研究旨趣选择混合研究方法。

就本章而言，所采用的方法是顺序性解释策略，目的在于互补与扩展。之所以如此选择，主要出于以下三点考虑：其一，本章的主题在于探索县域内合作治理绩效的影响机制，属于解释社会现象之间因果关系及其变化发展规律的范畴，量化研究显然是首选，它更为适合寻找大样本中各变量之间可能存在的关系。其二，量化研究的发现通常是一般的结论，甚至可能是"空洞"的，它难以展现事件的细枝末节，缺乏质性研究能够提供的"浓厚描述"和"细微刻画"②。因而，本章需要借助质性研究所搜集到的资料或结论来对量化研究的结果予以辅助性解释说明。在非预期性结果出现在量化研究结论中时，顺序性解释策略将显示出极强的解释力③。其三，顺序性解释测量是混合研究中最简洁明了的一种，其步骤清晰明了、相对独立且易于实施，这种设计也不会打破量化研究的基本架构，相关结论只需在解释阶段进行整合即可，较为方便研究的描述和报告④。基于这种考虑，本章将在中介效应和调节效应等分析的基础上，结合集体座谈、深入访谈及实地考察所搜集到的案例资料对研究结论进行阐释。

## 二、研究工具的选择

研究方法是研究人员开展某项研究时的总体路径，而研究工具则是研究人员用以收集、处理和解释资料的载体、技巧和手段。一般而言，研究方法和理论预设决定了研究工具的选择。根据量化与质性相结合的混合研究方法，本章选择了以下资料收集和数据分析的工具。

---

① Greene J C，Caracelli V J，Graham W F. Toward a conceptual framework for mixed-method evaluation design. Educational Evaluation and Policy Analysis，1989，11（3）：255-274.

② Ragin S J，Becker H S. How the microcomputer is changing our analytic habits//Blank G，McCartney J L，Brent E E. New Technology in Sociology：Practical Applications in Rresearch and Work. Fredericton：Transaction Books，1989：47-55.

③ Morse J M. Approaches to qualitative-quantitative methodological triangulation.Nursing Research，1991，40（1）：120-123.

④ 克雷斯威尔 J W：《研究设计与写作指导：定性、定量与混合研究的路径》，崔延强译，重庆大学出版社，2007 年，第 170 页。

**（一）资料收集工具的选择**

（1）问卷调查。在量化研究中，问卷是使用最为普遍、必不可少的工具，这种资料收集工具最大的特点在于用概率抽样的方法抽取样本，或者针对总体的所有个体采用问卷调查或登记表的方法收集资料，并在对资料进行统计分析的基础上把调查结论推论到样本所在的总体[①]。之所以选择问卷调查作为主要的数据收集工具，这与本章研究旨趣有关。首先，本章属于解释性研究。解释性研究的目的在于探索社会现象的发展趋势，以及各类要素之间的因果关系，解答"为什么"的问题，它要求解释过程的准确性、概括性、严谨性，这正是问卷调查的优势。其次，本书以理论检验为目标，且是基于利益相关者、合作进程的研究，对资料要求质量较高。问卷调查能够突破时空限制，在广泛范围内对众多调查对象同时进行调查，这是任何调查方法所不能比拟的[②]。最后，受制于经费和时间的限制，本书需要选择一个性价比较高的数据搜集方法。相比之下，问卷调查节省人力、物力和时间，可以以最小的投入获得最多的社会信息。问卷搜集可以分为自填问卷和访问问卷两种形式，自填问卷是由被调查者自己填写或者在访问员的指导下填写，访问问卷则是由访问员通过面对面的访谈将回答记录在问卷上，本次调研中两种形式均有使用。

（2）半结构访谈。问卷调查虽然具有无可比拟的优势，但这种研究工具很难获得深入、详细的资料，无法了解具体的社会运行和社会行为过程，资料的准确程度受到多种因素的影响，一旦问卷设计出现重大缺陷，整个研究就可能完全失去意义，特别是在建构主义理论的产生后，问卷调查的科学性和实用性遭到质疑[①]。就笔者个人经历而言，问卷调查的这些缺陷是普遍存在且会对研究的科学性产生很大影响，稍有不慎就可能成为研究的"死穴"。为了弥补问卷调查难以搜集到生动、具体资料的弊端，本书采用了半结构访谈的方式来获取事实的"细节"。所谓半结构访谈也称为半结构型访问、深度访谈或临床访问，这种访谈有明确的主题，研究者对访谈结构有一定的控制，具有一定的导向，并且会事先准备好大致的访谈提纲。在访谈时，研究者会根据事先的访谈提纲向受访者提问。这种访谈最为关键的是在访问过程中要善于发现"事件"，详细了解事件的细节和过程，使这个事件成为一个生动的"故事"，并以 when、where、who、what、why 的维度去呈现[③]。

希尔弗曼认为访谈有两种途径，一是将被访者的回答当做对某些外部现实（如事实、事件）或内部体验（如感受、意义）的描述，并将其当做寻求调适

---

① 仇立平：《社会研究方法》，重庆大学出版社，2008 年，第 178-179 页。
② 水延凯：《社会调查教程》（第三版），中国人民大学出版社，2002 年，第 233 页。
③ 仇立平：《社会研究方法》，重庆大学出版社，2008 年，第 227 页。

研究者阐释与外部现实之间关系的一种手段；二是把访谈资料当做获取各种故事或叙述的途径，用以描述他们的世界[①]。本书综合采用了两种途径，前者获得的资料主要是为了寻求被访者对某一问题看法的共识，并以此来佐证量化研究的结论；后者则是为了展示整个合作事件，将研究结论进行更加生动形象的阐释。

除了以上两种主要的资料，本书还搜集了文献资料、观察资料和视频资料等。

### （二）数据分析工具的选择

本章对收集回的数据，先进行探索性因子分析和验证性因子分析，从而确定模型的聚敛程度，然后在信度与效度分析、多重共线性检验的基础上，利用结构方程模型来完成合作治理前情要素对合作治理绩效的检验、县域政府合作网络管理的中介效应检验，最后利用多层次回归来检验任务复杂性在县域政府合作网络管理与合作治理绩效之间起到的调节效应。本章研究所使用的分析软件为 LISREL 8.8 和 SPSS 20.0。由于中介效应和调节效应的分析有多种方法，因而有必要对本章所使用的方法进行简要介绍。

#### 1. 中介效应检验方法

所谓中介效应，是指某一变量在自变量与因变量之间起着中介作用。如果自变量 $X$ 对因变量 $Y$ 存在影响，且 $X$ 通过影响变量 $M$ 来影响 $Y$，则称 $M$ 为中介变量。一般而言，中介效应检验主要包括以下三个步骤，见图 5-1。按照路径分析中的效应分解，中介效应应当属于间接效应的一种。在图 5-1 中，$c$ 是 $X$ 对 $Y$ 的总效应，$a$、$b$ 是经过中介变量 $M$ 产生的间接效应，$c'$ 是直接效应，$e_1$、$e_2$、$e_3$ 表示随机误差，在这种简单中介效应模型中，总效应等于直接效应和间接效应的和。

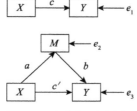

图 5-1　中介模型示意图

中介效应的检验方法比较固定，多元回归和结构方程都可以实现，但相比之下，结构方程的检验方式更为科学和便捷。温忠麟等总结了采用 Lisrel 软件检验中介效应检验的程序，见图 5-2。

---

① 希尔弗曼 D：《如何做质性研究》，李雪、张劼颖译，重庆大学出版社，2009 年，第 132-135 页。

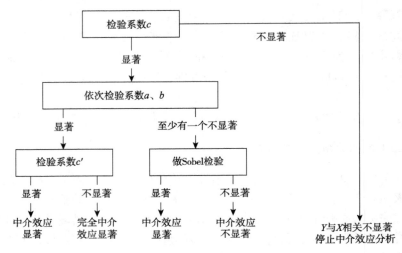

图 5-2　中介效应检验程序

　　第一步应当判定 $X$ 是否对 $Y$ 具有显著影响。当然，Frazier、Tix、Barron、Shrout 和 Bloger 也认为 $X$ 和 $Y$ 的相关性不应当作为中介效应分析的前提，实际上，$X$ 对 $Y$ 的影响不显著仍可以做中介效应分析[1]。但是在这种情况下，中介效应的分析要有现实或理论依据，要特别注意分析中的遮掩问题和所谓的远端（distal）关系，即中介效应是否为数据带来的"假象"、有无实质意义。

　　第二步应当检验系数 $a$，$b$，如果两个都显著，说明 $X$ 对 $Y$ 至少有一部分是通过 $M$ 影响的，是否是完全中介还需另检验（参照 $c'$）；如果有一个不显著，则需要做 Sobel 检验，即将 $z$ 值和基于标准正态分布的临界 $z$ 值进行比较，如果 $z$ 值大于临界 $z$ 值，说明中介效应存在，如果 $z$ 值小于临界 $z$ 值，说明中介效应不存在[2]。

　　第三步应当检验系数 $c'$，如果 $c'$ 显著，说明是完全中介过程，反之则是部分中介过程。当然，在实际研究中，我们可能会用到多个 $X$ 或多个 $M$ 的模型，有多个 $M$ 的模型被称为多重中介（multiple mediation）模型。在多重中介模型中，由于 $X$ 要通过多个 $M$ 的中介作用，因为"完全中介"的概念没有多大意义，即不用考虑完全中介的检验，只需说明有无中介效应即可。中介效应的大小可以根据中介效应占总效应之比（$ab/c$）或者中介效应与直接效应之比（$ab/c'$）来解释[3]。由于本章中县域政府合作网络管理有三个潜变量（即三个中介变量），因此本书选

　　① Shrout P E，Bolger N. Mediation in experimental and nonexperimental studies：new procedures and recommendations. Psychological Methods，2002，7（4）：422-445. 转引自温忠麟、刘红云、侯杰泰：《调节效应与中介效应分析》，教育科学出版社，2013年，第77页。

　　② 方杰、张敏强、邱皓政：《中介效应的检验方法和效果量测量：回顾与展望》，《心理发展与教育》，2012年第1期，第105-111页。

　　③ 温忠麟、刘红云、侯杰泰：《调节效应与中介效应分析》，教育科学出版社，2013年，第75-78页。

择的是多重中介模型。

## 2. 调节效应检验方法

调节效应就是指某一变量在自变量与因变量之间起着调节作用。调节效应经常和交互效应（interaction effect）一起出现，因为两者从数据分析的角度看是一致的。在调节效应中，哪一个是自变量，哪一个是调节变量是固定的，在一个确定的模型中是不能互换的。一般而言，如果自变量 $X$ 对因变量 $Y$ 存在影响，且两者之间的关系是变量 $M$ 的函数，我们便称 $M$ 为调节变量[①]。

调节变量可以接受多种数据类型，既可以是定性的（如性别、种族、政治面貌等），定序的（如很好、好、一般、不太好、非常不好）、也可以是定量的（如年龄、受教育年限等）。当所有变量都为显变量时，调节效应的分析方法需要根据自变量和调节变量的测量级别来选择，具体方法的选择见表 5-2。一般而言，除了 $X$ 和 $M$ 同时为类别变量外，其他类型都可以使用带 $XM$ 的回归分析，不过有一个是类别变量时，要重新编码为伪变量（dummy variable）。不过也有学者认为，将连续性变量转换为伪变量会带来信息的损失（information loss）和模型解释力的下降（power reduction）[②]。

**表 5-2 显变量的调节效应分析方法**

| 调节变量 $M$ | 自变量（$X$） | |
|---|---|---|
| | 类别变量 | 连续变量 |
| 类别变量 | 组合 1：类别—类别<br><br>两因素有交互效应的方差分析（ANOVA），交互效应即调节效应 | 组合 2：类别—连续<br>1. 分组回归，即按 $M$ 的取值分组，做 $Y$ 对 $X$ 的回归。若回归系数的差异显著，则调节效应显著<br>2. 调节变量使用伪变量，并将自变量和调节变量中心化，做层次回归（同左下） |
| 连续变量 | 组合 2：连续—类别<br><br>自变量使用伪变量，并将自变量和调节变量中心化，做 $Y=\beta_0+\beta_1X+\beta_2M+\beta_3MX+e$ 的层次回归，如果 $MX$ 的系数 $\beta_3$ 显著，则调节效应显著 | 组合 4：连续—连续<br>将自变量和调节变量中心化，做层次回归（同左）。<br>除了考虑交互效应项 $MX$ 外，还可以考虑高阶交互效应项（如 $M^2X$，表示非线性调节效应；$MX^2$，表示曲线回归的调节） |

资料来源：温忠麟、刘红云、侯杰泰：《调节效应与中介效应分析》，教育科学出版社，2013 年，第 86 页

当自变量或调节变量至少有一个为潜变量时，就需要使用潜变量调节效应分析方法，这与显变量调节效应的分析方法有很大的区别。一般情况下，我们只考

---

① 温忠麟、刘红云、侯杰泰：《调节效应与中介效应分析》，教育科学出版社，2013 年，第 81 页。

② Kenneth E B. Testing moderator and mediator effects in counseling psychology research. Journal of Counseling Psychology，2004，51（1）：115-134.

虑两种情形，一是调节变量 $M$ 是类别变量，自变量 $X$ 是潜变量，这时我们一般做多组结构方程就可以分析；二是调节变量和自变量都是潜变量时，分析就较为复杂了。从目前搜集到的资料来看，不同的研究者有着不同的主张，亦开发出了不少分析模式，主要包括化潜为显、二阶最小二乘回归、多组线性结构方程、加入乘积指标的结构方程四类方法。有学者对这些方法进行了评价，认为这些分析方法虽然有一些明显比其他的方法好，但没有一种方法是最好的，这也正是驱动该领域（潜变量交互效应分析）研究的动力[①]。具体采用何种方法，研究者需要在把握精确化和简单化的基础上，根据研究需要进行选择。为了使结果容易理解，本章研究采用了用潜变量因子得分进行分析的方法。以简易模型为例，其具体分析步骤如下：①进行因子分析，将因子分析结果保存为变量 $X$、$M$、$Y$，此时的 $X$、$M$、$Y$ 作为潜变量的观察值，可视为连续变量。②生成 $XM$，并将 $X$、$Y$、$M$ 去中心化。③建立主影响模型（main effects），即 $Y=\beta_0+\beta_1X+\beta_2M$，这里的 $\beta_1$、$\beta_2$ 就是描述了自变量 $X$ 和调节变量各自对 $Y$ 的影响。④建立调节效应影响模型，即 $Y=\beta_0+\beta_1X+\beta_2M+\beta_3MX+e$，其中 $e$ 表示随机误差。⑤判断调节效应的显著度，一般要看 $F$ change 和 $R^2$ Change 的显著性检验，或者比较两个模型的 $R^2$，如模型 1 的 $R^2$ 高于模型 2 的，则调节效应显著。当然，也可以看 $XM$ 的偏回归系数，如果显著，则调节效应显著[②]。⑥解读交互影响的理论意义。具体来说，如果 $\beta_3>0$，$X$ 对 $Y$ 的影响（即 $b$）会随着 $M$ 的增加而增加；如果 $\beta_3<0$，$X$ 对 $Y$ 的影响（即 $b$）会随着 $M$ 的增加而减少。

## 三、因变量与自变量的测量

本章研究包含了 4 组共 9 个潜变量，对潜变量进行测量最合适的办法是量表设计和问卷调查。我们选择规模性发放问卷的方式收集原始数据，并在此基础上进行统计建模和假设验证。就调查对象而言，姚引良等直接选择政府部门工作人员[③]，Weech-Melonado 等选择了合作网络的利益相关者进行研究[④]，Zammuto 根据利益相关者理论，也主张应该扩展测量的视角，更多地从合作网络的支持者或主要的利益相关者角度去测量[⑤]。由于合作绩效的评估不同于对单一组织绩效的

---

① 温忠麟、刘红云、侯杰泰：《调节效应与中介效应分析》，教育科学出版社，2013 年，第 86-87、104-145 页。

② 温忠麟、侯杰泰、张雷：《调节效应与中介效应的比较和应用》，《心理学报》，2005 年第 2 期，第 268-274 页。

③ 姚引良、刘波、王少军、等：《地方政府网络治理多主体合作效果影响因素研究》，《中国软科学》，2010 年第 1 期，第 138-149 页；刘波、王彬、王少军、等：《地方政府网络治理形成影响因素研究》，《上海交通大学学报（哲学社会科学版）》，2014 年第 1 期，第 12-22 页。

④ Weech-Melonado R, Benson K J, Gamm L D. Evaluating the effectiveness of community health partnerships: a stakeholder accountability approach. Journal of Health and Human Services Administration, 2003, 26（1）: 58-92.

⑤ Zammuto R F. A comparison of multiple constituency models of organizational effectiveness. Academy of Management Review, 1984, 9（4）: 606-611.

测量[1]，因而宜于选择利益相关者的评估模式。县域内的合作治理也涉及非常多的治理主体和公共事务，因而本书选择了利益相关者的测量方法，以求更为准确地反映出县域合作治理的实际情况，避免因测量对象单一带来的认知偏差。不过，利益相关者也有忽视评估成本、耗费资源、缺乏对利益相关者的明确界定、信奉实用主义等缺陷，这是研究中需要特别重视和极力规避的问题[2]。

在指标类型上，本书采用的是主观感知指标，这一方面是因为合作治理绩效编制客观指标的难度过大，另一方面也在于相关客观指标非常匮乏且缺乏可信度。阿尔恩特和欧曼就曾指出，"客观事实所反映的法理的'事实'与非正式的、不成文的制度（虽然常常被忽视，但事实上更能反映治理现实）之间存在差距"[3]，即由于信息不透明或数据造假现象，客观指标也不一定能反映出客观事实。考夫曼和克拉也指出，在设定治理测量指标时要避免主观指标和客观指标错误的两分法，主观指标和客观指标实际上就是一种主观划分，所有的治理指标都或多或少地取决于被调查者的观点和判断，研究者应当在这些误导性的术语中保持清醒[4]。县域合作治理乃至整个公共事务的治理是一种质的现象，通过专家、企业家、普通公民等利益相关者的主观感知，对治理绩效做出综合评价，也能够克服主观性指标评价的单向性和片面性[5]。由于不少变量是逻辑推衍或在质性研究中总结而得，且利益相关者测评方式较为困难，因而本书在文献综述的基础上进行了重新构建。

### （一）因变量的测量

整体观之，合作治理绩效的研究与测量大体可分为三种路径：一是关注合作活动所带来的影响。例如，Koontz 用地方公共政策的变化来分析土地规划中合作努力的效果[6]；Koontz 和 Thomas 以污染减少、水质改善、生物多样性等来评估环境保护中的合作产出[7]；McGee 和 Dowling 通过目标达成度、利润度和利润增长率来衡量合作的相对绩效等[8]。这种测量路径具有针对性强的优点，但也有不少

---

① Mandell M P, Robin K. Evaluating network arrangements. Public Performance and Management Review, 2007, 30（4）：574-597.

② 陈振明：《政策科学——公共政策导论》，中国人民大学出版社，2007年，第324页。

③ 阿尔恩特 K、欧曼 C：《政府治理指标》，杨永恒译，清华大学出版社，2007年，第79页。

④ 考夫曼 D、克拉 A：《治理指标：我们在哪儿，我们应去向何方？》，庞娟、闫健译，《国家行政学院学报》，2008年第6期，第100-103页。

⑤ 包国宪、周云飞：《中国公共治理评价的几个问题》，《中国行政管理》，2009年第2期，第4-7页。

⑥ Koontz T M. We finished the plan, so now what? Impacts of collaborative stakeholder participation on land use policy. Policy Studies Journal, 2005, 33（3）：459-481.

⑦ Koontz T M, Thomas C W. What do we know and need to know about the environmental outcomes of collaborative management? Public Administration Review, 2006, 66（1）：111-121.

⑧ McGee J E, Dowling M J. Cooperative strategy and new venture performance：the role of business strategy and management experience. Strategic Management Journal, 1995, 16（7）：565-580.

研究者指出它的弊端在于忽视了政党、流程、程序、环境等关键变量的影响，测评者并不能精准地知道哪些效果是由合作引起的，即无法证明合作与效果之间必然的因果关系[①]。从严格意义上讲，这类测量方法适用于比较单纯的合作治理活动，即某项活动全通过合作的方式开展，或者能够说清楚该活动哪些部分的变化由合作引起。二是用替代性变量测量合作绩效。Lyles 和 Baird 认为可以使用类似合作目标的实现程度等主观指标来评价合作绩效的好坏[②]；Mohr 和 Spekman 发现合作成员对合作关系的满意程度是衡量合作关系是否成功的一个重要因素[③]；陈叶烽等在实验研究中用公共品博弈中的投资水平来度量合作水平[④]；McGuire 用政府和非政府组织之间的联系状况来测量两者合作的水平[⑤]；Goodman 和 Dion 认为合作成员对合作关系未来持续的预期可以反映出合作关系的绩效水平[⑥]。总体而言，这种测量路径虽然具有直观性，但合作治理绩效并不能完全靠一个指标来反映。采用这种客观指标，容易遗漏关于合作治理效果的重要信息，也很可能给合作治理绩效的评估带来以偏概全的风险。三是基于合作网络本身进行多维度测量。Morehead 从社区层面效果、组织层面效果和网络层面效果测量农村卫生网络绩效[⑦]；武志伟等用目标实现度、盈利能力的提高、合作的满意度和继续合作的意愿等指标来评价企业间合作绩效[⑧]；Lee 和 Cavusgil 采用合作强度、合作稳定性和知识获取来衡量合作绩效[⑨]；O'Flynn 和 Wanna 以实现合作目标、保持合作运转、

① Koontz T M, Thomas C W. What do we know and need to know about the environmental outcomes of collaborative management? Public Administration Review, 2006, 66（1）：111-121；Zator R. Exploring collaborative governance—Case studies of disruptions in coastal zone management collaborations and resulting effects upon the collaborations and outcomes. Unpublished Ph.D Dissertation, Western Michigan University, 2011：16-35.

② Lyles M A, Baird I S. Performance of international joint ventures in two eastern European countries：the case of hungary and poland. Management International Review, 1994, 34（4）：313-329.

③ Mohr J, Spekman R. Communication strategies in marketing channel：a theoretical perspective. Journal of Marketing, 1990, 54（4）：36-51.

④ 陈叶烽、叶航、汪丁丁：《信任水平的测度及其对合作的影响——来自一组实验微观数据的证据》，《管理世界》，2010 年第 4 期，第 54-64 页。

⑤ McGuire M. Managing networks：propositions on what managers do and why they do It. Public Administration Review, 2002, 62（5）：599-609.

⑥ Goodman L E, Dion P A. The determinants of commitment in the distributor-manufacturer relationship. Industrial Marketing Management, 2011, 30（3）：287-300.

⑦ Morehead H U. Rural health network effectiveness：an analysis at the network level. Unpublished Ph.D Dissertation, Virginia Polytechnic, 2008：19-20.

⑧ 武志伟、茅宁、陈莹：《企业间合作绩效影响机制的实证研究——基于 148 家国内企业的分析》，《管理世界》，2005 年第 9 期，第 99-106 页。

⑨ Lee Y, Cavusgil T. Enhancing alliance performance：the effects of contractual-based versus relational based governance? Journal of Business Research, 2006, 59（8）：896-905.

取得合作认同等标准判定合作是否成功[1]；姚引良等用直接效果和间接效果评估地方政府网络治理中多主体合作的效果，包括服务对象满意度、目标达成度、成本节约、学习合作理念、学习管理理念、业务流程改造等内容[2]；史传林提出从合作过程和合作结果两个维度进行测量，并构建了包括双方认同度、资源投入量、合作管理成本、合作关系状况的感知、继续合作的意愿、合作的持续时间和联系强度等诸多二级指标，不过他并未通过实证来检验指标的可靠性[3]。总体而言，相比于前两种路径，这种测量路径主观性较强，但评估的可靠性及全面性得到了提升，因而逐渐成为研究者常用的测量方法。

通过对国内外合作绩效相关研究的梳理可以看出，目前合作治理绩效的评估并未形成清晰统一的测量体系。造成这种情况的原因有两个：一是研究者的学科背景、理论视角、研究方法及所掌握资料存在差异，这会影响实际研究中测量方式的选择；二是合作治理绩效具有无形性和复杂性的特点，难以完全用统一、客观的指标进行量化，如合同、技术诀窍、管理建议等带来的收益往往是无法衡量的[4]。此外，合作治理绩效评估的是多个主体在不同领域的动态联合行动，这是研究者不得不面对的一个难题[5]。就本书而言，县域合作治理绩效虽然可以理解为对新型城镇化的影响，但由于新型城镇化的发展受到多种因素的作用，因而很难通过建立两者的函数关系来准确测量合作治理绩效，这是第一种测量方式的内在不足。同时，县域合作治理涵盖城市建设、产业发展、公共服务、社会管理等诸多内容，涉及政府、企业、社会组织和公民多个治理主体，这导致其绩效的内涵复杂多样，难以用客观、具体的指标进行评价，也很难找到一个合适的替代变量。基于上述考虑，本书将立足合作网络本身，利用主观指标对县域合作治理绩效进行多维度的测量。

就目前相关研究来看，已有不少研究者采用了主观多维的方式测量，如姚引良等用服务对象满意度、目标达成度、成本节约、学习合作理念、学习管理理念、业务流程改造六个指标对合作的直接效果和间接效果进行了测量[6]；孙国强和范建红用学习创新能力、协调整合能力、信息沟通能力、快速反应能力、资源配置

① O'Flynn J, Wanna J. Collaborative Governance A New Era of Public Policy in Australia?Canberra: ANU Press, 2008: 16-35.

② 姚引良、刘波、王少军、等：《地方政府网络治理多主体合作效果影响因素研究》，《中国软科学》，2010年第1期，第138-149页。

③ 史传林：《社会治理中的政府与社会组织合作绩效研究》，《广东社会科学》，2014年第5期，第81-88页。

④ 武志伟、茅宁、陈莹：《企业间合作绩效影响机制的实证研究——基于148家国内企业的分析》，《管理世界》，2005年第9期，第99-106页。

⑤ Morehead H U. Rural health network effectiveness: an analysis at the network level. Unpublished Ph.D dissertation, Virginia Polytechnic, 2008.

⑥ 姚引良、刘波、王少军、等：《地方政府网络治理多主体合作效果影响因素研究》，《中国软科学》，2010年第1期，第138-149页。

效率、分配公正、技术进步、顾客满意等指标，对组织合作网络治理的过程绩效和结构绩效进行了测量[①]；武志伟等用合作目标的实现程度、盈利能力的提高、合作的满意度和继续合作的意愿等主观指标评价了企业间合作绩效[②]；Mitsuhashi在研究联盟绩效时，提出了四个维度的企业合作绩效评指标，包括企业履行其最初承诺、合作关系的满意度、发展和维护关系中投入的精力和时间是值得的、认为合作关系是成功的四个具体测量条目[③]；兰建平认为组织间合作绩效可以从三方面进行衡量，即合作企业对合作的满意度、合作企业对继续进行合作的意愿、合作创新目标的实现程度[④]。综合各位学者的研究结论，本着简约和准确相结合的原则，本书从目标实现度、成本节约、合作满意度和继续合作意愿四个方面对县域合作治理绩效进行测量。

### （二）自变量的测量

#### 1. 资源依赖性

资源依赖性的测量并没有形成一致的观点，不少研究者在理论认知的基础上进行了建构。贾生华等根据 Madhok 和 Tallman 的观点[⑤]，将资源依赖性分为结构依赖性和过程依赖性。张光曦从 Casciro 和 Piskorski 的定义[⑥]出发，认为组织 A、B 的共同依赖度（$MD_{A↔B}$）是双方相互依赖程度之和，用公式可表示为 $MD_{A↔B}=D_{A→B}+D_{B→A}$，其中 $D_{A→B}$ 表示组织 A 对组织 B 的依赖，$D_{B→A}$ 表示组织 B 对组织 A 的依赖，$MD_{A↔B}$ 为 A、B 双方相互依赖程度之和[⑦]。就本书主题而言，县域内的合作治理包含多个行动者，相互间依赖性测量的复杂性要远高于对两个组织的测量。县域内合作治理主体间资源依赖性更多地反映在结构依赖性的层面，即一方拥有的资源对另一方发展的重要性、不可替代性与价值性。同时，就过程依赖性的测量题项来看，它更多地反映了合作主体间互动的情况，是合作主体的

---

① 孙国强、范建红：《网络组织治理绩效影响因素的实证研究》，《数理统计与管理》，2012 年第 2 期，第 296-306 页。

② 武志伟、茅宁、陈莹：《企业间合作绩效影响机制的实证研究——基于 148 家国内企业的分析》，《管理世界》，2005 年第 9 期，第 99-106 页。

③ Mitsuhashi H. Effects of the social origins of alliances on alliance performance. Organization Studies，2003，24（2）：321-339.

④ 兰建平：《集群嵌入性与企业合作创新研究》，经济管理出版社，2010 年，第 105-106 页。

⑤ Madhok A，Tallman S B. Resources，transactions and rents：managing value through interfirm collaborative relationships. Organization Science，1998，9（3）：326-339.

⑥ Casciro P T，Piskorski M J. Power imbalance，mutual dependence constraint absorption：a close look at resource dependence theory. Administrative Science Quarterly，2006，50（1）：167-199.

⑦ 张光曦：《战略联盟不稳定成因分析与演化方向预测——基于资源依赖理论和实物期权理论》，《外国经济与管理》，2013 年第 8 期，第 36-45 页。

关系质量而非本书所说的资源依赖性。综合以上，本书选用了加和的方式对结构层面上的资源依赖性进行了测量，即认为合作治理主体间的资源依赖性是某一主体对其他主体依赖性的集合。该测量方式的优点是易于理解，难点则在于要尽可能全面地调查合作治理的各类参与主体。按照对合作治理参与主体的分类，本书将从政府资源依赖性、社会组织资源依赖性、企业资源依赖性、居民资源依赖性四方面进行测量。

### 2. 主体间信任

对于信任的测量，学界大体有三种观点：一是认为信任是一个整体的概念，难以有效地区分[1]。持这种观点的研究者，往往是笼统地对某一主体或某一事件中的信任加以评价，如采用直接询问被调查者"您是否信任政府"等方式进行测量。二是认为社会对不同组织的信任程度是不一样的，社会信任的测量可以通过对所有组织或群体的信任加总来分析。这种方法比较常见，如在测量政府信任时，不少研究者分别对中央政府、省级政府、地级市政府、县级政府和乡镇政府五个层级的政府信任进行测量[2]，而后利用因子分析等方法加权求得政府信任；又如社会信任的测量中，可以设置不同的置信对象，然后利用因子分析等方式分析信任的结构或状况。王绍光和刘欣通过测量被调查对象对家庭成员、直系亲属、其他亲属、密友、一般朋友、单位领导、单位同事、邻居等10类群体信任的情况，反映社会群体的信任情况[3]；符平通过农民工对家人、亲戚、家乡邻居、家乡朋友、外地朋友、务工创业城市市民、初次接触的陌生人、领导干部、商人、家乡的乡/镇政府、务工创业城市的政府、中央政府、务工创业城市警察等不同主体的信任来分析农民工的社会信任结构[4]。三是认为信任是一个多维度的概念，需要从多个构面进行测量。芮国强和宋典用"在很长时间内政府是可以信任的、政府的决策与行为是为了多数人的利益、政府部门很少浪费纳税人的钱、政府人员无不正当行为"四个问项测量政府信任[5]；Gulati和Sytch通过"合作企业与本企业商谈是无私的、合作企业不会利用机会主义从本企业获利、本企业完全可以相信合作企业会信守承诺、具体细节不清的情况下本企业依然与合作企业进行交易、合作企业值得信赖、本企业相信合作企业会严格保密共享的商业机密"六个题项

---

① Brian S. Attitudes and belief systems concerning urban services. Public Opinion Quarterly, 1977, 41(1): 41-56.

② 高学德、翟学伟：《政府信任的城乡比较》，《社会学研究》，2013年第2期，第1-27页。

③ 王绍光、刘欣：《信任的基础：一种理性的解释》，《社会学研究》，2002年第3期，第23-39页。

④ 符平：《中国农民工的信任结构：基本现状与影响因素》，《华中师范大学学报（人文社会科学版）》，2013年第2期，第33-39页。

⑤ 芮国强、宋典：《政府服务质量影响政府信任的实证研究》，《学术界》，2012年第9期，第192-201页。

测量企业间的信任程度①。可见，采用何种测量方式，一般会根据研究对象的性质和研究要求来定。就本书而言，我们很难以县域政府为分析单位，因为这种调研成本较高。此外，本书旨在采用利益相关者的测量方式，因而与主体定位的测量方式较为契合。因此，本书综合第一种和第二种方法，即用单一题项来判断各治理主体对某一参与者的信任状况，而后将各类主体信任状况加总来反映合作治理主体间信任的整体状况，包括县域内政府信任状况、对企业的信任状况、对社会组织的信任状况、对当地居民的信任状况四个题项。

### 3. 合作治理认同

根据不同类型或含义的认同，研究者提出了相应的测量方法。例如，在社会信任层面上，张文宏和雷开春用"群体认同、文化认同、地域认同、职业认同和地位认同"测量城市新移民的社会认同结构②；在组织信任层面上，Mael 和 Ashforth 开发出了 OIQ（organizational identification questionnaire）问卷来测量成员的组织认同感，包括"我很想知道别人是怎么看待我的公司""别人赞扬我的公司等同于对我个人的赞美"等 6 个测试题项③；还有不少学者对身份认同等个体层面的认同进行了测量，如姚远和陈昀用"个体认同、自我身份认同、集体身份认同、社会身份认同"来测量老年残疾人的身份认同④。就合作治理认同而言，它不像企业一样有明确的认同主体，也不像社会认同一样宽泛，它更多的是人们对合作治理的一种看法，因而很难从现有研究中找到可以直接借鉴的测量方式。按照一般的逻辑，人们对某件新生事物的接受大多可以分为三个阶段，即该事物的产生有无客观需要、能否推动社会的发展、自己有无义务支持它的发展。类似的问题也是笔者以往对政社协同调研中经常碰见的问题，有些政府工作人员认为社会管理中政府把分内事做好就行了，老百姓文化素质低、不懂政策等因素会导致合作流于形式；一些老百姓认为建设城市、维护治安、保护环境等都是政府的责任，自己管不了也不需要自己管；一些私营企业主认为政府与其开展的合作活动都是"在要好处"，而且觉得政府都解决不好的事情让企业解决是天方夜谭⑤。这实

① Gulati R，Sytch M. Dependence asymmetry and joint dependence in interorganizational relationships：effects of embeddedness on a manufacturers performance in procurement relationships. Administrative Science Quarterly，2007，52（3）：32-69.

② 张文宏、雷开春：《城市新移民社会认同的结构模型》，《社会学研究》，2009 年第 4 期，第 61-87 页。

③ Mael F，Ashforth B E. Alumni and their alma mater：a partial test of reformulated model of organizational identification. Journal of Organizational Behavior，1992，13（2）：103-123. 转引自曲庆、何志婵、梅哲群：《谦卑领导行为对领导有效性和员工组织认同影响的实证研究》，《中国软科学》，2013 年第 7 期，第 101-109 页。

④ 姚远、陈昀：《老年残疾人身份认同问题研究》，《人口研究》，2011 年第 6 期，第 43-50 页。

⑤ NRRY20130711pm（文华街道办工作人员）；NRRY20130711pm（大庙社区居民）；NRRY20130711pm（家具厂老板）。其中 NRRY 表示"NY 县调研录音资料"，中间数字为调研时间，pm 表示下午，括号内为访谈对象。

际上反映了社会各方对合作治理的一种质疑或漠视，即较低的社会认同。因而，从一般逻辑和实践的角度思考，本书从合作必要性、合作信心、合作责任共识三个方面对合作治理共识进行了测量。

### 4. 社会参与能力

测量社会参与能力首先要明确哪些主体是合作网络的参与者。就本书的理论预设而言，县域政府是合作网络的构建者和领导者，社会组织、企业和居民则是合作治理网络的参与者，而社会参与能力则是这些治理主体能力的集合。在衡量社会发育水平时，不少研究者使用了社会资本的概念。社会资本内涵十分丰富，是一个"伞"概念，它包含社会信任、公民参与、合作网络、互惠规范及成功的合作[1]、社会凝聚力、社区归属感[2]等诸多内容。有研究者在分析国家和社会治理互动的关系时，以社会资本作为衡量社会力量参与公共事务治理的工具[3]，这实际上是在更广阔的视野下思考社会力量对公共事务治理的作用。与这种广义的视角相比，本书研究的社会参与能力是狭义层面上的，它指的是社会组织、企业或者居民推动新型城镇化建设的能力。基于狭义层面上对社会力量参与的测量多具有针对性，如袁振龙通过"参加所在社区决策活动""向所在街道办事处提建议""向流动人口和出租房屋服务站提建议"等题项来衡量当地社区中政治参与状况[4]；胡涤非通过"参加村里传统仪式""参加村委会的选举""参与村里修路、饮水工程""参与村里修建宗祠"四个题项测量了农村参与网络状况[5]；王志刚等通过对民营企业、外资企业、事业单位、国有企业、社会团体等概念对新农村建设的支持力度来衡量社会力量的大小，并利用建设效果的主观评价、带动就业人数、增加村庄收入三个维度测量了社会力量参与新农村建设的实际效果[6]。就这三种测量方式而言，王志刚等的方法更为贴近本书的主题，因为它关注了社会力量参与的实际效果，更为契合能力的概念。就社会参与能力而言，本书认为它不只包含非政府治理主体参与的潜能力，还包括参与合作治理的效果。鉴于本书

---

① 帕特南：《独自打保龄球：美国社区的衰落与复兴》，燕继荣、刘波、祝乃娟、等译，北京大学出版社，2011年，第129页。

② Kawachi I，Kim D，Coutts A，et al. Commentary：reconciling the three accounts of social capital. International Journal of Epidemiology，2004，33（4）：682-690.

③ 陈恒钧：《治理互赖理论与实务》，五南图书出版股份有限公司，2012年，第65-72页。

④ 袁振龙：《社区参与和社区治安——从社会资本理论视角出发的实证研究》，《中国人民公安大学学报（社会科学版）》，2010年第4期，第8-16页。

⑤ 胡涤非：《农村社会资本的结构及其测量——对帕特南社会资本理论的经验研究》，《武汉大学学报（哲学社会科学版）》，2011年第4期，第62-68页。

⑥ 王志刚、王启魁、王智斌、等：《探索社会力量参与新农村建设效果的作用机理——基于北京郊区533个村庄的问卷调查》，《中国软科学》，2012年第7期，第100-105页。

采用的是利益相关者的测量方式，因而依旧将社会参与能力视为各治理主体参与能力的集合。基于这种认识，本书从社会组织能力、社会组织对新型城镇化的作用、企业能力、企业对新型城镇化的作用、居民在公共事务中发挥的作用 5 个方面进行测量。

### 5. 合作规则

由于规则涉及行为规范层面的内容，因而测量难度很大。在绝大多数的研究中，规则或规范抑或是制度都是由替代变量来衡量的，而且主要集中于宏观研究领域。例如，刘华以专利申请与授权的数量来衡量专利制度的政策效果[①]；张兆国等在测量高能耗企业发展的制度环境时，用"政府颁布的有关企业节能减排的法律、条例和规定的数量"来衡量法律制度压力的大小[②]；赵家章等借助全球政府治理指数（world governance indicators，WGI）衡量东道国的政治法律制度，包括政府效率、规制质量、法制指标、腐败控制、政治民主、政治稳定 6 个指标。当然，也有部分研究从微观领域进行了测量，如林亚青等借助 Li 和 Atuahene-Gima 的方法，从"政府为企业提供必要的信息技术""政府为企业提供资金帮助""政府帮助企业获得各种许可""政府很少干涉企业的经营"4 个维度测量政府对企业的制度支持[③]；刘辉将制度规则分解为边界规则、分配规则、投入规则、监督与制裁规则四类，并借此研究了制度规则对小型农田水利治理绩效的影响[④]。可见，规则或制度测量方法的选择要视研究对象的特点而定。从本书列举的测量方法来看，大部分研究测量的是制度的效果，即通过关注制度的影响来衡量相关制度的作用。在涉及微观领域和问卷调查的测量方法中，研究者采用了分维度测量相关制度效果的方式。就本书研究对象和总的调查方法而言，适宜于用多维度测量方法来衡量合作治理中的相关规则。在第三章中，本书综合 Bardhan 和 Cardenas 等对合作规则的研究结果，将合作规则分为平等的参与制度、可信的制裁机制、可解决冲突的讨论机制及明确的责权划分四个方面。参照林亚青、刘辉等的测量逻辑，本书从权力保障规则、责任划分规则、冲突化解规则、行为制裁规则四个维度对合作规则进行了测量。

---

① 刘华：《专利制度与经济增长：理论与现实——对中国专利制度运行绩效的评估》，《中国软科学》，2002 年第 10 期，第 26-30 页。

② 张兆国、靳小翠、李庚秦：《低碳经济与制度环境实证研究——来自我国高能耗行业上市公司的经验证据》，《中国软科学》，2013 年第 3 期，第 109-119 页。

③ Li H Y, Atuahene-Gima K. Product innovation strategy and the performance of new technology ventures in China. Academy of Management Journal, 2001, 44（6）：1123-1134；林亚青、赵曙明：《政治网络战略、制度支持与战略柔性——恶性竞争的调节作用》，《管理世界》，2013 年第 4 期，第 82-93 页。

④ 刘辉：《制度规则影响小型农田水利治理绩效的实证分析——基于湖南省 192 个小型农田水利设施的调查》，《农业技术经济》，2014 年第 12 期，第 110-117 页。

## 6. 合作领导

关于合作网络领导的测量，公共管理领域尚未有系统的研究，但其他领域关于领导或领导力的测量可以给我们提供不少借鉴。陈永霞等在 Waldman 等提出的量表的基础上从领导魅力和感召力两方面测量变革型领导行为[①]；王辉等认为可以从开拓创新、协调沟通、关爱下属、设定愿景、展示威权和监控运营六个维度对中国企业 CEO 的领导行为进行测量[②]；王永丽等通过鼓励自我奖励、鼓励团队合作、参与目标设定、鼓励自主行为、鼓励机会思维、鼓励自我发展 6 个维度测量了授权型领导[③]；韩翼和杨百寅从关系透明、内化道德、平衡加工、自我意识 4 个维度测量了真实型领导[④]。可见，针对不同类型的领导行为，研究者都采用了相应的测量方法。从第三章关于合作领导的论述可知，公共领域中的合作领导既不同于一般意义上的领导，不同于企业联盟的领导，这是在选择合作领导测量方式时需要特别注意的。首先，合作治理网络的领导者面对的是所有权不清的公共问题，产权不清容易带来集体行动者目标相悖或行为冲突等问题，而这种冲突又是公共事务治理的常态。因而政府必须具有整合和消除目标张力、价值张力和利益张力的权威，即拥有对合作治理网络的管辖权。其次，政府要有领导各方参与日常工作的能力，既要为合作网络的运行提供一定的组织载体，又要保障组织内部信息沟通的流畅。最后，在公共领域中，合作领导能力被广泛地视为一种通过严格把握合作程序，把参与者凝聚在一起进行各种激励，落实不同合作主体的角色及不同角色责任的能力[⑤]。因而，对合作参与者行为和责任落实的监督，也是反映县域政府合作领导力的一个重要维度。基于以上认识，本书在借鉴王辉等测量方法的基础上从领导权威、组织机构、信息传递、责任落实 4 个方面对合作领导进行了测量。

## 7. 资源整合

在公共管理领域，关于政府资源整合的研究相对较少且不系统，因而测量方法发展得也不太成熟。事实上，即便在企业管理的一些领域中，资源整合过程的

① 陈永霞、贾良定、李超平、等：《变革型领导、心理授权与员工的组织承诺：中国情景下的实证研究》，《管理世界》，2006 年第 1 期，第 96-105 页。

② 王辉、忻蓉、徐淑英：《中国企业 CEO 的领导行为及对企业经营业绩的影响》，《管理世界》，2006 年第 4 期，第 87-96 页。

③ 王永丽、邓静怡、任荣伟：《授权型领导、团队沟通对团队绩效的影响》，《管理世界》，2009 年第 4 期，第 119-127 页。

④ 韩翼、杨百寅：《真实型领导、心理资本与员工创新行为：领导成员交换的调节作用》，《管理世界》，2011 年第 12 期，第 78-86 页。

⑤ Ansell C，Gash A. Collaborative governance in theory and practice. Journal of Public Administration Research and Theory，2007，18（4）：543-571.

研究也相对较少①。就已有研究来看，大部分学者基于资源整合过程构建了测量体系。例如，Brush 等从集中资源、吸引资源、整合资源、转化资源 4 个维度对新创业企业的资源过程进行了归纳分析②；易朝辉从资源识别能力、资源获取能力、资源配置能力及资源运用能力四个方面来测量资源整合能力①；张立荣和李晓园从规划能力、资源汲取能力、资源配置能力三个方面测量了县域政府公共服务能力中与资源整合相关的能力③。除此之外，也有学者利用利益相关方主观评价来测量资源整合能力，如马鸿佳等利用"企业满意自己的资源禀赋""企业能够用整合的资源提升工作效率和效能""企业对资源的开发与拓展很满意""企业利用资源完成了跨部门之间的任务""企业对部门之间的资源共享很满意""经过整合的资源提升了企业的整体效率和效能"六个题项测量了企业的资源整合能力④。就本书提及的资源整合而言，它是一种动态的能力，基于过程观进行考察更为详细。参照以上观点，本书从资源吸收、资源规划和资源配置效果等方面对县域政府在合作网络中的资源整合能力进行了测量。

## 8. 任务复杂性

关于任务复杂性的测量，公共管理领域鲜有研究，但其他领域有不少关于任务复杂性的测量。就目前搜集的资料而言，大体有三种测量方式：一是利用问卷从任务复杂性的特性进行测量，如奉小斌借助 Stock、Joshi 等的研究结论，从可重复性、可分解性、影响任务绩效的可能路径等方面提炼出 5 个测量题项，即"任务包含许多变化""主要工作是解决复杂问题""难以将工作常规化""需要大量信息或备择方案""包括许多不同要素"等⑤；二是通过实验的方法观察被试者完成任务时的反应，如张丽和辛自强根据通过率、反应时间或因素载荷大小判断任务的复杂性⑥；三是基于博弈模型从任务可复制的难易程度进行测量，如 Ho 和 Weigelt 根据协调博弈模型，运用"可选择空间的势能""理性知识可复制程

① 易朝辉：《资源整合能力、创业导向与创业绩效的关系研究》，《科学学研究》，2010 年第 5 期，第 757-762 页。

② Brush C G, Greene P G, Hart M. From initial idea to unique advantage: the entrepreneurial challenge of constructing a resource base. Academy of Management Executive, 2001, 15 (1): 64-78.

③ 张立荣、李晓园：《县级政府公共服务能力结构的理论建构、实证检测及政策建议——基于湖北、江西两省的问卷调查与分析》，《中国行政管理》，2010 年第 5 期，第 120-125 页。

④ 马鸿佳、董保宝、葛宝山：《资源整合过程、能力与企业绩效关系研究》，《吉林大学社会科学学报》，2011 年第 4 期，第 71-78 页。

⑤ 奉小斌：《研发团队跨界行为对创新绩效的影响——任务复杂性的调节作用》，《研究与发展管理》，2012 年第 3 期，第 56-65 页。

⑥ 张丽、辛自强：《平衡秤任务复杂性的事前与事后分析》，《心理发展与教育》，2008 年第 2 期，第 46-53 页。

度""战略性知识可复制程度"三个变量测量了任务复杂性①。就本书中公共事务复杂性的测量而言，实验观察和博弈推断的方式显然难以适用，因为公共领域内合作任务的复杂性比心理学等领域的复杂性更为复杂。基于这种认识，本书选用第一种测量方式，并参照奉小斌、Stock 和 Joshi 等的观点，在合并和修改相关测试题项的基础上确定了任务复杂性的测量方式。具体而言，测试题项包括进行合作治理所投入的资源总量、公共事务合作治理所面临的任务量、合作治理过程中需要沟通的频率三个维度。

## 四、资料搜集

本书量化部分采用的是第一手原始数据，数据的搜集主要通过问卷调查的方式获得，并结合了一定的深度访谈。调查问卷为自行开发，抽样按照分层抽样的方法进行。

### （一）问卷设计

本部分所用问卷主要是基于利益相关者的立场，目的是测量合作治理绩效及其影响因素。在问卷设计时，笔者参考了国内外大量的研究文献，发现了基于利益相关者设计的问卷较为少见，因而根据一些质性研究或企业管理研究的相关资料进行了整体建构。拟定问卷初稿后，笔者通过召开小型座谈会和个别专业学者咨询的方式征求了修改意见，并对问卷题项和题项表述进行了调整，形成了预测问卷。预测试问卷形成后，笔者选择了大学生、政府工作人员、居民等进行了填答，并通过填答情况进行了调试，形成了最终版问卷。

在该问卷中，由于我们需要根据问卷调查的数据进行结构方程建模、中介效应和调节效应的检验，因而所有题项设置均采用 5 点式 Likert 量表法。就观察变量的个数而言，一般一个潜变量有 4 个观察变量是比较适宜的。在具体题项设置中，我们给出一种判断，然后要求被调查者根据实际情况对其打分，数字 1~5 依次表示完全不符合、不太符合、说不清、比较符合、非常符合。由于只用到了《新型城镇化进程中的政府治理模式变革与创新研究》调查问卷的一部分，因而本书主要展示了县域合作治理及其影响因素问卷设计内容，见表 5-3。

① Ho T H, Weigelt K. Task complexity, equilibrium selection and learning: an experimenta study. Management Science, 1996, 42 (5): 659-679. 转引自彭正银、韩炜：《任务复杂性研究前沿探析与未来展望》，《外国经济与管理》，2011 年第 9 期，第 11-18 页。

表 5-3　县域合作治理及其影响因素问卷设计内容及对应变量

| 潜变量 | 观察变量 | | 题项内容概述 |
|---|---|---|---|
| 合作治理绩效（CP） | CP1 | 目标实现 | 政府与其他主体的合作活动基本达到了预期目的 |
| | CP2 | 成本节约 | 政府与企业等主体开展的合作节省了人力、物力和财力 |
| | CP3 | 合作满意度 | 政府、企业、社会组织、居民的合作活动使人感到满意 |
| | CP4 | 继续合作意愿 | 希望政府、企业、社会组织、居民的合作活动继续开展下去 |
| 资源依赖性（RD） | RD1 | 政府依赖性 | 政府需要向社会组织、企业、居民寻求支持 |
| | RD2 | 社会组织依赖性 | 社会组织需要向政府、企业、居民寻求支持 |
| | RD3 | 企业依赖性 | 企业需要向政府、社会组织、居民寻求支持 |
| | RD4 | 居民依赖性 | 居（村）民需要向政府、社会组织、企业寻求支持 |
| 主体间信任（MT） | MT1 | 政府信任 | 政府有很强的公信力，言而有信 |
| | MT2 | 社会组织公信力 | 在本地活动的社会组织公益心和社会责感强，值得信赖 |
| | MT3 | 企业信任 | 在本地经营的民营企业社会责任感很强，值得信赖 |
| | MT4 | 居民信任 | 本地的居（村）民的公民意识强，值得信赖 |
| 社会参与能力（PA） | PA1 | 社会组织参与 | 在本地活动的社会组织在教育、就业、矛盾调解等事务方面发挥了重要作用 |
| | PA2 | 企业参与 | 在本地经营的民营企业有力地推动了城市建设和农村发展 |
| | PA3 | 居民参与 | 在本地公共事务管理中，居（村）民发挥了重要作用 |
| | PA4 | 企业竞争力 | 在本地经营的民营企业市场竞争力强 |
| | PA5 | 社会组织资源 | 在本地活动的社会组织有丰富的人力资源和社会资源 |
| 合作治理共识（CC） | CC1 | 合作必要性 | 只靠政府，无法解决本地区的所有公共事务 |
| | CC2 | 合作责任认可 | 企业、社会组织和居民有义务承担本地区的公共事务 |
| | CC3 | 合作信心 | 政府与企业等主体合作，能使社会发展得更好 |
| 合作规则（CR） | CR1 | 权力保障规则 | 法律制度能保证政府、企业、社会组织、居民之间关系的平等 |
| | CR2 | 责任划分规则 | 政府与其他主体合作时有责任划分规则，彼此之间不会推诿 |
| | CR3 | 冲突化解规则 | 政府与其他主体发生冲突时有程序化的解决方案 |
| | CR4 | 行为制裁规则 | 政府与企业等主体合作时各自的行为有约束机制 |
| 合作领导（CL） | CL1 | 领导权威 | 政府可以将各方力量集合在一起，共谋发展 |
| | CL2 | 组织机构 | 成立了由各方参加的"委员会"机构 |
| | CL3 | 信息传递 | 政府、企业、社会组织和居民能够通过信息化技术进行联络 |
| | CL4 | 责任落实 | 政府、企业、社会组织和居民之间会互相监督 |
| 资源整合（RI） | RI1 | 资源吸收 | 本地政府能够获取充足的资金、政策支持 |
| | RI2 | 资源规划 | 政府制定了科学的城镇化发展规划 |
| | RI3 | 资源配置效果 | 政府能够公平、有效地配置资源 |
| 合作任务复杂性（TC） | TC1 | 合作投入 | 政府为实现合作投入了大量资源 |
| | TC2 | 合作任务量 | 在大部分公共事务处理中政府需要与企业、社会组织、居民合作 |
| | TC3 | 合作沟通次数 | 合作中政府需要与企业、社会组织、居民经常组织处置协调会 |

在选择问卷发放区域时，我们考虑到了样本的代表性，因而在全国范围内选择了经济发展水平高、中、低的 3 个省（自治区），同时在每个省（自治区）选择经济社会发展水平高、中、低的 3 个县（市、区、旗），在每个县抽样 1 个街道和 1 个乡镇，每个街道或乡镇抽样 2 个村[①]。在问卷发放对象上，我们从县域合作治理的利益相关者出发，选择县域政府部门工作人员、社会组织成员、私营企业主、企业职工、城镇居民和农村居民等。至于最低的样本容量，许多学者给出了自己的建议。比较常见的是建议 $N/p$ 或 $N/t$[②]要大于某一数目[③]。举例而言，若建议 $N/p$ 大于 10，则当 $p=15$ 时，$N$ 需要大于 150，$N/t$ 同理。本研究参照的标准为 10，变量数目共有 34 个，因而样本容量至少要大于 340 份。

### （二）问卷发放及回收情况

正式问卷调查在 2014 年 7 月至 10 月进行，调查地点包括内蒙古、山东、安徽 3 省（自治区）9 个县（市、区、旗），问卷的调查对象有县级政府部门、乡镇政府工作人员（主要是与城镇化事务相关的部门，含发展和改革局、规划局、住房和城乡建设局、财政局、国土资源局、经济贸易局、招商局、农牧局、环保局、统计局、民政局、交通局、综合治理委员会办公室、公安局、司法局、信访局等部门或机构的工作人员）、社会组织成员、私营企业主、企业职工、城镇居民和农村居民等。为帮助受访者准确了解合作治理的内涵和本项研究调查的范围，我们在问卷填答前对受访者进行了详细解释。本次调查按照分层抽样的方法，共发放问卷 1 630 份，收回问卷 1 190 份，其中有效问卷 1 048 份，问卷有效率为 88.07%[④]。调查问卷发放情况见表 5-4。在调查中，为了保证数据的有效性和被调查对象对合作治理的知情性，笔者设置了"了解对政府、企业、社会组织、居（村）民的合作情况""了解本地政府的运行情况""了解本地区企业的运行情况""了解本地社会组织的运行情况"四个题项进行检验。在数据处理前，笔者删除了四个题项中有选择"完全不符合""不太符合""说不清"的调查问卷，以及模型涉及的关键变量有缺失的问卷，最终获得 743 份有效的通用问卷。就数量而言，满足了 SEM 样本量 10 倍于测量变量的要求。

---

① 当然，受到调研经费、调研理论和调研资源的限制，调查过程中我们对抽样地点进行了调整，由原定的 6 省（自治区）18 个县（市、区、旗）缩减为 3 省（自治区）9 个县（市、区、旗）。

② $p$ 为指标数目，$t$ 为自有估计参数数目，$N$ 为样本容量。

③ 侯杰泰、温忠麟、成子娟、等：《结构方程模型及其应用》，教育科学出版社，2004 年，第 125-127 页。

④ 笔者及所在团队在调查过程中得到了县级政府有关领导和当地群众的大力支持，但由于调查时间正处盛夏，不少被调查者拒绝回答问题或者应付了事，填答过程中出现了不少"臆答""乱答"现象，这给判断问卷是否有效带来很大的困难，不少问卷因此作废。

表 5-4  调查问卷发放情况一览表（通用卷）

| 省（自治区） | 县（市、区、旗） | 类别 | 发放数/份 | 收回数/份 | 有效数/份 | 有效率/% |
|---|---|---|---|---|---|---|
| 山东 | 安丘市 | 政府 | 80 | 72 | 65 | 90.28 |
| | | 社区（村） | 120 | 63 | 58 | 92.06 |
| | 诸城市 | 政府 | 80 | 68 | 61 | 89.71 |
| | | 社区（村） | 120 | 72 | 64 | 88.89 |
| | 五莲县 | 政府 | 60 | 55 | 49 | 89.09 |
| | | 社区（村） | 120 | 81 | 60 | 74.07 |
| 安徽 | 肥东县 | 政府 | 60 | 48 | 47 | 97.92 |
| | | 社区（村） | 120 | 86 | 75 | 87.21 |
| | 利辛县 | 政府 | 10 | 9 | 9 | 100.00 |
| | | 社区（村） | 120 | 79 | 72 | 91.14 |
| | 徽州区 | 政府 | 20 | 13 | 11 | 84.62 |
| | | 社区（村） | 90 | 52 | 50 | 96.15 |
| 内蒙古 | 乌审旗 | 政府 | 100 | 69 | 60 | 86.96 |
| | | 社区（村） | 120 | 104 | 93 | 89.42 |
| | 东胜区 | 政府 | 100 | 96 | 80 | 83.33 |
| | | 社区（村） | 120 | 74 | 59 | 79.73 |
| | 九原区 | 政府 | 70 | 63 | 56 | 88.89 |
| | | 社区（村） | 120 | 86 | 79 | 91.86 |
| 总计 | | | 1 630 | 1 190 | 1 048 | 88.07 |

就样本人口特征的分布来看，剔除对公共事务合作情况、政府运行、社会组织运行、企业运行不知情者后的人口样本特征分布情况见表 5-5。

表 5-5  有效样本人口特征的描述性统计（$N=743$）

| 变量分类 | | 比例/% |
|---|---|---|
| 性别 | 男 | 65.7 |
| | 女 | 34.3 |
| 户口 | 农业 | 36.7 |
| | 非农业 | 63.3 |
| 文化程度 | 初中及以下 | 31.2 |
| | 高中 | 10.8 |
| | 大专（高职） | 24.1 |
| | 本科及以上 | 33.9 |
| 职业身份 | 乡镇（街道）干部 | 24.1 |
| | 县（市、区、旗）干部 | 19.8 |
| | 农民 | 16.3 |
| | 村干部 | 10.9 |
| | 私企职工 | 4.2 |
| | 社会组织成员 | 3.5 |
| | 私营企业主 | 3.1 |

续表

| 变量分类 | | 比例/% |
|---|---|---|
| 职业身份 | 个体户 | 3 |
| | 中小学教师 | 1.9 |
| | 国企职工 | 1.2 |
| | 其他 | 11 |
| 变量分类 | 均值 | 标准差 |
| 月均收入/元 | 2 661.29 | 1 653.12 |
| 年龄/岁 | 41.26 | 11.87 |

注：领导问卷不需要设置人口特征的题项，因而没有人口特征的描述性统计。

　　从表 5-5 可以看出，有效样本的数量为 743 份，其中被调查人群中男性比女性多 31.4%，这可能与男性参与或了解公共事务比重较高有关；户口以非农业户口为主，这与被调查者的职业类型有关；样本人均月收入为 2 661.29 元，平均年龄为 41.26 岁；学历中以大专及以上为主，这可能与学历高的人有能力参与或了解公共事务合作治理有关；职业以县（市、区、旗）干部、乡镇（街道）干部为主，这可能与绝大多数政府官员了解公共事务相关合作有关。我们发现，在样本剔除的过程中，职业身份为政府官员的保留比重较高，农民和私企职工的保留比重较低。这种情况的出现，受到了"新型城镇化"与"合作治理"特殊调查主题的影响。因为从某种意义上讲，县域内合作治理的调查属于特殊调查的一种，它的总体框架是不明确的，普遍意义上的抽样总会面对均衡性和针对性之间"鱼和熊掌不能兼得"的困境。正如有研究者所言，对调查总体尚不清楚、不明晰的调查对象，如正在形成中的新生事物及各种隐秘的社会现象，抽样调查有一定的局限性，难以保证样本的均衡分布[1]，但抽样调查成本低、效率高、代表性强的特点又使大部分研究者不愿放弃这种研究方法。事实上，在特殊调查中，样本分布状况不能参照一般意义上的均衡，而是要看特殊对象的整体特征和数据的真实性。调查的样本分布虽在一般意义上有一定偏差，但保证了被调查对象的知情性，样本人口特征也符合县域内合作治理参与者或知情者的基本情况，因而是比较合理的。

### （三）访谈资料的搜集

　　研究主要采取集体座谈、深入访谈、电话访谈、邮件访谈等多种方式进行。在所调研的 9 个县（市、区、旗），笔者所在的调研团队共开展了 8 次集体座谈、34 次深入访谈、电话访谈和邮件访谈，共访问县政府、乡镇政府、职能部门主管城镇相关事务的领导 130 人，企业负责人 30 余人，群众 40 余人。

---

① 水延凯：《社会调查教程》（第三版），中国人民大学出版社，2002 年，第 89-90 页。

　　经过四次调查[1]，笔者所在团队挖掘了政府与企业、政府与社会组织合作的案例 6 个，搜集各类资料 1 000 余份，形成 6 万余字的访谈笔录。具体内容主要包括以下五个方面：其一，县域内县级政府及其职能部门、乡镇政府工作报告，统计报表，地方法规，城镇化发展规划等。此外，还包括一些会议记录、总结材料、主要领导讲话汇编等材料。其二，市志、市统计年鉴、县志、县统计年鉴及部分与之相关的论文。其三，影像资料。包括地方政府提供的对外宣传片、走访过程中拍摄的各种图片及访谈录音、会议录音等。其四，访谈笔录。主要对集体座谈、深度访谈所形成的资料进行了编码、整理和汇总。其五，调研笔记。主要是笔者在参与实地调研中根据所见所闻形成的调研笔记。当然，本书只是课题研究的方向之一，因而只用到上述资料的一部分。

# 第二节　合作治理绩效及其影响因素的信度与效度分析

　　根据研究设计，本书采用探索性因子分析和验证性因子分析相结合的方法，分析县域合作治理绩效及其影响因素的信度和效度，即以探索性因子分析来确定量表或问卷的最佳结构，以验证性因子分析的方法来探明量表或问卷的因素结构是否与实际数据契合。使用探索性因子分析对数据进行了分析后发现：合作治理绩效因子分析的结果理想，KMO 值的统计量为 0.799，Bartlett 统计值显著异于 0（$p<0.001$），对数据进行 Varimax 正交旋转后发现，4 个测量体系的方差贡献率为 71.238%，所有测量条目在对应变量下的因子载荷数超过 0.5，Cronbach's Alpha 为 0.865，信度较好。

　　对合作治理前情要素进行探索性因子分析后发现，社会参与能力的"本地民营企业市场竞争力强"（PA4）和"本地社会组织有丰富的人力资源和社会资源"（PA5）两个测量条目的因子载荷在 0.5 以下，因此将其删除。删除后再进行探索性因子分析，结果较为理想，KMO 值的统计量为 0.762，Bartlett 统计值显著异于 0（$p<0.001$），对数据进行 Varimax 正交旋转后发现，4 个因子的方差累计贡献率为 70.583%，所有测量条目在对应变量下的因子载荷数超过了 0.5。资源依赖性 4 个变量的 Cronbach's Alpha 系数为 0.802，主体间信任的 4 个变量的 Cronbach's Alpha 系数为 0.856，社会参与能力 3 个变量的 Cronbach's Alpha 系数为 0.828，合作治理共识 3 个变量的 Cronbach's Alpha 系数为 0.800，信度较好。

---

　　[1] 2014 年 7~10 月为第一次调查，主要是问卷发放和访谈；2014 年 8 月，笔者回山东进行深度访谈，共 15 天；2014 年 12 月，笔者所在团队对山东某县进行回访，开展深度访谈，共 5 天；除此之外，2016 年对部门领导问卷进行了邮件回访。

县域政府合作网络管理的因子分析结果理想，KMO 值的统计量为 0.794，Bartlett 统计值显著异于 0（$p<0.001$），对数据进行 Varimax 正交旋转后发现，3 个因子的方差累计贡献率为 72.148%，所有测量条目在对应变量下的因子载荷数超过 0.5。衡量合作规则的 4 个变量的 Cronbach's Alpha 系数为 0.859，衡量资源整合的 3 个变量的 Cronbach's Alpha 系数为 0.843，衡量合作领导 4 个变量的 Cronbach's Alpha 系数为 0.862，信度较好。

任务复杂性因子分析的结果较为理想，KMO 值的统计量为 0.722，Bartlett 统计值显著异于 0（$p<0.001$），对数据进行 Varimax 正交旋转后发现，3 个测量题项的方差贡献率为 74.055%，所有测量条目在对应变量下的因子载荷数超过 0.5，Cronbach's Alpha 为 0.824，信度较好。总体而言，删除相关题项后，探索性因子分析结果较为理想。

根据探索性因子分析结果调整指标后，本研究采用验证性因子分析对数据信度和效度进行了检验，模型拟合所用的估计方法为极大似然估计（maximum likelihood）。

整体模型适配度检验的主要统计值显示，4 组潜变量的因子结构能较好地拟合"全样本数据"[①]，当然此处卡方检验的 $p$ 值小于 0.05，这是大样本数据常见的问题[②]，许多研究者对此提出了自己的看法，认为在大样本数据的处理中，还是需要参考其他指标来判定模型的拟合程度。这里的 $p$ 值未大于 0.05，需要特别说明。通常来讲，卡方检验中的 $p$ 值会受到样本规模的影响。样本规模越大，模型的拟合度就有可能越差，而单个参数 $z$ 值检验的统计显著性则会提升。当样本规模很大时，几乎任何自由度为正的模型都有可能被拒绝，这种情况被 Bentler 和 Bonett 称为"最小错误"模型，他们认为即便可能有拟合更好的模型来解释这些差异，但最初模型提供了最真实的解释，即不能仅仅为了追求某一个模式适配指数更优而忽视了模型构建的初衷。这种观点得到了许多研究者的认同，不少研究者也从技术上进行了深入的讨论。Joreskog 和 Sorbom 也表达了这种观点，认为卡方检验不是检验假设的唯一标准，只是为判定模型拟合优劣提供了一种参考[③]。台湾学者吴明隆也认为卡方值对受试样本的大小非常敏感，因而在处理大样本数据时（一般大于 600），最好还是参考其他拟合指标值进行综合的判断，不能仅

---

① 参照值：$\chi^2=74.45$（$p=0.000$），$df=59$，$\chi^2/df=1.26<3$，GFI$\geqslant$0.90，RFI>0.90，AGFI$\geqslant$0.90，NFI$\geqslant$0.90，NNFI$\geqslant$0.90，CFI$\geqslant$0.90，PGFI>0.50，RMR$\leqslant$0.05，RMSEA$\leqslant$0.05。模型拟合度的检验还有很多其他指标，但不少指标检验的内容是一样的，因而本研究只给出了关键检验指标，以下几个模型亦如是。

② Bentler P M, Bonett D G. Significance tests and goodness-of-fit in the analysis of covariance structures. Psychological Bulletin, 1980, 88（3）：588-606. 转引自朗 J S：《协方差结构模型：LISREL 导论》，李中路译，格致出版社、上海人民出版社，2014 年，第 52-56 页。

③ Joreskog K G, Sorbom D. LISREL IV. User's Guide. Chicago：National Educational Resources, 1978. 转引自朗 J S：《协方差结构模型：LISREL 导论》，李中路译，格致出版社、上海人民出版社，2014 年，第 52-56 页。

看这一个指标①。因此，本书研究中将对卡方检验这一判定指标审慎对待，在综合考虑其他指标的基础上进行分析，避免研究中的"因噎废食"，以下模型的检验同理。此外，所有潜变量的 CR 值均在 0.7 以上，AVE 值均大于 0.5，这说明数据的建构信度和收敛效度达到了研究的基本要求。具体情况见表5-6。

表 5-6　验证性因子分析结果（N=743）

| 变量 | 测量条目转述 | 载荷 | 误差 | $R^2$ | CR 值 | AVE |
|---|---|---|---|---|---|---|
| 主体间信任（MT） | MT1：当地政府言而有信 | 0.66 | 0.56 | 0.44 | 0.83 | 0.54 |
| | MT2：相信社会组织的公益性 | 0.75 | 0.43 | 0.57 | | |
| | MT3：相信企业的社会责任感 | 0.80 | 0.36 | 0.64 | | |
| | MT4：相信居民的公共责任心 | 0.73 | 0.47 | 0.53 | | |
| 资源依赖性（RD） | RD1：政府需要社会支持 | 0.74 | 0.46 | 0.54 | 0.85 | 0.59 |
| | RD2：社会组织需要政府支持 | 0.80 | 0.36 | 0.64 | | |
| | RD3：企业需要政府支持 | 0.81 | 0.34 | 0.66 | | |
| | RD4：居民需要政府支持 | 0.73 | 0.47 | 0.53 | | |
| 合作治理共识（CC） | CC1：社会对合作治理的必要性有共识 | 0.73 | 0.47 | 0.53 | 0.80 | 0.57 |
| | CC2：社会对承担合作治理的责任有共识 | 0.74 | 0.45 | 0.55 | | |
| | CC3：社会各界看好合作治理的未来 | 0.80 | 0.36 | 0.64 | | |
| 社会参与能力（PA） | PA1：社会组织参与能力比较强 | 0.77 | 0.40 | 0.60 | 0.83 | 0.62 |
| | PA2：企业的参与能力强 | 0.82 | 0.33 | 0.67 | | |
| | PA3：居民参与能力强 | 0.77 | 0.41 | 0.59 | | |
| 合作规则（CR） | CR1：合作治理有完善的权力保障规则 | 0.76 | 0.43 | 0.57 | 0.86 | 0.61 |
| | CR2：合作治理有完善的责任划分规则 | 0.83 | 0.31 | 0.69 | | |
| | CR3：合作治理有完善的冲突化解规则 | 0.82 | 0.34 | 0.66 | | |
| | CR4：合作治理有完善的行为制裁规则 | 0.71 | 0.49 | 0.51 | | |
| 网络领导（CL） | CL1：政府具有合作网络整合者的权威 | 0.80 | 0.36 | 0.64 | 0.87 | 0.62 |
| | CL2：成立了合作平台机构 | 0.86 | 0.27 | 0.73 | | |
| | CL3：信息能够得到及时传递 | 0.69 | 0.53 | 0.47 | | |
| | CL4：合作者的责任能够得到监督落实 | 0.79 | 0.37 | 0.63 | | |
| 资源整合（SI） | SI1：政府能够吸收充足的社会资源 | 0.99 | 0.019 | 0.98 | 0.81 | 0.60 |
| | SI2：政府能够具有很强的资源规划能力 | 0.70 | 0.51 | 0.49 | | |
| | SI3：资源得到了公平高效的配置 | 0.57 | 0.68 | 0.32 | | |
| 任务复杂性（TC） | TC1：合作治理需要投入的资源 | 0.68 | 0.54 | 0.46 | 0.77 | 0.51 |
| | TC2：合作治理面临的任务量 | 0.75 | 0.44 | 0.56 | | |
| | TC3：合作治理中需要沟通的频率 | 0.71 | 0.50 | 0.50 | | |
| 合作绩效（CP） | CP1：合作活动基本达到了预期目的 | 0.78 | 0.40 | 0.60 | 0.87 | 0.62 |
| | CP2：合作活动降低了公共事务治理成本 | 0.84 | 0.30 | 0.70 | | |
| | CP3：合作参与者对合作活动感到满意 | 0.83 | 0.32 | 0.68 | | |
| | CP4：合作参与者有继续合作的意愿 | 0.71 | 0.50 | 0.50 | | |

$\chi^2$ = 74.45（$p$=0.000）　　$df$ = 59　　$\chi^2/df$=1.26　　GFI = 0.94　　AGFI = 0.90　　NFI = 0.96　RFI=0.95　　NNFI = 0.99

PGFI=0.76　　CFI = 0.99　　RMR = 0.053　　RMSEA=0.037

---

① 吴明隆：《结构方程模型 Amos 的操作与应用》，五南图书出版股份有限公司，2008 年，第 68-71 页。

　　除对信度和效度进行分析外，本书在进行结构方程的建模之前，对模型可能存在的多重共线性进行了检验。由于任务复杂性调节效应的检验采用多层次回归的方法，因而该模型的检验情况将在本章"任务复杂性调节作用的检验结果"小节中进行说明。本部分主要针对合作治理前情要素、县域政府合作网络管理和合作治理绩效 3 组共 8 个潜变量之间的相关关系进行了检验。多重共线性的检验有很多种方法，本研究采用了 Rockwell[①]与杨震宁等[②]给出的检验步骤，即根据潜变量的 Pearson 相关系数和多层次回归的结果进行多重共线性的诊断。

　　首先，潜变量之间的相关系数应当小于 0.8。潜变量之间的相关系数均小于 0.8，最大的是主体间信任与合作治理绩效的相关系数（0.76），8 个潜变量的 Pearson 相关系数、均值及标准差，见表 5-7。

表 5-7　潜变量的 Pearson 相关系数、均值及标准差（$N$=743）

| 变量 | RD | MT | CC | PA | CR | CL | RI | CP |
|---|---|---|---|---|---|---|---|---|
| RD | 1 | | | | | | | |
| MT | 0.08* | 1 | | | | | | |
| CC | −0.04[NS] | 0.08* | 1 | | | | | |
| PA | 0.14** | 0.17*** | 0.04[NS] | 1 | | | | |
| CR | 0.01[NS] | 0.14*** | 0.62*** | 0.08* | 1 | | | |
| CL | 0.12** | 0.32*** | 0.12** | 0.12** | 0.11** | 1 | | |
| RI | 0.06[NS] | 0.19*** | 0.07[NS] | 0.20*** | 0.06[NS] | 0.25*** | 1 | |
| CP | 0.11** | 0.76*** | 0.09** | 0.18*** | 0.16*** | 0.32*** | 0.29*** | 1 |
| 均值 | 3.880 | 3.608 | 3.865 | 3.787 | 3.795 | 3.653 | 3.263 | 3.822 |
| 标准差 | 0.610 | 0.607 | 0.571 | 0.859 | 0.559 | 0.763 | 0.898 | 0.694 |

*$<$0.1（双尾检验），**$<$0.05（双尾检验），***$<$0.001（双尾检验），NS 不显著（双尾检验）

　　其次，以合作治理绩效为因变量，将其他 7 个潜变量作为自变量进行多层次回归，从模型 2 开始，每一步的 Adjusted $R^2$ 和 $F$ Change 都在 0.05 水平显著（模型 1 到模型 7 的对应的 Sig. $F$ Change 检验结果依次为 $p<0.001$，$p<0.05$，$p<0.01$，$p<0.01$，$p<0.01$，$p<0.001$，双尾检验），这说明每个潜变量进入回归方程都能提高模型解释力。具体而言，模型 1 的 $R^2$ 为 0.066，加入主体间信任后，模型的 $R^2$ 提高了 0.442 个百分点。而后伴随着变量的不断增加而变大，最终模型 7 的 $R^2$ 已上升到了 0.686。这表示该回归模型的拟合优度很好，被解释变量可以被模型解

---

　　① Rockwell R C. Assessment of multicolinearity：the haitovsky test of the determinant. Sociological Methods and Research，1975，3（6）：308-320. 转引自杨震宁、李东红、范黎波：《身陷"盘丝洞"：社会网络关系嵌入过度影响了创业过程吗？》，《管理世界》，2013 年第 12 期，第 101-116 页。

　　② 杨震宁、李东红、范黎波：《身陷"盘丝洞"：社会网络关系嵌入过度影响了创业过程吗？》，《管理世界》，2013 年第 12 期，第 101-116 页。

释的部分超过 60%，这种解释力在人文社会科学领域属于较高的，具体情况见表 5-8。将回归模型构建方法换为直接进入后，每个自变量的方差膨胀因子（variance inflaction factor，VIF）均小于 2，最大的为 1.365，最小的为 1.248。因而，多重共线性的诊断结果说明数据适合结构方程模型的构建。

**表 5-8　变量多层次回归模型统计量（$N=743$）**

| 模型 | $R$ | $R^2$ | 调整后的 $R^2$ | 估计值的标准误差 | $R^2$ 变动 | $F$ 变动 | $F$ 变动的显著性水平 | D-W |
|---|---|---|---|---|---|---|---|---|
| 1 | 0.066 | 0.004 | 0.003 | 1.002 082 01 | 0.004 | 3.167 | 0.076 | |
| 2 | 0.653 | 0.427 | 0.425 | 0.761 043 67 | 0.422 | 524.166 | 0.000 | |
| 3 | 0.656 | 0.430 | 0.427 | 0.759 461 74 | 0.003 | 3.969 | 0.047 | |
| 4 | 0.661 | 0.436 | 0.433 | 0.755 639 08 | 0.007 | 8.212 | 0.004 | |
| 5 | 0.668 | 0.446 | 0.442 | 0.749 798 05 | 0.009 | 12.105 | 0.001 | |
| 6 | 0.672 | 0.451 | 0.447 | 0.746 603 80 | 0.005 | 7.080 | 0.008 | |
| 7 | 0.686 | 0.471 | 0.466 | 0.733 489 30 | 0.020 | 26.544 | 0.000 | 1.807 |

注：模型 1. 预测变量：（常量），资源依赖性；模型 2. 预测变量：（常量），资源依赖性，主体间信任；模型 3. 预测变量：（常量），资源依赖性，主体间信任，资源整合；模型 4. 预测变量：（常量），资源依赖性，主体间信任，资源整合，合作治理共识；模型 5. 预测变量：（常量），资源依赖性，主体间信任，资源整合，合作治理共识，社会参与能力；模型 6. 预测变量：（常量），资源依赖性，主体间信任，资源整合，合作治理共识，社会参与能力，合作规则；模型 7. 预测变量：（常量），资源依赖性，主体间信任，资源整合，合作治理共识，社会参与能力，合作规则，合作领导

# 第三节　合作治理绩效影响机制的检验结果

## 一、合作治理前情要素对合作治理绩效作用的检验结果

根据中介效应的原理，如果中介效应显著，那么引入中介变量后，自变量对因变量的影响将会发生变化，因而本书首先构造了直接模型（$M_a$）来检验合作治理前情要素对县域合作治理绩效的作用。从表 5-9 中 $M_a$ 模型的各项拟合指标来看（估计方法为极大似然估计法），该模型拟合状况较好（参照值：$\chi^2=74.45$（$p=0.000$），$df=59$，$\chi^2/df=1.26<3$，GFI $\geq 0.90$，RFI $> 0.90$，AGFI $\geq 0.90$，NFI $\geq 0.90$，NNFI $\geq 0.90$，CFI $\geq 0.90$，PGFI $> 0.50$，RMR $\leq 0.05$，RMSEA $\leq 0.05$）[①]。

---

① 由于本次结构方程建模中没有用到任务复杂性等其他变量，而 LISREL 8.8 对数据变动的反映较为敏感，因而潜变量中各测量变量的因子载荷与整体验证性因子分析的结果稍有出入。下同。

表 5-9　$M_a$ 模型的拟合情况（$N$=743）

| 拟合指标 | $\chi^2$ | df | $\chi^2/df$ | GFI | AGFI | RFI |
|---|---|---|---|---|---|---|
| 数值 | 318.54 | 131 | 2.43 | 0.95 | 0.94 | 0.96 |
| 拟合指标 | CFI | NFI | NNFI | PGFI | RMR | RMSEA |
| 数值 | 0.98 | 0.96 | 0.98 | 0.73 | 0.037 | 0.044 |

图 5-3 是 $M_a$ 的标准化估计值模型图，显示了研究假设的检验过程和结果。

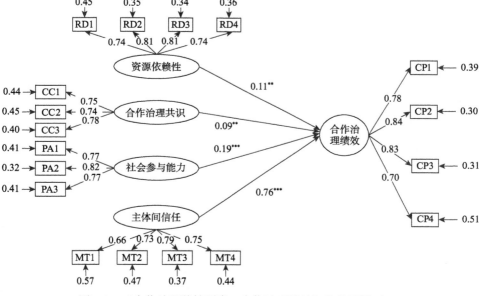

图 5-3　"合作治理前情要素—合作治理绩效"的作用模型 $M_a$

直线上的数字为非标准化系数。*＜0.1（双尾检验），**＜0.05（双尾检验），***＜0.001（双尾检验），NS 不显著（双尾检验）

从 $M_a$ 模型路径汇总表中可以看出，合作治理前情要素均对县域合作治理绩效具有显著的正向作用：资源依赖性对县域合作治理绩效具有显著正向作用（$r$=0.11**，$t$=2.69），$H_{4-1}$ 成立；主体间信任对县域合作治理绩效具有显著正向作用（$r$=0.76***，$t$=15.39），$H_{4-2}$ 成立；合作治理认同对县域合作治理绩效具有显著正向作用（$r$=0.09**，$t$=1.98），$H_{4-3}$ 成立；社会参与能力对县域合作治理绩效具有正向作用（$r$=0.19***，$t$=4.42），$H_{4-4}$ 得到验证。在合作治理前情要素中，主体间信任对合作治理绩效的影响最大，这也印证了前文多层次回归的检验的结果（表 5-8），即将"主体间信任"这一变量带入模型后，能够大大提升模型对被解释变量的解释力度。各路径系数及误差等具体情况见表5-10。

表 5-10 $M_a$ 模型路径汇总（$N=743$）

| 序号 | 潜变量关系 | 路径系数 | 误差 | 假设验证 |
|---|---|---|---|---|
| 1 | 资源依赖性→合作治理绩效 | 0.11** | 0.04 | $H_{4-1}$ 通过 |
| 2 | 主体间信任→合作治理绩效 | 0.76*** | 0.05 | $H_{4-2}$ 通过 |
| 3 | 合作治理共识→合作治理绩效 | 0.09** | 0.04 | $H_{4-3}$ 通过 |
| 4 | 社会参与能力→合作治理绩效 | 0.19*** | 0.04 | $H_{4-4}$ 通过 |

*<0.1（双尾检验），**<0.05（双尾检验），***<0.001（双尾检验），NS 不显著（双尾检验）

## 二、县域政府合作网络管理中介作用的检验结果

县域政府合作网络管理涉及 3 个并联关系的中介变量，应选用并行多重中介模型（multiple mediation）。一般中介效应（X→M→Y）检验分为三个步骤，即系数 $c$ 是否显著（判定总效应）、系数 $a$、$b$ 是否显著（判断中介效应）、直接效应 $c'$ 是否显著（判断中介效应完全与否）。当然，如前文所述，在多重中介模型中，"完全中介"的概念没有多大意义，即不用考虑做"完全中介"检验[①]。事实上，就本书研究的需要而言，证明县域政府合作网络管理的中介作用才是关键。此外，政府合作网络管理对合作治理绩效的影响，即 $H_{4-5}$、$H_{4-6}$、$H_{4-7}$ 可以通过其合作规则、合作领导和资源整合对合作治理绩效的直接效应进行观察和验证。由此，本书构建了"合作治理前情要素—合作网络管理—合作治理绩效"的中介模型（$M_b$）。从表 5-11 中 $M_b$ 模型的各项拟合指标来看（估计方法为极大似然估计法），该模型拟合状况较好（参照值：$\chi^2=74.45$（$p=0.000$），d$f=59$，$\chi^2$/d$f=1.26<3$，GFI≥0.90，RFI>0.90，AGFI≥0.90，NFI≥0.90，NNFI≥0.90，CFI≥0.90，PGFI>0.50，RMR≤0.05，RMSEA≤0.05）。

表 5-11 $M_b$ 模型的拟合情况（$N=743$）

| 拟合指标 | $\chi^2$ | d$f$ | $\chi^2$/d$f$ | GFI | AGFI | RFI |
|---|---|---|---|---|---|---|
| 数值 | 999.66 | 362 | 2.76 | 0.91 | 0.90 | 0.93 |
| 拟合指标 | CFI | NFI | NNFI | PGFI | RMR | RMSEA |
| 数值 | 0.96 | 0.94 | 0.96 | 0.76 | 0.034 | 0.049 |

图 5-4 是 $M_b$ 的标准化估计值模型图，显示了研究假设的检验过程和结果。

---

① 温忠麟、刘红云、侯杰泰：《调节效应与中介效应分析》，教育科学出版社，2013 年，第 77-79 页。

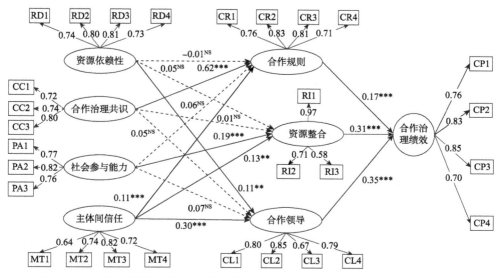

图 5-4 "合作治理前情要素—合作网络管理—合作治理绩效"的中介作用模型 $M_b$

虚线为受限制路径；*<0.1（双尾检验），**<0.05（双尾检验），***<0.001（双尾检验），NS 不显著（双尾检验）

表 5-12 是 $M_b$ 模型路径汇总表。可以看出，县域政府合作网络管理 3 个潜变量均对合作治理绩效具有显著的正向作用。

表 5-12 $M_b$ 中介效应分析（$N=743$）

| 预测变量 | CR | RI | CL | RD | CC | PA | MT |
|---|---|---|---|---|---|---|---|
| 对 CP 的总效应 | 0.17*** (0.04) | 0.31*** (0.04) | 0.35*** (0.04) | 0.05** (0.04) | 0.13*** (0.04) | 0.09*** (0.04) | 0.16*** (0.04) |
| 对 CP 的直接效应 | 0.17*** (0.04) | 0.31*** (0.04) | 0.35*** (0.04) | | | | |
| 对 CR 的直接效应 | | | | -0.01NS (0.04) | 0.62*** (0.05) | 0.06NS (0.04) | 0.11*** (0.04) |
| 对 RI 的直接效应 | | | | 0.05NS (0.04) | 0.01NS (0.04) | 0.19*** (0.04) | 0.13** (0.04) |
| 对 CL 的直接效应 | | | | 0.11** (0.04) | 0.05NS (0.04) | 0.07NS (0.04) | 0.30*** (0.04) |
| 经过 CR 对 CP 的中介效应 | | | | — | 0.1054 | — | 0.0187 |
| 经过 RI 对 CP 的中介效应 | | | | — | — | 0.0589 | 0.0403 |
| 经过 CL 对 CP 的中介效应 | | | | 0.0385 | — | — | 0.105 |

*<0.1（双尾检验），**<0.05（双尾检验），***<0.001（双尾检验），NS 不显著（双尾检验）；"—"表示中介效应不显著；括号内为标准误差

其中，合作规则对县域合作治理绩效具有显著正向作用（$r=0.17^{***}$, $t=4.01$），$H_{4-5}$ 成立；合作领导对县域合作治理绩效具有显著正向作用（$r=0.35^{***}$, $t=7.88$），

$H_{4-6}$ 成立；资源整合对县域合作治理绩效具有显著正向作用（$r=0.31^{***}$，$t=8.35$），$H_{4-7}$ 成立。其中，合作领导对县域合作治理绩效的作用最大，资源整合与合作规则次之。与合作领导与资源整合对县域合作治理绩效的作用相比，合作规则的影响力明显较弱，这可能与县域内合作治理过程中合作规则缺失或者合作参与方规则意识不强有关。事实上，在我们调研的过程中，有相当一部分的合作并未形成有约束力的规则，其运作很大程度上依赖于当地政府领导的个人影响。

关于县域政府合作网络管理的中介作用，本书参照温忠麟等提出的中介效应检验程序进行了分析[①]，其步骤及结果如下。

第一，经检验，县域政府合作网络管理对合作治理绩效的总效应是显著的。其中，资源依赖性对合作治理绩效的总效应显著（$r=0.05^{**}$，$t=2.56$），合作治理认同对合作治理绩效的总效应显著（$r=0.13^{***}$，$t=4.11$），社会参与能力对合作治理绩效的总效应显著（$r=0.09^{***}$，$t=4.41$），主体间信任对合作治理绩效的总效应显著（$r=0.16^{***}$，$t=6.71$），这满足了中介效应分析的基本前提。

第二，从前文可知，合作网络管理中 3 个潜变量对合作治理绩效的直接效应均显著（合作规则→合作治理绩效、资源整合→合作治理绩效、合作领导→合作治理绩效）。同时，合作前情 4 个潜变量对县域政府合作网络管理的作用有 6 条路径显著（RD→CL、MT→CR、MT→RI、MT→CL、CC→CR、PA→RI），有 6 条路径受到限制（RD→CR、RD→RI、CC→RI、CC→CL、PA→CR、PA→CL），具体情况见表 5-12。其中，资源依赖性对政府对合作网络的合作领导具有显著正向作用（$r=0.11^{***}$，$t=2.47$），但对合作规则的影响不显著（$r=-0.01^{NS}$，$t=-0.28$），对资源整合的影响亦不显著（$r=0.05^{NS}$，$t=1.24$），$H_{4-8a}$ 得到部分验证；主体间信任对合作规则具有显著正向作用（$r=0.11^{***}$，$t=2.68$），对合作领导具有显著正向作用（$r=0.30^{***}$，$t=6.89$），对资源整合具有显著正向作用（$r=0.13^{**}$，$t=3.15$），$H_{4-8b}$ 得到验证；合作治理共识对合作规则的构建具有正向显著影响（$r=0.62^{***}$，$t=12.81$），但对政府的合作领导影响不显著（$r=0.05^{NS}$，$t=1.40$），对政府资源整合的影响亦不显著（$r=0.01^{NS}$，$t=0.32$），$H_{4-8c}$ 得到部分验证；社会参与能力对政府资源整合具有正向显著影响（$r=0.19^{***}$，$t=4.56$），但对合作规则的影响不显著（$r=0.06^{NS}$，$t=1.40$），对合作领导的影响亦不显著（$r=0.07^{NS}$，$t=1.61$），$H_{4-8d}$ 得到部分验证。

第三，由于"合作前情要素→合作网络管理"有 6 条路径受到限制（RD→CR、RD→RI、CC→RI、CC→CL、PA→CR、PA→CL），这需要通过 Sobel 检验作进一步的分析，而后才能判定这些路径上的中介效应显著与否。经计算，得到了 6 条路径的 Sobel 检验的统计量 $z$ 值，分别为 0.25、1.24、0.50、0.08、0.74 和 1.71

---

① 温忠麟、刘红云、侯杰泰：《调节效应与中介效应分析》，教育科学出版社，2013 年，第 77-79 页。

（适配值 $z > |\pm1.96|$），这表明这些通道上的中介效应不显著。

综上所述，RD→CL→CP、MT→CR→CP、MT→RI→CP、MT→CL→CP、CC→CR→CP、PA→RI→CP 六条通道上的中介效应是显著的，县域政府合作网络管理中介作用情况如图 5-4 和表 5-12 所示，具体而言，合作规则在合作治理认同与合作治理绩效、主体间信任与合作治理绩效之间起到中介作用，中介效应占总效应的比例分别为 81.1%、11.7%，$H_{4-8e}$ 得到部分验证；合作领导在资源依赖性与合作治理绩效、主体间信任与合作治理绩效之间起到中介作用，中介效应占总效应的比例分别为 77%、65.6%，$H_{4-8f}$ 得到了部分验证；资源整合在社会参与能力与合作治理绩效、主体间信任与合作治理绩效之间起到中介作用，中介效应占总效应的比例分别为 65.4%、25.2%，$H_{4-8g}$ 得到了部分验证。

## 三、任务复杂性调节作用的检验结果

### （一）变量的预处理

按照前文的研究设计，关于任务复杂性调节作用的检验，笔者选用了化潜为显的方法，即将潜变量的因子得分带入多层次回归（hierarchical regression）模型进行检验和分析（这时因子得分是潜变量的观测值，可以视为连续变量，将自变量和调节变量做中心化处理后作层次回归即可），交互项使用调节效应与自变量的乘积来表示。此外，在多层次回归之前，笔者也将检验任务复杂性对合作治理绩效的作用。

在进行调节效应分析前，需要对数据进行一些必要的处理。其一，对合作规则、资源整合、合作领导及任务复杂性四个潜变量测量变量的原始分值进行"中心化"（centering），以减少自变量和交互项、调节变量和交互项的相关性，即减少模型多重共线性的可能。所谓去中心化，就是自变量减去其平均值，调节变量减去其平均值。其二，对处理后的数据进行因子分析，这可参照本章探索性因子分析的方法。需要注意的是，温忠麟等指出在化潜为显的分析过程中，因子得分通常使用 Anderson-Rubin 的计算方法，因为这种因子得分都是标准分，即均值为 0，标准差为 1[①]。之所以强调使用 Anderson-Rubin 计算法，主要是因为用回归法求得的因子得分标准差不一定为 1。不过，当探索性因子分析的方法为主成分法时，回归法和 Anderson-Rubin 计算法的计算结果是一致的。基于上述分析，笔者利用 SPSS 20.0 对所涉及的观测变量进行了探索性因子分析，并采用了 Anderson-Rubin 计算法进行了计算。

变量之间存在相关关系是进行回归分析的前提，因而在进行回归分析之前，

---

[①] 温忠麟、刘红云、侯杰泰：《调节效应与中介效应分析》，教育科学出版社，2013 年，第 107 页。

需要对回归方程所涉及的所有变量进行简单的相关性分析，以便其他研究者验证或改进研究结果。本部分统计依旧采用 Pearson 相关系数，结果如表 5-13 所示。与前文潜变量的 Pearson 相关系数相比，中心化后的合作规则、资源整合及合作领导之间的相关关系下降为 0，并且不再显著，这说明去中心化的操作降低了自变量之间多重共线性的可能。合作治理绩效并未去中心化，因而中心化后合作规则、资源整合及合作领导依旧对合作治理绩效有显著正向作用；任务复杂性则对合作治理绩效有显著负向影响，且相关程度最高（$r=-0.553$）；对资源整合和合作领导的也具有显著负向作用，但对合作规则的影响并不显著，这初步验证了 $H_{4-10b}$、$H_{4-10c}$，后文将采用回归分析的方法对这些变量之间的影响机制作更为精确的验证。

表 5-13　调节效应模型中各变量间的相关系数（N=743）

| 变量 | CR（中心化） | RI（中心化） | CL（中心化） | TC（中心化） | CP |
|---|---|---|---|---|---|
| CR（中心化） | 1 | | | | |
| RI（中心化） | 0.00$^{NS}$ | 1 | | | |
| CL（中心化） | 0.00$^{NS}$ | 0.00NS | 1 | | |
| TC（中心化） | −0.48$^{NS}$ | −0.167$^{**}$ | −0.270$^{**}$ | 1 | |
| CR | 0.122$^{**}$ | 0.248$^{**}$ | 0.255$^{**}$ | −0.553$^{**}$ | 1 |

*<0.1（双尾检验），**<0.05（双尾检验），***<0.001（双尾检验），NS 不显著（双尾检验）

## （二）模型检验结果

根据上述分析及研究设计，笔者构建了 3 个回归方程来验证任务复杂性对合作治理绩效的影响，即模型 $M_c$、$M_d$ 和 $M_e$。在模型 $M_c$ 中，解释变量为任务复杂性，目的是考察其对合作治理绩效的影响；模型 $M_d$ 的自变量和调节变量包括去中心化的合作规则、合作领导和资源整合，这是"主影响模型"（main effects model），即 $CP=\beta_0+\beta_1CR+\beta_2CL+\beta_3RI+\beta_4TC+e$，这里的 $\beta_1$、$\beta_2$、$\beta_3$、$\beta_4$ 描述了自变量合作规则、合作领导、资源整合及调节变量任务复杂性各自对合作治理绩效的主影响。此外，从该模型中，也可检验在县域政府合作网络管理因素干扰下任务复杂性对合作治理绩效的影响的稳健性；模型 $M_e$ 为"交互影响模型"（Interaction model），其模型为 $CP=\beta_0+\beta_1CR+\beta_2CL+\beta_3RI+\beta_4TC+\beta_5CR\cdot TC+\beta_6CL\cdot TC+\beta_7RI\cdot TC+e$，目的是考察交互项"合作规则×任务复杂性""合作领导×任务复杂性""资源整合×任务复杂性"对合作治理绩效的影响及调节效应是否显著。在分析方法上，$M_c$ 直接使用线性回归分析，$M_d$、$M_e$ 则利用层次回归进行分析，三个模型解释变量带入方程的方法均为"强行进入法"（enter），这是检验调节效应最理想的方法。

通过样本数据建立回归方程后一般不能立即用于对实际问题的分析和预测，

通常要进行各种统计检验来说明模型是否合理[1]。因而，在解读上述模型结果之前，还需要对回归模型进行统计检验。马庆国[2]认为，判断回归模型是否合理需要检验多重共线性、序列相关和异方差三个问题[3]，只有在不存在这些问题的前提下，回归模型的结果才具有稳定性和可靠性。在模型 $M_c$ 中，任务复杂性的 VIF 值为 1，小于 10，因而模型不存在多重共线性问题。D-W 值为 $1.776 \approx 2$，可以判定不存在序列自相关问题。标准化残差和标准化预测值的 Spearman 相关系数为 0.051，对应的概率 $P=0.171>0.05$（双侧检验），可以判定模型不存在异方差问题；在模型 $M_d$ 中，任务复杂性、合作规则、合作领导、资源整合的 VIF 值均小于 10，因而模型 $M_b$ 中的自变量之间不存在多重共线性问题。D-W 值为 $1.743 \approx 2$，可以判定模型不存在序列自相关问题。标准化残差和标准化预测值的 Spearman 相关系数为 0.012，对应的概率 $P=0.754>0.05$（双侧检验），可以判定模型不存在异方差问题；在模型 $M_e$ 中，任务复杂性、合作规则、合作领导、资源整合、合作规则×任务复杂性、合作领导×任务复杂性、资源整合×任务复杂性的 VIF 值均小于 10，因而模型 $M_e$ 中的自变量之间不存在多重共线性问题。D-W 值为 $1.756 \approx 2$，可以判定模型不存在序列自相关问题。标准化残差和标准化预测值的 Spearman 相关系数为 0.027，对应的概率 $P=0.466>0.05$（双侧检验），可以判定模型不存在异方差问题。总体而言，三个模型的统计检验较为理想，这保证了回归模型的稳定性和可靠性。回归分析结果见表 5-14。

表 5-14　任务复杂性对合作治理绩效的回归结果 1（$N=743$）

| 变量 | 模型 $M_c$ | | | 模型 $M_d$ | | | 模型 $M_e$ | | |
|---|---|---|---|---|---|---|---|---|---|
| | $B$ | 标准误差 | 方差膨胀因子 | $B$ | 标准误差 | 方差膨胀因子 | $B$ | 标准误差 | 方差膨胀因子 |
| 常数项 | $-0.006^{NS}$ | 0.031 | — | $-0.013^{NS}$ | 0.030 | — | $0.012^{NS}$ | 0.031 | — |
| 任务复杂性 | $-0.553^{***}$ | 0.031 | 1 | $-0.490^{***}$ | 0.032 | 1.116 | $-0.479^{***}$ | 0.032 | 1.131 |
| 合作规则 | | | | $0.097^{**}$ | 0.030 | 1.002 | $0.099^{***}$ | 0.030 | 1.010 |
| 合作领导 | | | | $0.127^{***}$ | 0.032 | 1.080 | $0.136^{***}$ | 0.032 | 1.117 |
| 资源整合 | | | | $0.160^{***}$ | 0.031 | 1.034 | $0.172^{***}$ | 0.031 | 1.056 |

---

[1] 薛薇：《基于 SPSS 的数据分析》，中国人民大学出版社，2006 年，第 287 页。

[2] 马庆国：《管理统计：数据获取、统计原理、SPSS 工具与应用研究》，科学出版社，2002 年，第 188-201 页。

[3] 多重共线性的问题"潜变量多重共线性检验"部分已表述。所谓序列相关问题，是指不同期或不同编号之间存在相关关系，该问题的存在说明方程没有将变量间的规律变化解释透彻，或是变量存在取值滞后性，抑或是回归模型选择不合适，不应选用线性模型；异方差问题是指伴随着自变量的变化，因变量的方差存在明显的变化趋势，该问题的存在将导致参数的最小二乘估计不再是最小方差无偏估计，也容易导致回归系数显著性检验的 $t$ 值偏高，进而导致模型的预测偏差过大，出现"假的显著相关"，导致整个模型的估计不再具有有效性和科学性。值得一提的是，在很大一部分使用多元线性回归模型的实证研究中，异方差问题都被忽视掉，这实际上降低了研究的可信度。参见薛薇：《基于 SPSS 的数据分析》，中国人民大学出版社，2006 年，第 287-297 页。

续表

| 变量 | 模型 M$_c$ | | | 模型 M$_d$ | | | 模型 M$_e$ | | |
|---|---|---|---|---|---|---|---|---|---|
| | $B$ | 标准误差 | 方差膨胀因子 | $B$ | 标准误差 | 方差膨胀因子 | $B$ | 标准误差 | 方差膨胀因子 |
| 合作规则×任务复杂性 | | | | | | | 0.025$^{NS}$ | 0.032 | 1.020 |
| 合作领导×任务复杂性 | | | | | | | −0.049$^*$ | 0.026 | 1.042 |
| 资源整合×任务复杂性 | | | | | | | −0.073$^{***}$ | 0.028 | 1.039 |
| 模型统计量 | | | | | | | | | |
| $R^2$ | 0.305 | | | 0.356 | | | 0.366 | | |
| 调整后的 $R^2$ | 0.305 | | | 0.353 | | | 0.360 | | |
| $R^2$ 变动 | 0.305 | | | 0.356 | | | 0.010 | | |
| D-W | 1.776 | | | 1.743 | | | 1.756 | | |
| $F$ 变动 | 316.238$^{***}$ | | | 97.502$^{***}$ | | | 3.512$^{**}$ | | |
| $F$ 统计值 | 316.238$^{***}$ | | | 97.502$^{***}$ | | | 57.817$^{***}$ | | |

\*<0.1（双尾检验），\*\*<0.05（双尾检验），\*\*\*<0.001（双尾检验），NS 不显著（双尾检验）

注：Dependent Variable：合作治理绩效。任务复杂性、合作规则、合作领导、资源整合为原始值中心化后的因子得分

从模型 M$_c$ 回归分析的结果可以看出，任务复杂性对合作治理绩效具有显著的负向影响（$\beta$=−0.553，$p<0.001$）。同时，从 M$_d$ 模型回归的结果来看，加入合作规则、合作领导和资源整合后，任务复杂性对合作治理绩效的作用力虽然降低了，但仍然产生了显著负向作用（$\beta$=−0.479，$p<0.001$）。这说明任务复杂性程度越高，县域内合作治理绩效就越低，H$_{4-9}$ 得到了验证。对比模型 M$_d$ 和模型 M$_e$ 可以看出，增加了合作规则×任务复杂性、合作领导×任务复杂性、资源整合×任务复杂性三个交互项后，回归模型的 $R^2$ 值有了显著的提高（$F$ 变动对应的 $p<0.05$），这说明任务复杂性对县域政府合作网络管理与合作治理绩效的关系有显著的调节作用。但"合作规则×任务复杂性"对合作治理绩效作用不显著（$\beta$=0.025，$p<0.1$），这意味着任务复杂性未在政府合作领导对合作治理绩效的影响过程中起到调节作用，H$_{4-10a}$ 未得到验证。之所以出现这种情况，可能源于合作规则更多地展示了政府对合作网络管理的"软实力"，且具有一定的稳定性和延续性，因而在短时间内不容易受到外部环境的影响。为了得到准确的回归方程式，笔者将合作规则及"合作规则×任务复杂性"删除后重新做其他两对调节效应的检验，结果见表 5-15。

表 5-15　任务复杂性对合作治理绩效的回归结果 2（$N$=743）

| 变量 | 模型 M$_f$ | | | 模型 M$_g$ | | |
|---|---|---|---|---|---|---|
| | $B$ | 标准误差 | 方差膨胀因子 | $B$ | 标准误差 | 方差膨胀因子 |
| 常数项 | −0.013$^{NS}$ | 0.031 | — | 0.012$^{NS}$ | 0.032 | — |
| 任务复杂性 | −0.495$^{***}$ | 0.032 | 1.113 | −0.485$^{***}$ | 0.032 | 1.127 |

续表

| 变量 | 模型 $M_f$ | | | 模型 $M_g$ | | |
|---|---|---|---|---|---|---|
| | $B$ | 标准误差 | 方差膨胀因子 | $B$ | 标准误差 | 方差膨胀因子 |
| 合作领导 | 0.126*** | 0.032 | 1.080 | 0.136*** | 0.032 | 1.114 |
| 资源整合 | 0.160*** | 0.031 | 1.034 | 0.170*** | 0.031 | 1.056 |
| 合作领导×任务复杂性 | | | | −0.045** | 0.026 | 1.030 |
| 资源整合×任务复杂性 | | | | −0.073*** | 0.028 | 1.038 |
| 模型统计量 | | | | | | |
| $R^2$ | 0.347 | | | 0.355 | | |
| 调整后的 $R^2$ | 0.344 | | | 0.351 | | |
| $R^2$ 变动 | 0.347 | | | 0.008 | | |
| D-W | 1.746 | | | 1.756 | | |
| $F$ 变动 | 124.874*** | | | 4.595** | | |
| $F$ 统计值 | 124.874*** | | | 77.526*** | | |

*<0.1（双尾检验），**<0.05（双尾检验），***<0.001（双尾检验），NS 不显著（双尾检验）

注：因变量：合作治理绩效。任务复杂性、合作领导、资源整合为原始值中心化后的因子得分

在模型 $M_f$ 中，任务复杂性、合作领导、资源整合的 VIF 值均小于 10，因而模型 $M_f$ 中的自变量之间不存在多重共线性问题。D-W 值为 1.746≈2，可以判定模型不存在序列自相关问题。标准化残差和标准化预测值的 Spearman 相关系数为 0.019，对应的概率 $P$=0.613>0.05（双侧检验），可以判定模型不存在异方差问题；在模型 $M_g$ 中，任务复杂性、合作领导、资源整合、合作领导×任务复杂性、资源整合×任务复杂性的 VIF 值均小于 10，因而模型 $M_g$ 中的自变量之间不存在多重共线性问题。D-W 值为 1.756≈2，可以判定模型不存在序列自相关问题。标准化残差和标准化预测值的 Spearman 相关系数为 0.039，对应的概率 $P$=0.296>0.05（双侧检验），可以判定模型不存在异方差问题。总体而言，模型 $M_f$ 和模型 $M_g$ 稳定性和可靠性较好。

对比模型 $M_f$ 和 $M_g$ 可以发现，回归模型 $M_g$ 的 $R^2$ 值有了显著的提高（$F$ 变动对应的 $p<0.05$），这说明任务复杂性对县域政府合作网络管理与合作治理绩效的关系有显著的调节作用。具体而言，合作领导×任务复杂性对合作治理绩效具有显著负向作用（$\beta$=−0.049，$p<0.05$），这意味着任务复杂性在政府合作领导对合作治理绩效的影响过程中起着负向调节作用。当任务复杂性程度高时，政府合作领导对合作治理绩效的正向影响会减弱，$H_{4-10b}$ 得到验证；资源整合×任务复杂性对合作治理绩效具有显著负向作用（$\beta$=−0.073，$p<0.001$），这意味着任务复杂性在政府资源整合对合作治理绩效的影响过程中起着负向调节作用。当任务复杂性程度高时，政府资源整合能力对合作治理绩效的正向影响会减弱，$H_{4-10c}$ 得到验证。根据表 4-19 回归结果，代入方程并去掉残差项，得到了最终的拟合方程：$CP$=0.012+0.136$CL$+0.17$RI$−0.485$TC$−0.045$CLTC$−0.073$RI \times TC$。

借助模型拟合方程，可以更为直观地解释任务复杂性的调节作用。在解释结果时，一般要取调节变量 $M$ 值的均值、均值上下各一个标准差带入拟合的方程（ $M$ 值上第 16%位和第 84%位的值），这样可以得到 3 组 $Y$ 和 $X$ 的斜率和截距，然后比较在 $M$ 取值不同的情况下，解释 $Y$ 和 $X$ 的关系[①]。大部分研究解释的是一个调节变量对一对关系的调节效应，本书为两对调节关系。为了更加清晰地展示调节效应，本书在解释一对调节关系时首先将另一对关系进行控制，即在假定其他关系不变的前提下对该调节效应进行解释。基于这种认识，笔者对任务复杂性对合作领导与合作治理绩效、资源整合与合作治理绩效的调节作用作进一步的解释。

### 1. 任务复杂性对合作领导与合作治理绩效调节作用的解释

假设固定资源整合及其交互项的影响，那么任务复杂性对合作领导的调节作用可以表示为 $CP=0.012+0.136CL-0.485TC-0.045CL \times TC$ ，TC 的标准差为 1，均值为零（变量已经中心化）。当 TC=-1（比均值低一个标准差），$CP=0.491+0.185CL$ ，即合作领导每增加一个单位，合作治理绩效就增加 0.185 个单位；当 TC=0 时，$CP=0.012+0.136CL$ ，即合作领导每增加一个单位，合作治理绩效就增加 0.136 个单位；当 TC=1（比均值高一个标准差）时，$CP=-0.467+0.087CL$ ，即合作领导每增加一个单位，合作治理绩效增加 0.087 个单位。很显然，合作领导对合作治理绩效的正向影响会随着任务复杂性的提升而降低。当 TC=2.77 时，合作领导对合作治理绩效的影响将为 0。在更为极端的情况下，即当 TC>2.77 时，合作领导对合作治理绩效的影响变为负。假定 TC=3（比均值高两个标准差），$CP=-1.425-0.011CL$ ，合作领导对合作治理绩效的影响变为负。这说明在任务复杂性极高的情况下，县域政府将合作网络运行起来后必然会带来公共利益的损失，即在任务复杂性过高的情况下不适合建立合作网络，因为这有可能带来更多的公共事务或社会矛盾。不过这只是极端情况下的个案，在数据为正态分布的情况下，TC>2.77 是很少见的。由此可得，伴随着任务复杂性的提升，政府合作领导对合作治理绩效的作用在降低，在极端情况下甚至出现负向影响。这说明政府在对合作网络的领导过程中应当特别注意合作任务复杂性带来的影响。

### 2. 任务复杂性对资源整合与合作治理绩效调节作用的解释

假设固定合作领导及其交互项的影响，那么任务复杂性对政府资源整合的调节作用可以表示为 $CP=0.012+0.17RI-0.485TC-0.073RI \times TC$ ，TC 的标准差为 1，

---

① 温忠麟、刘红云、侯杰泰：《调节效应与中介效应分析》，教育科学出版社，2013 年，第 107 页。

均值为 0（变量已经中心化）。当 TC=–1（比均值低一个标准差），CP=0.497+0.243RI，即资源整合每增加 1 个单位，合作治理绩效就增加 0.243 个单位；当 TC=0时，CP=0.012+0.17RI，即政府对合作网络中的资源整合每增加 1 个单位，合作治理绩效就增加 0.17 个单位；当 TC=1（比均值高一个标准差）时，CP=–0.473+0.097RI，即资源整合每增加 1 个单位，合作治理绩效增加 0.097 个单位。很显然，资源整合对合作治理绩效的正向影响会随着任务复杂性的提高而降低。当TC=2.32 时，资源整合对合作治理绩效的影响将为 0。与对合作领导的影响相似，在更为极端的情况下，即当 TC>2.32 时，资源整合对合作治理绩效的影响变为负。参照前述办法，假定 TC=3（比均值高两个标准差），CP=–1.443–0.049RI，资源整合对合作治理绩效的影响变为负。这说明在任务复杂性极高的情况下，政府将合作网络运行起来后必然会带来公共利益的损失，即在任务复杂性过高的情况下不适合建立合作网络，因为这有可能带来更多的公共事务或社会矛盾。但是，与合作领导的分析相似，这只是极端情况下的个案，在数据为正态分布的情况下，TC>2.32 也是很少见的。可见，伴随着任务复杂性的提升，政府资源整合对合作治理绩效的作用在降低，甚至在极端情况下甚至出现了负向影响。相比于合作领导，资源整合受任务复杂性调节的程度更高。

综上所述，任务复杂性对政府合作网络对合作治理绩效的负向调节作用是显著的。即便在资源整合、合作规则及合作领导能够促进合作治理绩效的提升，合作网络可以以此削弱任务复杂性对合作治理绩效负向作用的情况下，任务复杂性依旧有可能导致合作网络"瘫痪"。所以，伴随着任务复杂性的提升，政府对合作治理网络的管理可能因不堪重负而陷入低效或无效的状态，这是县域合作治理发展中应当重视的一个问题。

# 第四节　县域合作治理绩效影响机制的进一步讨论

本节主要总结研究所得的结论，并在结论的基础上作延伸性讨论，同时以调研过程中搜集到的案例及访谈中获得的有益观点进行辅助说明，以提升研究结论对当前理论研究及合作治理实践的回应性与解释力。总体而言，本章共获得以下四个主要结论。

## 一、合作治理绩效的提升有赖于合作前情要素

从前文研究可见，资源依赖性、主体间信任、合作治理共识及社会参与能力

均对合作治理绩效具有显著的正向影响，都是合作治理发生的必要条件，这与学术界大部分研究的结论一致。进一步的分析显示，合作前情各要素的作用力按大小依次为主体间信任、社会参与能力、资源依赖性和合作治理共识，主体间信任对合作治理绩效的影响力明显大于其他三个，这说明作为非正式规范的信任对县域内的合作治理具有很强的形塑作用，是合作治理前情要素中最重要的运行机制。具体而言，包括以下四个分论点。

### （一）资源依赖性对县域合作治理绩效的提升具有显著正向作用

资源依赖性是合作主体进行资源交换的基础和推力。政府与非政府治理主体相互合作，是因为各治理主体都具有组织功能的优势和不足，而一方的存在刚好可以弥补另一方的不足，彼此之间可以通过相互合作来实现共同目标[①]。当然，县域内治理主体资源依赖性发挥作用需要一定的触发机制，即公共事务复杂性的挑战使没有一个组织可以封闭的方式化解这些问题。伴随着城镇化的发展，越来越多的公共事务需要诸多参与者和大量的资源，这使县域内各主体间的资源互补性和依赖性不断增强。政府与非政府治理主体合作的主要目标是获得组织发展所需的关键性资源，政府在财政不足和技术不足的情况下希望利用社会资金、技术、社会资本等资源来处置公共事务或维持社会秩序，非政府治理主体则希望进入基础设施建设、公共服务供给等公共领域来获取企业利润、政策优惠或履行组织的社会责任和使命。

### （二）主体间信任对县域合作治理绩效的提升具有显著正向作用

信任是社会资本累积的先决条件，是人们进行社会交易（social exchange）和合作性互动不可或缺的要素[②]。不少研究者认为，在所有推动政府与非政府治理主体合作的因素中，信任是最重要的。没有信任，任何合作都不能开展[③]。主体间信任越高，彼此之间的熟悉了解程度、情感认同、合作信心都会增强，合作主体各自的理性算计也易于达成平衡，从而降低交易成本、提升合作效率。特别是在合作治理失灵频发的县域治理环境中，信任作为一种潜在的"期望性"资产，能够保持合作治理主体间关系的稳定性和未来预期，从而有助于合作治理活动的继续推动。同时，信任是合作治理的润滑剂，贯穿于合作治理的全过

---

① 汪锦军：《走向合作治理：政府与非营利组织合作的条件、模式和路径》，浙江大学出版社，2012 年，第 52 页。

② 陈恒钧：《治理互赖模型理论与实务》，五南图书出版股份有限公司，2012 年，第 107 页。

③ van Slyke D M. Agents or steward：using theory to understand the government-nonprofit social service contracting relationship. Journal of Public Administration，2007，17：157-187；汪锦军：《走向合作治理：政府与非营利组织合作的条件、模式和路径》，浙江大学出版社，2012 年，第 55 页。

程，从某种程度上讲，它是合作治理共识形成及资源依赖性、社会参与能力发挥作用的基石。

### （三）合作治理共识对县域合作治理绩效的提升具有显著正向作用

合作治理共识是合作治理推进的合法性要素，是人们对合作网络在情感上产生的归属感或依附感，是一系列信念、价值观和规范准则的集合，也是合作网络稳定运行的基础。合作治理共识至少包括对合作治理必要性、价值及责任认同三个要素。对合作治理价值的认同，是指认为合作能够提升公共事务的运行效率。事实上，不同治理主体之间建立合作关系主要是为了获得最大的效率和相应的公平，人们选择合作治理，是因为合作治理能够产生收益[①]。对合作治理必要性的认同，是指认为合作治理策略是最有利的利己策略，各方协调一致去寻找有利于共同盈利的战略会引发协同性均衡的状态[②]。在这种认知下，人们会放弃单独行动而转向集体行动，在相互尊重彼此利益的基础上来实现共同利益。对合作治理责任的认同，是指各类治理主体有意承担起公共事务的责任，而不是带有政治冷漠感或仅代表局部利益。如果合作治理参与者仅代表现有组织特殊利益而忽略公民责任，那么他们的参与往往是防御性而非贡献性的，不仅难以带来公共利益的增长，反而有可能导致更广泛公共利益的损失。合作治理网络的有效运行离不开政府的支持和社会的参与，如果无法将这些治理主体的共识维持在必要的水平，那么越发"原子化""碎片化"的社会将使合作治理陷入失序的状态。

关于资源依赖性、主体间信任及合作治理共识对合作治理绩效的影响，可以通过案例1 "W市D村旧村改造中的多方合作"进行更好的展示。

### 案例1　W市D村旧村改造中的多方合作[③]

W市D村处于该市城乡接合部，属于该市的经济开发区，伴随着城镇化的加快，该村的区位优势逐渐凸显，土地不断增值。在城市边缘不断扩张的情况，该村于2008年被当地政府纳入"村改居"工程的范围，但出于财政压力、不允许强制性"农民上楼"，以及试图探索城镇建设长效机制等因素的考虑，当地政府没有直接投入资金，而是出台《W市"村改居"实施方案》，要求必须"体现村民自治、尊重群众意愿""严格程序、规范办事"，并附以细则。

---

① 席恒、雷晓康：《合作收益与公共管理：一个分析框架及其应用》，《中国行政管理》，2009年第1期，第109-113页。

② 萨缪尔森PA、诺德豪斯WD：《经济学》（上册），胡代光、等译，北京经济学院出版社，1996年，第385页。

③ 案例来源于2014年7月和12月在W市D村的两次实地调查。

　　本地 W 企业看到了商机，尝试接触 D 村村委会来承接旧村改造这一工程。由于 W 企业是土生土长的本地企业，在当地拥有丰富的社会资源，口碑不错，在沟通后 D 村与之达成了合作意向。不过，D 村社会结构的复杂性，W 企业在获得土地这一关键要素时遇到了极大的阻碍。W 企业为了获得土地使用权，在推进拆迁过程中，以承诺在社区建立健身场所、为本地村民提供就业、发放拆迁补贴、降低内部购房价等方式来引导村民"上楼"，从而获得 D 村村委会及大部分村民的支持。此外，该村村支书个人威望较高，是本村经济精英，朝夕相处的过程让村民清楚他的为人和品德。虽然有部分村民开始不同意，但出于对村支书这个"能人"眼光的信任，最后也签订了合约。在该村村委会的努力下，W 企业最终得到了村民宅基地和部分耕地的使用权。在开发的过程中，不少本村村民加入了 W 企业，这使 W 企业在当地的群众基础更为深厚。特别是部分农村精英的加入，使企业在较短时间内完成了旧村改造，同时也在一定程度上保证了 W 企业承诺地兑现。在这一过程中，W 市政府和区政府提供了政策上的支持，使 D 村土地资源的产权得到明晰，同时制定了相关的规则来约束双方的行为，并为 D 村提供法律援助，保证其合法权益不受侵害。经过近 5 年的建设，D 村在该区首先完成"村改居"，W 企业在此基础上又承接了其他几个旧村改造，而当地政府的"有所为和有所不为"也收到了较好的效果，获得了本村村民的认可，也增加了当地的财政收入，推动了城市建设的发展。

　　在这个案例中，资源的相互依赖成为合作的基础和主要推动力量，这集中体现在"土地"这一城镇化发展中的关键资源上。围绕这一资源，参与合作的企业以资金、就业权和公共服务消费权为根基进入合作网络，村委会及居民则以土地、劳动力要素所有权等进入合作网络，政府则以规制权参与合作网络。应当说，W 企业和 D 村在资源上是互补的，D 村良好的区位与未来发展前景"吸附"了 W 企业；而 W 企业愿意为 D 村提供就业机会、廉价内部房、拆迁补偿等要因使村民愿意进入合作网络，这满足了村民追求更好生活的愿望。由此，双方达成了合作的共识、签订合作契约，并承担起了各自的责任。在合作过程中，W 企业土生土长的优势、D 村村支书的个人魅力、W 企业组织内部的"本村化"等因素使该合作网络的权威不断增强，合作进程也逐渐流畅。作为当地政府，推行"村改居"工程为本次合作打开了"政策之窗"，在合作过程中不直接投资干涉，而是提供规制和法律援助，又保证了该合作的健康发展。在这些因素的综合作用下，W 企业、D 村村委会和村民及 W 市政府、区政府最终"各取所需"，完成了一次较为理想的合作。依照该合作案例中的主体及相互间资源依赖、共识、信任等要素，笔者画出了该案例的合作机制示意图。具体情况见图 5-5。

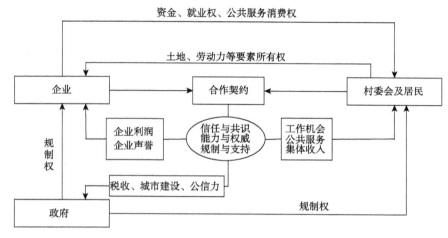

图 5-5　W 市 D 村 "旧村改造" 中的合作机制示意图

## （四）社会参与能力对县域合作治理绩效的提升具有显著正向作用（ *r* =0.19，*p* ＜0.001 ）

社会参与能力是合作治理资源得以整合的基础，非政府治理主体参与能力不强，又被纳入合作治理网络，可能会带来公共政策质量损失或合作网络内部权力结构不平衡，增加合作治理的成本甚至使县域合作治理模式的构建失败。美国学者托马斯总结了社会参与能力不强所引发的实践问题，如增加公共管理者日常工作难度、导致公共项目运作成本增加、阻碍改革创新的进行、导致公共决策治理的降低等①，这同样适用于当前县域合作治理。此外，在县域政府与非政府治理主体力量不均衡的情况下，社会参与能力不足可能导致合作被强势一方操作而 "形式化"，甚至成为体制机制改革创新的 "噱头"。从这种意义上看，非政府治理主体有无参与能力，不仅决定了合作网络能否在平等协商的基础上高效运行，还决定了合作治理能否真正突破 "形式民主" 的窠臼。案例 2 展示了社会参与能力不强导致政府公共服务外包失败。

### 案例 2　H 镇垃圾处理服务外包的困境与出路：市场缺失与政府补缺②

H 镇地处 W 市 G 区，经济发展水平在当地中等偏上，2008 年该镇所在区政府推行了 "城乡环卫一体化" 工程。为此，该镇统一购买了人力三轮车、沿街垃圾桶等环卫工具，并专门聘用了环卫工人进行打扫。G 区环卫局也配备了环卫作业车辆和垃圾集中处理箱，用于垃圾的处理。然而，实行了一段时间后，H 镇政

① 托马斯 J C：《公共决策中的公民参与》，孙柏瑛、等译，中国人民大学出版社，2012 年，第 17-19 页。
② 案例来源于 2014 年 7 月和 12 月在 G 区的两次实地调查。

府发现由政府出资、政府组织处理城乡垃圾效率偏低，便采用购买公共服务的方式向社会公开招标，最终 X 企业中标，负责 H 镇城乡垃圾的处理工作，政府将原来购置的设备转租给 X 企业使用。不过，这次公共服务外包并没有收到很好的效果。由于 X 企业的规模并不大，加之当地人工成本不断上升，因而其盈利能力不强。为了压缩成本，原先一天清理垃圾变成了二天或三天，农村堆积的垃圾不能及时清理干净，垃圾处理箱和沿街垃圾桶被塞满了垃圾，这一方面使农村居住环境得不到改善，另一方面也缩减了垃圾箱的使用寿命。而且，在拖拽垃圾时，由于操作不当，不少环卫工具被破坏。经多次警告无效后，H 镇终止了与 X 公司的合同。

　　与此同时，同属 W 市的 C 区政府也面临同样的问题。不过，该区为了推动城乡环卫一体化和当地环卫产业的发展，成立了国有控股的 K 公司，而不是向私有企业购买服务。K 公司的主要业务范围是道路清洁和垃圾处理。在试行一段时间后，这种模式在当地城乡垃圾处理中取得了较好的业绩，并成为 W 市城乡环卫一体化的"典型经验"。随后，K 公司坚持市场化运作、公益发展的路子，树立市场产业反哺城乡环卫的理念，相继在全国成立了 40 多个项目部。K 公司这种走出去的战略吸引了 G 区的关注，在 W 市政府推介及考察后与 K 公司签订了服务外包合同，使当地垃圾处理得到了妥善处理，该区的城乡环卫一体化也逐渐走到了全国前列。图 5-6 展示了 H 镇政府城乡垃圾服务外包进程。

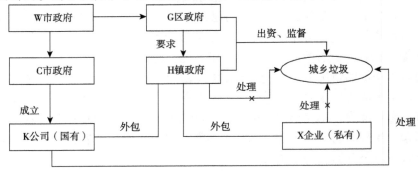

图 5-6　H 镇城乡垃圾服务外包进程

　　在该案例中，G 区政府和 H 镇政府最早担负"安排者"和"生产者"双重的角色，既要出资，又要组织和监督，多重身份重叠并未达到最优效果，处理效率不高。而后通过公共服务外包给 X 企业，该企业盈利困境和能力的欠缺同样带来了诸多的问题，最突出的问题是未能改善乡村环境，这背离了城乡环卫一体化的初衷与要求。与此同时，临近的 C 市政府则直接举办了经济实体 K 公司，借助全市区推行城乡一体化这一"项目平台"，迅速发展壮大并形成了全国影响力。G 区政府随后将城乡垃圾处理外包给 K 公司，其与 H 镇只承担出资和监督的责任，取得了较好的效果。可以看出，无论是合作对象是私有企业还是国有企业，在城乡垃圾处理中，H 镇政府、C 市政府都尝试将具体处理工作从自身职能中剥离，这体现了市场化治理的魅力。通过该案例，还可以看到如果企业无法承担政府让渡的职能，公共服务外包这类资源交换类的合作治理活动很容易陷入困境。

此外，该案例中更值得思考的是政府办"企业"这一行为。一般而言，政府部门"公司化"往往被认为是延伸了政府的无限责任，是基层政府干预经济活动的主要内容和形式，也是地方政府法团主义的典型特征。这种模式在 20 世纪我国乡镇经济腾飞时期起到了重要作用，但在乡镇企业"式微"后饱受批评①。不过，在该案例中，C 区环卫局的"公司化"却给当地城乡卫生管理乃至环卫产业的发展提供了动力，使该地经济发展找到了新的空间，成为城市的"一张名片"。这一方面说明在合适的领域、采用合适的方法政府办"企业"依旧具有生命力，其关键在于突破辖区管辖，按照"企业的逻辑"依附于市场发展而非寄生于行政力量；另一方面也说明在市场发育不善的县域内，政府在担任"安排者"角色的同时，仍需要以适当的形式履行"生产者"的角色。同时，以 H 镇购买公共服务的过程而言，政府也起到了很大作用，科层制的逻辑在其中依旧有所体现，这展示了县域合作治理的复杂性。可见，县域内合作治理活动的开展，政府需要发挥重要作用，这是下一部分拟重点探讨的内容。

## 二、县域合作治理体现了较强的政府建构特质

新型城镇化的发展推动了县域内治理模式转向合作治理，在这一过程中政府扮演着"建构者""掌舵者"的角色，这说明在县域内"国家—社会"关系调整中，政府需要增强对合作网络这一新生事物的管理能力。推进合作治理，也必然引发我们重新思考政府治理能力。具体而言，该结论包括以下两个方面、七个分论点。

### （一）县域政府合作网络管理对合作治理绩效具有显著正向作用

1. 合作规则对县域合作治理绩效具有显著正向作用

合作规则缺失的地方，合作治理的前景就很黯淡，因为合作中的差异、冲突甚至是对抗需要规则来消除。按照新制度主义的观点，制度构建需要面临 "制度的供给问题""可信承诺问题""相互监督问题"三个问题，以及"宪法选择"、

"集体选择"和"操作选择"三个层次①。合作治理规则的构建也需要面对这些问题，正如前文所说，合作治理是"关于规则的游戏"和"遵守规则的游戏"的集合，合作治理的规则需要反映这两个特质。具体而言，一是合作规则要包含一个全等的参与制度，即解决"制度的供给问题"。合作治理参与者必须具有"宪法"层面上的选择权，即合作规则难以适用或表现出明显的不平等性时，合作治理主体有权利评判和修改游戏规则。只有合作规则能够保障主体间选择权的平等性，县域合作治理才能健康有序的发展，真正发挥出不同于市场治理和科层治理的作用。二是完善的合作规则要能明确治理主体的角色与责任②，避免因权力共享带来的推诿扯皮、转嫁责任等问题。城镇化的快速发展使县域内国家与社会、公共部门与私人部门之间的边界"雾化"，这可能导致职责不清而带来的责任归属难题，加大合作网络的内耗。因而，合作网络规则要能明确各方责任，从而增强合作网络的责任性与回应性。三是合作规则能够消除和减少合作网络中的"异例"，具备化解冲突、制裁违规行为的功能，即一旦"集体选择"成型，那么合作治理参与者就要遵守合作规则。只有这样，合作网络的权威性才能得到保障，各治理主体合作之初所达成的共识才能得以贯彻。

## 2. 合作领导对县域合作治理绩效具有显著正向作用

合作不可能消除利益冲突，这也意味着合作治理的"掌舵权"必须明确，否则彼此之间的利益冲突很容易将合作引向对抗性的非均衡博弈状态。正如有研究者所言，公共事务处置的成功与否在很大程度上取决于合作者领导、规划和发展合作网络的能力，协作性的领导技能对解决人们共同关心的问题和事情非常必要③。在早期的理论研究中，人们秉承"政府是洪水猛兽"的立场，认为要发挥合作的功能，唯一明智的策略就是让非官僚机构的管理者领导合作网络。现在，越来越多的人意识到具有合作意识的掌权官僚也是合作网络合适的领导者④。实际上，我们选出政府机构作为利益的代言人，它本身是资源最丰富、规模最大的社会组织，将其排斥在合作网络的领导外是不现实的。而且，县域治理模式正处于从"一元单向管理"到"多元交互共治"的转型关键期，过早地消除政府领导的权威有可能带来"权威缺漏"，进而引发社会失序的风险。所以，政府对合作网络领导能力的强弱决定了合作治理能否健康有序的发展。政府对合作网络的领

① 奥斯特罗姆 E：《公共事物的治理之道》，余逊达、陈旭东译，上海三联书店，2000 年，第 69-75 页。

② Thomson A M, Perry J L. Collaboration processes: inside the black box. Public Administration Review, 2006, 66（1）: 20-32.

③ Pierce N R.Citystates: How Urban America Can Prosper in a Competitive World. Washington: Seven Locks Press, 1993.

④ 巴达赫 E：《跨部门合作》，周志忍、张弦译，北京大学出版社，2011 年，第 163 页。

导包括四个方面的内容：一是政府具有集成网络的权威，有能力召集并保证合作网络的运转，从而使合作网络不至于成为一盘散沙；二是要设计合作网络的管理机构，即合作网络要有一个符合程序与规则的治理结构，并将所有的利益相关者囊括在内，形式可以是委员会、董事会或论坛；三是要保证合作治理主体间的信息畅通，减少因沟通不畅带来的冲突，增强伙伴之间对目标、任务及责任的理解，从而提高合作处理问题的能力；四是要根据合作规则，监督落实各方责任，避免"搭便车"等策略性行为的发生。

### 3. 资源整合对县域合作治理绩效具有显著正向作用

资源问题是合作治理的核心问题，资源整合的发生标志着实质性合作治理的开始，是合作治理最终绩效的保证。就目前县域治理生态而言，社会中所蕴涵的资源远未得到充分挖掘，政府能否深入社会并与主要的企业、社会组织或个人结为一体，在共享、互信的基础上将社会资源整合进入公共事务治理网络是合作治理能否发挥绩效的基础。但是，就当下而言，"下任务""多收费""跑贷款"等立竿见影式的方法是县域内政府整合社会资源的主要手段。这种急功近利的手段缺乏互惠互利性和持久性，整合后的资源往往也因规划不足而带来严重的浪费。因此，除了有能力吸纳社会资源外，政府还应当做到高效利用资源、平等分配资源，重视资源整合的公平、公正性，从而保证合作网络健康、持续的运行。不过，笔者在调研中发展，由于县域政府资源整合方式缺乏互惠性和公平性，给合作治理网络的有效运行带来了诸多负面影响，不少政府官员和企业负责人已关注到这一点。通过案例 3，我们可以窥探当前部分政府工作人员在进行资源整合时的心态及其背后隐含的逻辑。

### 案例 3　"企业谁愿意白掏钱"背后的资源整合逻辑①

在调研过程中，问及有无企业参与当地有关新型城镇化的公共事务时，"企业谁愿意白掏钱""企业是以盈利为目的，很少参与"等观点是相当一部分基层工作人员的看法。在笔者看来，这些说法都是事实，没有任何企业不以营利为目的。但以此来揣度这些基层工作人员的想法，似乎也隐含了"政府想让企业白掏钱"的逻辑，即政府想以最简单的方式获取资源，单方面降低自身的交易成本。实际上，这种思想是个人理性最大化或组织理性最大化的一个表现，本无可厚非。但如果不加约束地成为政府合作行动的指导纲领，则有可能带来政府使用行政手段等直接手段干预经济的风险。这种做法不仅会破坏合作治理平等、互惠的准则，还会增加合作网络的交易成本，使政府与企业的合作难以达到协同性均衡的状态。

---

① 本部分根据笔者 2014 年 7~8 月实地调查中的调研笔记整理而成。

从资源整合的角度看，基层政府摆不正与企业、社会的关系，也就很难通过合作获取社会资源。正如前文提及的一位县委副书记的说法，"政府要学会与企业和社会合作，不能总想着把企业圈进来收税，把包袱甩给社会，这实际上是干了杀鸡取卵的事"，"今天为企业发展花费的钱和精力，明天他们能数倍的回馈"。在会后访谈中，笔者得知该领导人长期从事对外工作，对合作有很深的体悟，正如其所言，"真诚的合作要比卖力的单干有效的多"。不过，访谈之中笔者也发现了不少政府部门仍以"短、平、快"的方式来整合资源。有位国有企业负责人给笔者讲了一个事例，他作为某县的经济顾问为该县与S企业的投资牵线搭桥时，会议结束后刚回到宾馆，该县政府工作人员便开始盘算如何从S企业获得更多税收、让其支持本地项目建设，言谈之中不乏"圈羊"这种策略行为，这为两者后续的合作埋下了隐患；又如，笔者搜集到某县与H企业的合作情况，相关工作人员就解决当地就业等方面进行了介绍。但随后访问H企业副经理时，该企业副经理却对此无可奈何，"我们企业是科技型企业，不是劳动密集型的，用不了那么多人。而且流程都是自动化操作，技术工人至少大专以上文凭，当地老百姓没有这方面的技能"，"就业解决了一些，都是在食堂做做饭、打扫打扫卫生"，"这里老百姓也比较富裕，也看不上我们这点工作"，言谈之中流露出该县工作人员通过H企业解决当地就业问题带有"一厢情愿"的色彩。

实际上，这些情况是县域政府能力从"管理能力"到"治理能力"转型的一个缩影，也体现了不少基层工作人员对社会主体多元化和独立性增强的不适应，依旧习惯或依赖于过去的资源整合方式，想借政府权威以极小的成本或零成本获得企业的支持。不少基层工作人员在访谈中流露出的作为管理者的优越感，是其不能放下身段与企业平等对话的原因之一。正如龙永图所说，"中国小官常比大企业家神气"①。在合作治理网络中，如果政府不放下这种"神气"与"身段"，各类社会资源便难以得到公平、高效的整合与配置，县域合作治理绩效的提升也就无从谈起。从某种意义上讲，提升县域政府资源整合能力是县域治理现代化的重中之重。

## （二）县域政府合作网络管理在合作治理前情要素与合作治理绩效间起着中介作用

在一定程度上，合作治理前情要素对合作治理绩效的影响作用是间接的，这种作用通过县域政府合作网络管理的传递而产生。这说明这些要素发挥作用不仅是社会力量活动的结果，还是政府行动的结果。具体而言，包括以下四个分论点。

---

① 龙永图：《中国小官常比大企业家神气 这不正常》，http://microreading.chinadaily.com.cn/hqcj/xfly/2015-03-26/content_13443553.html，2015年3月26日。

（1）合作治理主体间的资源依赖性需要通过政府的合作领导发挥作用。在政府、社会组织、企业和居民等主体资源互依程度增强的情况下，政府的领导权威和合法性也随之增强，这在一定程度上体现了非政府治理主体对政府的先天依赖，也从一个侧面反映出县域内合作治理尚未出现多元权威并存的局面。在县域治理生态中，城镇化亦将原有的社会结构和格局冲散，各类主体间的资源依赖性空前增强，这为合作治理的推行奠定了基础，但并不意味着合作治理网络就此而成。实际上，合作治理网络的发展与维持并非自然形成，它需要作为"掌舵者"的政府充分利用这种原生性的依赖关系，建立适当的联结机制和制度性管道，将其转化升级为合作网络并作用于新型城镇化进程中公共政策的制定。

（2）合作治理主体间信任通过影响合作规则、合作领导和资源整合来作用于合作治理绩效，这表明信任这一无形的社会资本在很大程度上需要政府的运作才能释放效应，这在一定程度上说明市民社会尚不能以完全独立的形态运行。

（3）合作规则在合作治理共识与合作治理绩效之间起到中介作用，这表明合作共识需要合作规则的表达和承载，非正式的合作意向在得到制度化的确定后能更好地提升合作网络的效能。

（4）社会参与能力在政府资源整合下作用于合作治理绩效，这可能与政府管控社会的路径依赖有关，也表明政府的资源调配整合能力是社会参与能否发挥积极作用的关键。事实上，在目前县域治理生态中，非政府治理主体多是扮演"被管理者"和"消费者"的角色，并未认识到还扮演着"赋权者"和"生产者"的角色，利益至上及共同价值观的消弭使社会充满政治冷漠感，诸多社会资源处于一种潜在待开发状态，资源误置、浪费流失等现象严重。因而，政府能否跳出固有窠臼、开发参与渠道并做到公平高效地配置资源，是县域社会力量发挥作用的决定性因素。

总体而言，本书证明了县域内县域政府合作网络管理对合作治理绩效提升的关键作用。从某种意义上讲，重新发现"市场"与"社会"，最终将重新发现"国家"。正如有研究者所言，没有一个现代的国家，现代市民社会也难以构建起来[①]。实际上，在过去相当长的时间内，政治主流大多批评"大政府"，力图把国家部门的事务交给自由市场或市民社会，但政府软弱、无能或者无政府状态是严重问题的祸根[②]。经历了"最小政府"的改革，人们越来越清楚地意识到，除非政府能设计并实施适当的公共政策，能公平、高效地配置资源，并对社会福利与公民

---

① 徐勇：《"行政下乡"：动员、任务与命令——现代国家向乡土社会渗透的行政机制》，《华中师范大学学报（人文社会科学版）》，2007 年第 5 期，第 2-9 页。

② 福山 F：《国家构建——21 世纪的国家治理与世界秩序》，黄胜强、许铭原译，中国社会科学出版社，2007年，第 1 页。

的经济要求做出有效的反应①，否则无论是市场还是民主都不能良好运作或者根本就不能运作②。正如吉登斯所言，"当前问题不在于要更大的政府或更小的政府，而是要认识到目前的治理方式必须适应全球化时代的新情况；而且，权威，包括国家的合法性，必须在一种积极的基础上得到重构"③。可见，保证合作治理的有效运作不能简单地追求权力去中心化，尤其在市场和市民社会发育不够的县域，政府必须具备强有力且面向公共利益的合作治理能力。所以，合作治理所倡导的"权威的去中心化"并不是绝对的，就我国县域治理的实际而言，合作治理的解决方案经常是无效的，抛弃科层制的治理逻辑也为时尚早。这与德国学者沙夫（Scharpf）当年考察西方治理变革后所言大致相同，即"合作网络时至今日依然存在于层级制周围"④。实际上，《国家新型城镇化规划（2014—2020 年）》也明确指出，在发挥市场主导作用的同时，应当更好地发挥政府的作用⑤。因而，在推进新型城镇化的过程中，如何在保障治理主体平等权利的基础上构建完善的合作规则，在提升合法性的基础上实现有效的领导，在高效利用资源的同时保证配置的公平性，是县域合作治理模式构建中必须认真思考的问题。通过案例 4，我们可以看出政府在合作治理中的作用。

## 案例 4　政府推动下的城镇基础设施 PPP 建设模式⑥

S 省地处东部沿海，为了推动社会资本参与县域城镇基础设施建设与运行，该省住房和城乡建设厅、财政厅决定在全省选择部分项目开展 PPP 试点，并将项目的范围确定为市、县城、省政府公布的 200 个"百镇建设"示范镇，以及国家级重点镇的主次干路、快速路、大型桥梁、公共停车场（库）、供水工程、污水处理厂、集中供热工程、燃气工程、综合管廊工程、地下管网改造工程、垃圾处理工程、公园绿地工程等，要求设区的城市申报的试点不少于 6 个。按照文件要求，两部门拟对已正式立项项目，对完善本地区城镇基础设施具有重要作用、投资规模大、投资主体明确、政府出资人代表与社会资本共同出资、建设资金基本落实、2015 年底能够开工、建设周期两年以内的 PPP 项目进行审核，一旦通过审

---

① Grindle M S. Getting Good Government：Capacity Building In the Public Sectors of Developing Countries. Cambridge：Harvard University Press，1997：3-4.

② 陈振明：《政府能力建设与"好政府"的达成——评梅利里·S. 格林德尔主编的〈获得好政府〉一书》，《管理世界》，2003 年第 8 期，第 147-151 页。

③ 吉登斯 A：《第三条道路：社会民主主义的复兴》，郑戈译，北京大学出版社，2000 年，第 76 页。

④ Scharpf F W. Games real actors could play：positive and negative coordination in embedded negotiations. Journal of Theoretical Politics，1994，6（1）：27-53.

⑤ 《国家新型城镇化规划（2014—2020 年）》，http://www.gov.cn/zhengce/2014-03/16/ content_2640075.htm，2014 年 3 月 16 日。

⑥ 案例来源于 2014 年 7 月和 12 月在 W 市的两次实地调查，以及 S 省住房和城乡建设厅官网。

核将给予相关政策支持，并在项目资金流缺口上予以扶持。同时，两部门还下发文件，要求住房和城乡建设主管部门在试点项目有关工程建设程序办理上开辟"绿色通道"，加快审批进度，并加强对试点项目建设的指导和协调，确保项目尽快建成。为了指导相关部门理顺 PPP 建设中的关系，顺利开展基础设施建设，两部门还总结了 PPP 项目结构图（图 5-7），并在此基础上明确了操作规则，以指导和推动 PPP 项目建设的进程。这一系列决策和意见要求已在系统内部展开学习，主要媒体也对其进行了报道。

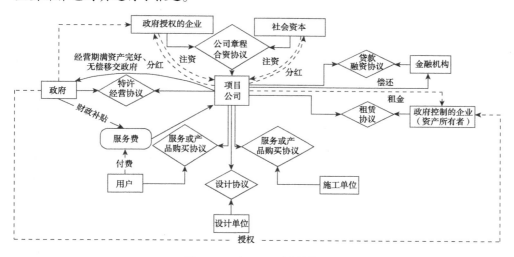

图 5-7　S 省 PPP 项目结构图

方框表示实施主体，菱形表示协议关系，实线表示结构关系，虚线表示可能存在的结构关系

　　该案例同样反映了县域合作治理的科层制逻辑，在省住房和城乡建设厅和财政厅的要求下，市、县一级政府需要积极推动城镇基础设施 PPP 建设项目。在这一过程中，政府的作用主要体现在以下四点：一是构建适宜的 PPP 模式发展的制度环境，出台试点方案、开通"绿色通道"、明确操作流程和规则等举措都为 PPP 模式的发展提供便利，也加强了社会力量投资城镇基础设施的信心。二是营造社会开展 PPP 模式的共识，在组织内部开展培训，使之成为基层工作人员必备功课。就笔者所知，所调研地区有两个县都在积极申请 PPP 的试点。在组织外部，通过媒体进行大力宣传，形成良好的市场与社会氛围，增进政府、社会和市场主体合作的共识。三是拟通过扶持试点的方式，形成"政策扩散"效应。S 省住建厅和财政厅的做法，实际是"试点先行，以点带面"的政策创新方式，即在总结已有模式的基础上提炼相对统一的范例，以推动 PPP 模式在基础设施建设领域的快速发展。四是督促县级政府建立和完善 PPP 管理结构，探索风险分担、竞争机制、政府合理承诺、后续合同管理等方面的工作机制，提升合作管理与资源整合的能

力。根据文件要求，可以预期 S 省县级政府、市政府将在未来 PPP 项目建设中扮演"发起者"、"培育者"和"参与者"多重角色，效果如何仍有待观察。

## 三、合作前情要素增强了政府合作网络管理能力

在以往的大多数研究中，市民社会被视为国家和市场外的另一个领域，合作治理也被看做政府失灵和市场失灵后的第三条道路，是对科层治理和市场治理的补充。信任、共识和参与能力等因素不仅对合作绩效具有正向作用，还对政府合作管理能力的提升有正向作用，政府与社会呈现出共生而非简单互补的关系。从前文图 5-4 中可以看出，政府合作网络的管理在合作治理前情要素与合作治理绩效之间起着中介作用，而合作治理前情要素对县域政府合作网络管理具有推动作用。具体而言，包括以下四个分论点。

### （一）合作主体间的资源依赖性有助于政府对合作网络领导

在资源依赖理论的视野下，组织间的依赖关系既可以是从属组织依赖于支配组织，又可以是两个组织同时相互依赖，即共生性依赖[①]。如前文所诉，县域内市场力量虽然相对独立地展开与政府的合作，但社会组织、自治组织的独立性仍较弱，在资源交换类的合作活动中处于劣势。在这种情况下，非政府部分与政府部门间的依赖关系更具有"从属—支配"的特征。虽然这种依赖关系并不能保证合作治理长期保持健康的运行状态，但在短期内有利于实现政府对合作网络的领导。因为诸多经验研究已证明，资源依赖程度越高，彼此采取机会主义行为的概率就越小[②]。当然，在资源依赖严重失衡的情况下，合作治理既有让私方利用国家资源谋求私利的危险，又有政府出于国家或执政党的利益把手伸到市场经济和民间社会中的危险[③]，这有可能导致合作网络的破裂，政府对合作网络的领导也就无从谈起。但是，伴随着新型城镇化的推进，政府、企业、社会组织等治理主体间的资源依赖性会朝着共生性依赖的方向发展，因而资源依赖性依旧有助于实现政府对合作网络的领导。

### （二）主体间信任对合作规则、资源整合及合作领导具有显著正向作用

信任作为组织合作的重要机制，对于协调组织间关系、整合社会资源乃至达

---

① 马迎贤：《资源依赖理论的发展和贡献评析》，《甘肃社会科学》，2005 年第 1 期，第 116-119 页。
② 张光曦：《战略联盟不稳定成因分析与演化方向预测——基于资源依赖理论和实物期权理论》，《外国经济与管理》，2013 年第 8 期，第 36-45 页。
③ 杰索普 B：《治理的兴起及其失败的风险：以经济发展为例的论述》，《国际社会科学（中文版）》，1999 年第 1 期，第 31-48 页。

成制度化共识具有极大的推动作用。从这种意义上讲，信任等社会资本不是历史发展或政策环境优化下的副产品，相反地，它是达成政策目标的重要资源和工具①。正如 Putnam 所言，"国家机关如果拥有充足的社会资本，将可克服公民过度追求私利的行为动机，解决集体行动的困境，进而提高民主治理的能力"②。因而，主体间信任在推动合作治理的同时，其衍生出的能量也正向作用于县域政府合作网络管理能力的提升。一方面，主体间信任的存在可以解决集体行动所产生的困境，防止私利泛滥带来的问题，将狭隘的"我"转为公共的"我们"，这有利于促进资源共享、降低交易成本、弥合利益分歧；另一方面，主体信任可以增强合作网络运行的合法性，防止大众对政府及其所做出的公共政策产生疏离感，保证对政府领导的合作网络的忠诚及对网络规则的遵从。

### （三）合作治理共识能够推进合作规则的构建

合作规则是合作主体间公共利益共识导向后形成的产物，它包含合作共识中关于合作目标、合作责任及合作利益分享等要素③。从某种意义上讲，合作规则就是"合意"，体现着行动者的共同理解和价值取向，并有要求行动者遵守的压力，能使行动者认同组织目标，进而采取合作行动④。一般而言，合作规则能够发挥作用主要基于两点：一是服从合作规则所获得利益大于不服从所损失的成本；二是不服从合作规则将会招到严厉的制裁。当合作共识难以达成时，合作网络一旦运行就容易发生冲突，民众进入合作网络则不是基于对合作必要性、价值及责任的认同，而是害怕不服从所带来的损失或惩罚。这种情况下，政府需要设置复杂的管控系统、投入较大的监控成本来保证合作规则的实施，这有可能导致合作网络走向"强制化"和"形式化"；相反，如果行动者以公共利益为出发点，那么遵守合作规则将成为一种志愿行为，个人理性与集体理性也容易达成一致，最终保证合作规则的高效运行。

### （四）社会参与能力有助于县域政府实现资源的整合

这说明伴随着社会中合作诉求和力量的增强，县域政府合作网络管理水平也会得到提升。政府将社会力量导入政策过程，可以取长补短，使公共利益得以实现并减轻财政负担。在县域层面，由于市场和社会力量发育不完善，社会参与能力对于政府职能转型和构建市场化、社会化的运作机制的边际效益更高。一方面，

---

① 陈恒钧：《治理互赖模型理论与实务》，五南图书出版股份有限公司，2012 年，第 128 页。
② Putnam R D. The prosperous community: social capital and public life. American Prospect, 1993, 13: 35-42.
③ 谢永新：《公共领域合作的初始条件和发展变量——一个定性研究》，《中国行政管理》，2010 年第 3 期，第 118-123 页。
④ 陈振明：《公共管理学》，中国人民大学出版社，2005 年，第 85 页。

合作治理以实质性的资源交换为基础，社会参与能力是资源共享的基础。"巧妇难为无米之炊"，没有资源或劣质资源的整合对于合作网络裨益不大，甚至会将某一组织的资源劣势"传染"给合作网络并导致合作网络的瘫痪。在这种情况下，政府整合各类资源处置公共事务无从谈起。另一方面，社会参与能力是资源公平、高效配置的基础。参与能力越强，非政府治理主体在合作网络中拥有的"话语权"就越强，这有利于规避政府操控合作网络攫取其他参与者利益的风险，防止政府在资源分配中"一边倒"。

从更广的视角来看，以上结论表明市场和社会力量的崛起对政府而言不是威胁，而是政府提升合作网络管理水平的推力和契机，政府与市场、政府与社会是相辅相成的关系而非此消彼长的关系。通过合作伙伴关系把非政府治理主体与政府的资源适当连接起来，能够使政府能力得以产生和维持[1]。也有研究者认为，政府权威和社会团体进行制度性合作，能够达到双方受益，"一方面，社会中分散的利益按照功能分化的原则组织起来，有序地参与到政策形成的过程中去；另一方面，从这种制度化参与机制中，国家权力获得了稳定的支持来源（合法性）和控制权"[2]。这就提醒我们在认知上跳出国家中心论及社会中心论中的窠臼，要在自上而下层级节制的体制和自下而上充分授权的模式中寻找平衡，以互赖共生的思维方式看待国家与社会的关系。当然，政府对合作网络管理能力的提升并非一蹴而就，长期"一家独大"造成的"管制惯性"使政府行为趋于保守和中庸，政府领导者往往采用旧的思维去解决新的矛盾，主动变革的意识并不强烈。但是，市民社会的成熟可以形成一股外部力量推动和支持政府除弊革新。一方面，市民社会的成熟能够督促政府合理利用主体间日益紧密的资源依赖性，建立一种互利互惠、紧密合作的良性互动关系。特别是在治理主体相互依赖的情况下，有利于保证政府在合作治理网络中的领导地位，提高非政府治理主体履行社会责任和义务的主动性。另一方面，市民社会的成熟会使社会信任、合作共识及社会参与能力得到提升，有利于消除社会疏离感和政治冷漠感，形成合作治理规范和分享公共事务治理权限，并将市民社会发展带来的积极力量引入公共事务的治理过程，打破政府城镇化战略制定者、执行者与评定者多重身份的局面，推动县域政府向有限政府、阳光政府、责任政府转变，加快政府治理能力现代化的进程。正如有研究者所言，"倘若政府能够尊重公民主权，具备培养公民参与能力、吸纳公民进入决策体系的能力，那么在政策推行中，除了较容易地获得政策支持外，还能

---

① Stone C N. Urban regimes and the capacity to govern: a political economy approach. Journal of Urban Affair, 1993, 15（1）: 1-28.

② 张静：《法团主义》，中国社会科学出版社，1998 年，第 7 页。

够降低暴力抗争等事情的发生，降低社会成本的付出，更能提高国家治理能力"[1]。所以，通过培育市民社会推进县域治理能力现代化是非常值得关注的问题。亦如 Grindle 所言，如何以促进市场与民主蓬勃发展的方式增进政府能力，是政府获得高绩效的关键途径[2]。因而，在推进新型城镇化的过程中，政府能否积极引入市场力量和社会资源，挖掘社会变迁和结构调整中蕴涵的"正能量"，将转型挑战转化为合作治理的动力，是检验其合作网络管理能力和合作治理绩效状况的关键所在。

## 四、政府合作网络管理受到任务复杂性的调节

并非所有的社会问题都可以通过合作网络来解决，在市场和政府起不了作用的方面，合作治理也不一定能够有效地发挥作用[3]，即合作治理具有作用半径。就笔者看来，在涉及经济体制改革、政治改革及一些"具有急迫性需要独权专断"的高度复杂性"例外事件"时，合作治理往往也表现得无能为力。本书的实证研究也表明，合作任务的复杂性在县域政府合作网络管理对合作治理绩效的影响中起着负向调节作用。伴随着合作任务复杂性的提升，政府合作网络领导、资源整合能力对合作治理绩效的作用在降低，极端情况下甚至出现了负向影响。

任务复杂性对合作治理绩效具有显著负向作用。刘波等证明了任务复杂性对网络治理形成的正向作用[4]，这说明任务复杂性是合作治理网络形成的诱导条件和促进因素。本书证明了任务复杂性对合作治理绩效的负向作用，这说明合作任务复杂性的同时还会增加合作目标实现的难度。具体而言，任务复杂性在合作领导与合作治理绩效之间起负向调节作用，同时，在资源整合与合作治理绩效之间起负向调节作用。相比于合作领导，资源整合与合作治理绩效之间的关系受任务复杂性的调节效果更为明显。此外，合作规则与合作治理绩效的关系没有受到任务复杂性的影响，这可能与合作规则具有一定的稳定性和延续性，因而在短时间内不易受到外部环境的影响有关。

总体而言，本书实证研究结果表明，在合作任务复杂性极高的情况下，导入合作治理不仅于事无补，反而可能恶化问题。事实上，合作治理失败及其限度问

① 陈恒钧：《治理互赖模型理论与实务》，五南图书出版股份有限公司，2012 年，第 111 页。

② Grindle M S. Getting Good Government: Capacity Building In the Public Sectors of Developing Countries. Cambridge: Harvard University Press, 1997: 3-4.

③ 陈振明：《公共管理学》，中国人民大学出版社，2005 年，第 95 页。

④ 刘波、王彬、王少军、等：《地方政府网络治理形成影响因素研究》，《上海交通大学学报（哲学社会科学版）》，2014 年第 1 期，第 12-22 页。

题早就引起了诸多学者的关注,如 Stoker 认为合作网络可以解决可分割的冲突(资源分配类的议题), 但是难以解决不可分割的冲突（更深层次的社会或思想冲突）[1]; Davis 指出, 平级的合作由于市场经济的潜在张力（即利益冲突导致信任、互利等因素丧失效力）, 可能无法达成共识[2]。就笔者看来, 这些问题的症结都可归结为"合作事务复杂性超出合作网络能力"这一基本法则, 这就要求我们关注合作治理网络的限度。

当然, 任务复杂性的程度是相对某一合作治理网络而言的, 在很大程度上是一个"冷暖自知"的实证问题, 实践者要在特定时期和环境中做出判断。此外, 本书认为探讨任务复杂性下合作治理的限度并不是否定合作治理的功能, 宣扬传统治理的优点, 而是更好地解释合作治理绩效的影响机制, 破解合作治理失灵, 以更客观的态度对待合作治理。正如基亚尔所言, "质疑治理理论的正统模式, 并不是假设国家是一个有能力保证完全服从理性的同质化实体。相反, 是要对没有控制结构的网络功能提出警告"[3]。所以, 在新型城镇化的推进中, 传统治理模式转向合作治理虽然是大势所趋, 但我们也要对合作治理的限度进行更加深入的了解, 在理论喧嚣中保持清醒的头脑, 以使实践中合作治理网络所承担的职能和使命与其能力相符。在笔者看来, 如果县域治理能力无法到一个较高的水平, 合作治理能够发挥的作用是有限的。正如杨雪冬所指出, "在现代国家建构远未完成时, 谈论治理拯救政府失败和市场失败, 是一个虚拟的问题"[4]。

综合对本章研究结论的理论阐发, 新型城镇化进程中县域合作治理绩效影响机制如图 5-8 所示。在该框架下, 国家和市场、社会保持着相互依赖但又相互独立的态势, 其中各类要素在不断融合中推动合作治理绩效的提升, 进而推动传统城镇化向新型城镇化发展、一元单向管理的政府治理模式向合作治理模式升级。政府应当提升构建合作规则、领导合作网络、整合合作资源的能力, 以利用资源依赖、社会信任、合作共识等合作治理的社会性要素, 培育和吸纳社会力量参与公共事务治理, 在充分审视合作任务复杂性与合作网络作用限度的基础上提升合作治理绩效。

---

[1] Stoker G. Distributing democracy: seeking a better fit for all tiers of government. http://www. ipeg. org. uk, 2006 年 11 月 6 日。

[2] Davies J. Local governance and the dialectics of cross-cutting policies and services. Policy Studies, 2005, 26(4): 311-335.

[3] 基亚尔 A M：《治理与城市管理体制》, 载戴维斯 J S、英布罗肖 D L：《城市政治学理论前沿》（第二版）, 何艳玲译, 格致出版社、上海人民出版社, 2013 年, 第 178-179 页。

[4] 杨雪冬：《论治理的制度基础》,《天津社会科学》, 2002 年第 2 期, 第 43-46 页。

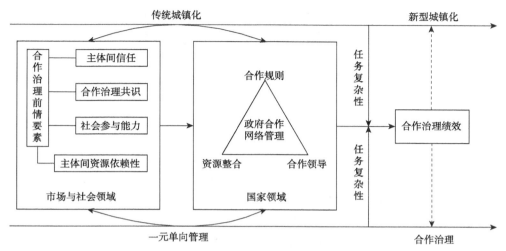

图 5-8　新型城镇化进程中县域合作治理绩效影响机制图

虚线表示本书未验证，但是绝大多数研究的共识

# 第五节　本 章 小 结

　　本章围绕绪论及第四章确定的研究框架和理论模型，明确了顺序型解释策略的研究方法，并在此基础上选择了问卷调查和访谈两种主要的资料搜集工具，介绍了中介效应检验方法和调节效应检验方法。在此基础上，本章对解释框架中涉及的 9 个潜变量的操作化及测量、问卷设计、问卷发放与收回、访谈资源搜集逐一进行了介绍和说明。一个实证研究是否能够成功，关键在于是否能够围绕研究主题选择恰当的研究方法、设计科学的方案。本书基于合作治理进程和利益相关者的角度分析合作治理绩效的影响机制，因而选择了中介效应模型和调节效应模型，这有利于观察自变量之间的关系，也是本书在数据分析方法上的特色。基于利益相关者设计问卷并进行调查是一种尝试，但也存有较大风险，因为从某种意义上讲，县域内"合作治理"的调查属于特殊调查的一种，它的总体框架不明确，即难以确定哪些人参与和了解合作治理。同时，访问到所有类型的合作治理参与者或知情者难度亦较大，笔者也先后进行了 2 次补充调研。

　　在此基础上，本章对第四章所做出的研究假设进行了验证。本章首先对所构建的模型进行了信度、效度的检验，在进行调整后得到了较为理想的效果。最终结果显示，数据的建构信度和收敛效度都较好，达到了研究的基本要求。对整个概念模型中假设的检验，本章分三部分进行，检验结果如下：合作治理前情要素均对合作治理绩效具有显著的正向作用，其中主体间信任的影响力最大；整体而言,县域政府合作网络管理在合作治理前情要素与合作治理绩效之间起中介作用。具体而言,合作规则在合作治理认同与合作治理绩效、主体间信任与合作治理绩效之间起到中介作用,合作领导在资源依赖性与合作治理绩效、主体间信任与合作治理绩效之间起到中介作用,资源整合在社会参与能力与合作治理绩效、主体间信任与合作治理绩效之间起到中介作用,这说明政府在县域合作治理中的关键作用。整体而言,任务复杂性在县域政府合作网络管理与合作治理绩效之间起到了负向调节作用,这说明县域政府合作网络管理是有作用限度的。具体而言,任务复杂性在政府合作领导与合作治理绩效之间起到显著负向调节作用,在政府资源整合与合作治理绩效之间起到显著负向调节作用,对合作规则与合作治理绩效的影响关系调节效应不显著。其中,政府资源整合对合作治理绩效的影响所受到的调节效应最为显著。本章假设验证情况如表 5-16 所示。

**表 5-16 本章假设验证情况**

| 假设情况 | 验证情况 |
|---|---|
| 第一组:合作治理前情要素对合作治理绩效的影响 | |
| $H_{4-1}$:合作治理主体间资源依赖性越强,县域合作治理绩效越好 | 假设通过 |
| $H_{4-2}$:合作治理主体间信任度越高,县域合作治理绩效越好 | 假设通过 |
| $H_{4-3}$:县域内合作治理认同越高,县域合作治理绩效越好 | 假设通过 |
| $H_{4-4}$:县域内社会参与能力越强,县域合作治理绩效越好 | 假设通过 |
| 第二组:县域政府合作网络管理对合作治理绩效的影响及其中介效应 | |
| $H_{4-5}$:政府合作制度构建得越完善,合作治理绩效越好 | 假设通过 |
| $H_{4-6}$:政府合作领导能力越强,合作治理绩效越好 | 假设通过 |
| $H_{4-7}$:政府资源整合能力越强,合作治理绩效越好 | 假设通过 |
| $H_{4-8a}$:资源依赖性对县域政府合作网络管理具有显著正向作用 | 假设部分通过 |
| $H_{4-8b}$:主体间信任对县域政府合作网络管理具有显著正向作用 | 假设通过 |
| $H_{4-8c}$:合作治理认同对县域政府合作网络管理具有显著正向作用 | 假设部分通过 |
| $H_{4-8d}$:社会参与能力对县域政府合作网络管理具有显著正向作用 | 假设部分通过 |
| $H_{4-8e}$:合作规则在合作前情要素与合作治理绩效之间起中介作用 | 假设部分通过 |
| $H_{4-8f}$:合作领导在合作前情要素与合作治理绩效之间起中介作用 | 假设部分通过 |
| $H_{4-8g}$:资源整合在合作前情要素与合作治理绩效之间起中介作用 | 假设部分通过 |
| 第三组:任务复杂性对合作治理绩效的影响及其调节效应 | |
| $H_{4-9}$:任务复杂性对合作治理绩效具有显著负向作用 | 假设通过 |
| $H_{4-10a}$:任务复杂性在合作规则与合作治理绩效之间起到调节作用 | 假设未通过 |
| $H_{4-10b}$:任务复杂性在合作领导与合作治理绩效之间起到调节作用 | 假设通过 |
| $H_{4-10c}$:任务复杂性在资源整合与合作治理绩效之间起到调节作用 | 假设通过 |

本章对实证检验结果进行了延伸探讨,主要观点有四个:①县域合作治理绩效的提升有赖合作前情要素的成长,即资源依赖性、主体间信任、合作治理共识及社会参与能力均对合作治理绩效具有显著的正向影响,都是合作治理发生的必要条件,其中主体间信任的影响力最大。②合作治理在县域层面上体现了较强的

政府建构特质。即县域政府合作网络管理对合作治理绩效具有显著正向作用，县域政府合作网络管理在合作治理前情要素与合作治理绩效之间起着中介作用，这表明合作治理的有效运作不能简单地追求权力去中心化，尤其在市场和市民社会发育不完善的县域，县级政府必须具备强有力且面向公共利益的合作治理能力。③合作治理前情要素有助于县域政府合作网络管理能力的提升。主体间信任、合作治理共识和社会参与能力等因素不仅对合作绩效具有正向作用，对政府合作管理能力的提升也有正向作用，这说明政府与社会呈现出共生而非简单互补的关系。④县域政府合作网络管理的作用受到任务复杂性的负向调节。合作任务的复杂性在县域政府合作网络管理对合作治理绩效的影响中起着负向调节作用。伴随着合作任务复杂性的提升，政府合作网络领导、资源整合能力对合作治理绩效的正向作用降低，极端情况下甚至出现了负值。这说明并非所有的社会问题都可以通过合作网络来解决，在市场和政府起不了作用的地方，合作治理也不一定能够有效地发挥作用。

# 第六章　新型城镇化进程中县域合作治理的优化路径

合作治理失灵是国家治理体系的"病态"，但同时也带有一定的必然性。从权力主体多元化的角度出发，合作治理的本质在于政府不再是唯一的治理主体，政府与其他社会组织具有平等的治理地位①，这也就意味着公共权力配置、公共事务管理方式和社会运行秩序的调整，以及治理主体间自由、平等和互惠的伙伴关系与合作能力的重构。从这种意义上讲，合作本身就是一项复杂而庞大的系统工程，其构建和运行的过程很难完全避开失灵的陷阱②。同时，城镇化的发展使县域治理生态复杂性增强。而在复杂的社会中，投机、欺骗和逃避所获得的回报往往要高些③，这刺激了"搭便车"等行为的发生。因而，县域合作治理的开展面临诸多挑战，不可能一蹴而就，需要有重点、有步骤地实施制度安排和行动方案。

基于前文的结论、延伸探讨及相关思索，本章结合当前县域合作治理存在的一些问题，简要论述公共政策制定方面的一些政策建议。

## 第一节　明确合作治理网络的作用限度

作为一种客观存在，县域公共事务的复杂性只会伴随新型城镇化的推进而不断提升，合作治理网络需要承担的责任也会不断增多，因而必须明确合作治理网络的限度，使其所承担的职能与其作用半径相一致。从实践的角度看，一个"有所为有所不为"的合作网络，才是一个有效、稳定的合作网络。

---

① 侯琦、魏子扬：《合作治理——中国社会管理的发展方向》，《中共中央党校学报》，2012 年第 1 期，第 27-30 页。

② 姜庆志：《我国社会治理中的合作失灵及其矫正》，《福建行政学院学报》，2015 年第 5 期，第 26-31 页。

③ 帕特南 R：《使民主运转起来：现代意大利的公民传统》，王列、赖海榕译，江西人民出版社，2001 年，第 209 页。

第一，提升合作网络与环境的契合度，即明确合作治理所面对的社会环境。在新型城镇化的背景下，县域治理生态的两大基本特质是公共事务的复杂化和治理主体的多元化，合作治理网络必须适应这两大趋势。首先，必须充分认识合作治理的必要性。从公共行政的公共性来看，多元主体参与公共事务的管理是政府必须履行的责任。各类社会主体已在涉及经济利益、社会保障等关键领域表达了共享权力的意愿。"防民之口，甚于防川，川壅而溃，伤人必多"，面对日益高涨的参与热情，在涉及群众关键利益的领域，必须"宣之使言"，只有这样才能从根本上解决因拆迁、土地流转等问题带来的维稳压力，推动县域经济社会的和谐发展。同时，合作治理网络能够使各治理主体的优质资源进行交换和共享，这有利于推动各参与主体竞争力的提升，提高公共事务的处置效率，缓解县域政府的财政困境。其次，必须充分认识社会转型带给合作治理网络的压力。从系统论的角度来看，合作治理网络是一个开放的系统，新型城镇化带来的公共需求数量和多样性的激增，必然会冲击被寄予"矫正政府失败和市场失灵"厚望的合作治理。合作治理可能会面对不尽相同甚至相互冲突的利益主张，这是目前尚不成熟的合作治理难以承受的，也说明了合作治理网络功能的提升是一个动态长期的过程。总之，"合作网络的发展是社会需求与治理能力之间持续平衡的过程"[1]，作为县域合作治理网络的领导者，政府需要在对社会现状和发展趋势准确研判的基础上构建合作网络，厘清市场经济发展、社会结构变动、科学技术进步、社会价值观更迭等因素对县域治理的作用方式和程度，通过合作网络实现物质、信息和能量的整合，将外部环境的不确定性控制在可处置的水平。

第二，树立依据公共需求构建合作网络的问题意识，即明确合作治理所面对的任务。在很大程度上，合作治理网络的失败往往在于被赋予了职责之外的功能。就目前我国城镇化的发展道路来看，更像西方曾经历的"增长机器"时代，即以土地资源为基础来获取经济的快速发展，这催生了以"城市建设""出让土地""形象工程"等方式来快速获得政绩的做法，也导致了当前县域大部分合作治理集中于城市建设而非民生建设领域。在畸形政绩观和财政吃紧的作用下，一些地方政府将与企业、社会组织的合作看做获得政绩的方法，这带来了两种风险：一是政府"圈羊取政绩"的行为让企业放弃投资，项目难以为继；二是政府未充分审核企业资质，让资金和技术存在漏洞的企业"接盘"发包，一旦资金链断裂，政府对其"输血"不足，就可能留下一个烂尾工程。这两种情形在现实中时常发生，大部分"鬼城"的出现由于地方政府的"政绩之手"。这种"政绩观"一方面造成了公共服务领域合作治理的匮乏，另一方面又提高了城市建设领域合作治

---

[1] 库伊曼 J：《治理和治理能力：利用复杂性、动态性和多样性》，载俞可平：《治理与善治》，黄语生编译，社会科学文献出版社，2000 年，第 231 页。

理的风险。实际上，将政绩寄希望于合作治理本无可厚非，但过分在城市建设领域融资而忽视民生建设领域则不可取。因而，在合作治理网络的构建中，政府要树立正确的政绩观，即合作治理不只是要解决财政困境，其根本目标是回应公共需求、化解城镇化带来的各类社会矛盾、促进社会公平与正义。

第三，树立"成本—收益"最大化的效率理念，即明确合作治理网络的产出功能。在满足公共需求和保证公民参与的前提下，合作治理网络必须面对"成本—收益"这一问题，即要发挥出最大的边际效益。合作治理成本一般包括两部分：一是实现合作目标所需要的人、财、物等资源成本，二是为合作治理开展而进行组织协调的管理成本。前者需要分摊在每个参与者身上，而后者则主要由合作领导者承担。在县域合作治理实践不足、规则缺失的情况下，合作治理成本"支付"阶段充满了诸多策略行为和不经济现象。例如，由于合作治理并不排斥大多数人，因而伴随合作治理主体的增多，个体"搭便车"的行为也随之增长。实际上，一个人只要不被排斥在分享由他人努力而带来的利益之外，就没有动力为共同的利益作贡献，这种情况最终将导致公共物品的供给达不到最优，甚至严重损害社会公平，带来公共价值的"负增长"；此外，合作治理增加了县域政府工作人员日常工作的难度。在公共决策中，政府工作人员需要花费较多的时间将各类利益相关者纳入合作治理网络，同时还要花费诸多的精力防止"搭便车"等破坏合作治理网络的行为发生，这有可能导致公共决策效率低下、管理成本远高于合作治理的收益，甚至导致决策的延误和更大的损失。这两种情况的出现会将合作治理带入失灵的窘境。因此，县域合作治理网络的构建必须在满足公共利益的前提下关注合作治理的成本，对于处理需要投入诸多精力、反复协商且"具有急迫性需要独权专断"的例外事件时，是否构建合作治理网络需要慎重考虑。就目前现状而言，合作治理更容易在公共需求多样化、区域化，共识程度高、需要多个行动者的领域发挥作用，如公共安全、大气污染治理、贫困治理等。

# 第二节    提升县域政府合作网络管理能力

合作网络的有效运行并非以削弱县域政府能力为前提，政府作为最关键的治理主体仍是合作治理绩效提升的决定性力量。当然，一个由政府、公民与社会组织等共同构成的组织管理模式的管理机制依靠的不是政府权威，而是多元共治合作网络的权威[①]。加强县域内县域政府合作网络管理能力不是重回"权威化"，而是在治理框架下进行新的审视，即合作治理必须回应公共性，否则其治理绩效

---

① 罗西瑙 J N：《没有政府的治理》，张胜军、刘小林译，江西人民出版社，2001 年，第33-59页。

难以得到保障。这就要求县域内政府要以公共利益为目标，将民主治理和公民参与置于合作的中心地位，而不是将其视为化解资源困境的临时性举措或"应景式"作秀。具体地说，需要从以下三个方面努力。

其一，要构建保证公民参与权和处理合作冲突的规则，以制度化的形式明确各治理主体的责任及违约制裁措施，避免因共享权力、分担责任而带来的责任转嫁问题。网络规则缺乏的地方，合作预期的实现便缺乏保障。体制创新释放了我国的"体制红利"，大量有关合作的结构性机制和程序性机制建立起来，但新旧体制依旧存在摩擦和能耗，在责任划分、权力保障、资源整合、行为监督等关键领域，合作网络都体现出规则数量不足和适应性不强的特点，这是合作网络难以回应外部环境的复杂性和内部矛盾与冲突的根源。同时，县域已有的合作规则多由随意性较强的"土政策""红头文件"构成，规定笼统、抽象、模糊，在具体层面上缺乏操作性。更值得注意的是，合作制度的缺失加剧了社会对传统权威的依赖，县域内合作也因此体现出浓厚的人治色彩，而人治又掣肘了合作制度化、规范化的进程，将合作带入"规范缺失→依赖人治→规范破坏→人治加强"的恶性循环。矫正合作失灵的重要途径之一，就是提升合作网络的制度化水平来降低和节约公共事务治理的成本，以最小的能耗使社会治理达到"善治"。一方面，破除阻碍合作治理开展的体制机制弊端，提高制度的完备性和科学性。合作制度的修缮与创新应当覆盖经济建设、政治建设、文化建设、社会建设和生态文明建设的各方面和全过程，并从被动式改革转向自觉式建构，将"摸着石头过河"和"局部试点"的合作经验制度化、可推广化，保证新型城镇化中各项公共事务的合作治理有制度可依。需要注意的是，合作规则的创新应从根本上体现人民意志和人民主体地位，反映县域政治、经济和社会形势的变化与趋向，注重理念更新与制度改革的匹配、不同领域和不同地区改革的协调统一，避免简单复制、空泛乏力、各自为政的形式创新。另一方面，伴随新型城镇化中各类合作治理的开展，不少领域的合作活动已形成了基本的原则，当前最为关键的是通过一系列细则使其"落地"，让合作在运转中发挥应有的效力。具体而言，应当以完善民主协商机制、利益表达机制、信息沟通机制提升合作网络的沟通力，改进公共财政体制、监督问责机制、职权配置机制、资源整合机制强化政府执行力，以健全反馈调解机制、制度评估机制提高合作网络的保障力。只有构建系统的合作规则，县域内合作网络才能健康有序的推行。

其二，伴随着新型城镇化的进程，县域内公共利益的边界及产权会越来越模糊，对以县级政府为主的管理框架进行改良并形成合作委员会的治理形式，是解决公地悲剧和消除合作冲突的路径选择之一。在这一框架中，必须厘定各治理主体的"生态位"，明确相应的责任和义务，实现政府、市场和社会各种力量的系统联动。从宏观层面上看，在一元单向模式转向多元交互模式的过程中，政府必须"还权"于市场和社会,改变社会组织"行政化"的弊端,发挥市场在资源配置中的决定作用,其角色定位应从公共资源的垄断者转向县域新型城镇化发展的顶层设计者、制度环境的创造者、基础设施的建设者、公共服务的提供者、社会治理的协调者、社会秩序的维护者及社会力量的培育者。当然,新型城镇化中公共事务合作治理不是政府"卸包袱",在合作的过程中一定要避免"政府责任市场化""政府责任社会化"的倾向,要在划定县域政府职能边界的基础上思考政府、市场和社会的关系。从微观层面上讲,在具体的合作活动中应当严格遵守已有的公共伦理规范,利用规则抑制治理主体各自的内在弊端和矛盾冲突,在明晰职责权限的基础上实现县域内政府领导和多元主体参与的有机互补,将不同的作用力量和治理逻辑糅合在合作的框架下,缓和公共利益与私人利益、局部利益和整体利益的摩擦,破除合作治理主体有限理性的桎梏。就近期而言,要在县域内成立各方参与的合作治理委员会,并将委员会管理权交给有合作意识的政府负责人。合作治理委员会成员除恪守职责外,还要实现信息的有效沟通,并对合作治理参与者的行为进行引导和责任监督。

其三,要提高县域政府吸收、规划和配置合作资源的效率及公平性,避免因社会力量分散而带来的碎片化治理问题。就目前而言,县域内政府整合资源的方式仍以税收、贷款为主,以合作方式整合资源的实践并不多。在城镇化快速发展的过程中,县域内政府并不总是一个稳定型的信用主体,这影响了其通过合作整合资源的效率。在当前县域治理生态中,常常会有合作项目因上级一纸红头文件或"人走政息"而"夭折"。例如,某一省政府在不征求各方利益的情况下,单方面出台文件废止地方政府与企业、集体经济组织签订的土地增值收益分配协议,这造成了诸多合作项目的下马和资源的浪费,严重破坏了地方政府已经形成的信用生态。契约可以随意废止或改变的情况,使政府与企业、市民、农民难以形成信任关系,也使政府失去了与市场和社会对接的博弈能力,改革释放出的"制度红利"也将面临成为泡影的风险[1]。因而,整合社会资源首先应当提高政府公信力,坐实政府信用主体的角色,让市场和社会资源得到有质量的整合,而不是集中于某个部门或者浪费使用。同时,要以资源的有效整合为契机,争得其他合作治理主体的认可和继续投入资源的意愿,将县域内合作治理推向更高的层次。此外,社会转型是一个创造性破坏的过程,市场经济完善、生产关系调整、社会结构多样、个体意识觉醒、信息技术发展等因素释放了蕴藏已久的社会能量,为合作提供了基础、动力和可能。矫正合作失灵,县域内各级政府必须挖掘社会变迁和结构调整中蕴涵的"正能量",将转型挑战引导为发展动力。

---

① 参见李伟、陈民、彭松:《政企合作:新型城镇化模式的本质》,社会科学文献出版社,2013年,第68页。

# 第三节　增强非政府治理主体的合作能力

新型城镇化进程中，县域公共问题利益相关者的资源依赖性增强是不争的事实，县域政府应利用这种关系搭建合作治理的网络，并通过重复博弈的方式让各利益相关者认识到合作是最好的利己策略，在实现协同性均衡状态的基础上创造更多的"多赢"机会。

（1）营造非政府治理主体参与合作的氛围。县域内非政府治理主体参与能力不强往往是由于政府的过度管控造成的，因而政府要"解放"非政府治理主体，增强其参与合作的意愿。伴随着市场经济的发展，县域内企业的自主性已经不断增强，但对合作治理的认同并不强；而县域内社会组织和自治组织独立性则不强，需要获得独立发展的氛围。在这种情况下，一方面要增加合作治理主体间的信任及对合作的认同，消除传统城镇化发展带来的各种"现代性危机"，推动个人理性与集体理性趋向统一，以便为合作治理的发展提供一个社会资本丰富的"场"。从属性上讲，信任和认同都属于经验式感知的范畴，"行动第一"和"成功经历"是其提升的关键。当合作成功时，治理主体的旨趣便会从狭小的利益转向对公共利益的广泛关注，主体间的信任、合作的熟练度和价值的一致性都会得到提升，从而使更高阶社会问题的治理成为可能。因而，政府应当大力提倡和推动合作实践，并在这一过程中不断积累信任资本和合作认同。另一方面，要放松对社会组织和自治组织的管控。对于官办社会组织，政府要将工作调动、工作调整、职称评定等日常事务管理权逐步返还给社会组织的"董事会"；对于尚未登记的社会组织，要降低社会组织获得合法身份的成本和门槛，改变社会组织必须挂靠业务主管单位才能登记为社团法人的规定；对于自治组织，应明确基层政府与农村社区的职责权限，保证不由自治组织承办的事项不转嫁、交由自治组织管理的事项有支持、委托自治组织办理的事项"权随责走、费随事转"。

（2）积极培育非政府治理主体的能力。城镇化初期，市场和社会力量的释放是国家权威强力干预的产物，这导致县域层面非政府治理主体对政府的依赖，并且参与能力不强。在放松管制的同时，政府要承担起保障和培育的双重责任，既要为其独立活动提供良好的法律、政策和制度保障，又要对治理主体的能力缺陷、相互之间的矛盾冲突进行必要的干预和调节，以锻造其依法、有序、有效参与合作治理的能力，并最终实现市场和社会力量的自觉建构。

（3）构建非政府治理主体的责任机制。在县域合作治理中，非政府治理主体的责任性问题也逐步暴露，企业在基础设施建设中偷工减料、土地集中经营中骗取国家补贴、村（居）民委员会干部腐败、非营利组织侵吞国家资产等现象屡有发生。规避此类风险，除在实践层面上以制度来规范其行为外，还应从价值层面来重建企业社会责任、社会组织和自治组织的公共精神。一方面，要建立公共伦理规范，将这些组织或个人纳入政府诚信体系的建设中，督促公共服务的承接者按约定为当地居民提供有效的服务。同时，政府或媒体可定期对外发布非政府合作主体的信用评级，以增强企业、社会组织等主体的公共责任意识。另一方面，加强非政府治理主体内部责任机制的构建。尤其是社会组织和自治组织，要完善内部治理结构，建立决策机构、执行机构和监督机构相互制约的运行机制。同时，健全内部规章制度，通过完善财务管理制度、项目管理制度、信息公开制度、责任追究制度防止公共责任的缺失，建立公益型、责任型的组织文化。

## 第四节　保持合作治理与科层治理的张力

从本书的结论来看，县域合作治理绩效是社会力量和政府共同发力的结果，两者相互协调的程度决定了合作治理的限度。实际上，新型城镇化中公共事务的复杂性要求实现科层治理、市场治理和自主治理多种治理逻辑的糅合，以从中选择最优的解决方案。特别是在"合作网络时至今日依然存在于层级制周围"的县域治理生态内，保持合作治理"分权"与科层治理"控制"的平衡是合作治理网络有序发展的前提。因此，在实施合作治理的过程中，既要避免因县域政府"公权力"的调整而引发社会失序的风险，又要防止政府过度主导而导致的"强制性合作格局"。

其一，合作治理的本质要求是实施多中心的公共行动体系，但在市场经济和市民社会发育不全面的县域，政府的有效干预是必不可少的，将公共事务治理过多地交与市场和社会很有可能带来政府责任缺失、公共服务供给不足等问题。同时，合作治理也有内在的价值困境，即伴随着合作治理网络的成熟会出现种种"两难"抉择：一是主体力量均衡与网络集成之间的矛盾。即伴随着合作网络的成熟，合作主体间权力的均衡程度会越来越高，但权力的多中心又容易降低合作网络资源的聚合度，增加提取公共利益和管理网络的难度；二是网络稳定性与开放性之间的矛盾。成熟的合作网络要求有一定的封闭性以保持合作关系的稳定，但这也容易导致"排斥圈外人"情况的发生，一些潜在的合作成员和资源难以进入合作网络，从而丧失了新的合作机会。面对县域合作网络的能力不足及未来的价值困境，政府除了加强"合作规则"构建、"合作领导"、"资源整合"外，还需要通过建立学习机制来保持网络的动态平衡和适度张力。县域内各治理主体要通过权变的策略来化解合作网络的内部矛盾，学会利用协商与谈判来改善合作关系。尤其是合作网络陷入僵化状态时，政府这一关键治理主体要能提出各方都可以接受的解决方案，以强有力的干预使合作治理网络恢复活力。

其二，政府的干预必须是有限的，若是偏离公共利益或者越俎代庖地担负市场和社会的功能，将会降低合作治理的绩效并使其陷入徘徊不前的低水平状态。在当前县域治理生态中，合作治理网络多是政府主导下的产物，往往体现的是某一行政机关的意志与目标，这使合作活动不可避免地复制了"官本位"和"部门主义"的特质，破坏了治理主体间合作的统一性、完整性和稳定性。政府单方设计的规则会随着时间的推移趋于保守并产生惰性，政府领导的模式更容易引发革新动力的衰减和主体间公平性的消失，这给合作网络的运行带来官僚化的风险，容易出现繁文缛节、僵化低效的弊端。因此，在合作治理网络的构建中，非政府治理主体的"话语权"必须在"宪法层面"上得以明确，其"制定游戏规则"的权力必须得到保障，在合作治理网络公平性消释时，各类治理主体必须有权在共同商讨的基础上利用结构重组、制度重建等方式改变网络运行的方式，重新配置网络管理权和塑造网络文化，保证各方利益都能反映在合作网络中。当然，这一机制的设计是颇为复杂的，也说明合作治理在县域层面的构建是一个反复进行的过程，在这一过程中经验的累积会使合作网络有效地避开失灵的窠臼。

# 第五节　本　章　小　结

基于实证研究得出的结论，针对当前县域合作治理存在的一些问题，本章从四个方面提出了政策建议：①明确合作治理网络的作用限度；②提升县域政府合作网络管理能力；③增强非政府治理主体的合作能力；④保持合作治理与科层治理的张力。

# 第七章　研究总结与未来展望

在新型城镇化的背景下，本书基于对 130 个县域政府部门主要负责人调查问卷的分析，展示了当前县域合作治理的运行现状，并依循合作治理进程模型构建了以县域政府合作网络管理为核心的解释框架，包括"合作治理前情要素—县域政府合作网络管理—合作治理绩效"中介模型、"县域政府合作网络管理—任务复杂性—合作治理绩效"调节模型，通过对 3 省（自治区）9 县（市、区、旗）中合作治理参与者或知情者的问卷调查数据，采用 SEM、层次回归等多种统计方法对解释框架所包含的理论假设进行了检验。在此基础上，结合调研中搜集的案例和访谈资料，对相关结论进行了深入探讨，并提出了政策建议。

就研究特点与目的而言，本书属于解释性的实证研究，旨在厘清县域合作治理绩效的影响机制，拓展和深化县域合作治理相关问题的研究，并对某些理论观点进行回应。从最终结果来看，这种尝试收到了一定的效果。

（1）利用"合作活动—合作主体—合作范围"的诊断框架，对新型城镇化进程中县域合作治理的类型及特征进行了深入分析。

（2）引入了中介模型和调节模型，将合作治理影响机制的多变量"直接模型"发展为含中介变量与调节变量的"过程模型"，这在一定程度上弥补了当前经验研究中过程模型缺失的不足，为后续研究提供了一个参照。

（3）回应了国家与社会良性互动说的观点。从本书的诸多实证结论来看，县域政府在合作治理中扮演着"掌舵者"和"划桨者"的双重角色，是合作网络发挥作用的关键。绕过政府，市民社会所蕴涵的积极力量难以进入治理体系进而发挥作用；同时，县域政府权威和管理能力必须在"治理"的框架下进行重构，即抓住市场和社会力量崛起带来的推力和契机，以促进市场与民主蓬勃发展的方式增进政府治理能力，这是目前县域治理体系和治理能力现代化的必由之路。

（4）证明了在任务复杂性负向调节作用下合作治理网络具有限度，即在市场和政府起不了作用的地方，合作治理也不一定能够发挥作用。这一结论，为县域合作治理的实践或理论研究引入了一个"权变"的观点，即"有所为有所不为"的合作治理网络，才是有效而稳定的合作治理网络。

当然，县域合作治理是一个前沿性的话题，也是一个"开垦不足"的领域。

受主观能力和客观资源的约束，本书仍存在一些局限性。

（1）调查过程仍有待完善。"臆答"现象普遍存在于自填式的问卷调查过程中，这给数据的准确性带来了影响，是量化研究中让研究者头疼的问题。虽然调查员在调查过程中采取了干预措施，并在事后删除了一些无效问卷，但由于"臆答"现象很难被检测到，因而本书未完全避免这一问题，这在一定程度上影响研究的科学性。

（2）量表设计有待反复测验。本书基于利益相关者设计开发了问卷量表，虽然验证性因子（confirmatory factor analysis，CFA）检验结果理想，但该量表能否进一步推广还需要经过反复测验进行判定。实际上，测量方法的不同很有可能带来结论的不同。陈叶烽等的研究就曾发现，在探讨信任与合作水平的关系时，博弈实验和问卷调查得出了不同结论①，这说明假说的成立在一定程度上依赖于变量的具体测度方法，因而对待量表设计要反复测验、慎之又慎。

（3）理论模型仍需进一步细化。迄今为止，公共管理领域尚未对合作治理影响因素的分析框架达成普遍共识。本书建立了以县域政府合作网络管理为核心的过程框架，"本土化"地反映了新型城镇化进程中县域合作治理的特质，是实证研究中的一个尝试。但对于县域合作治理绩效影响机制而言，本书仅是揭开了这一"黑箱"的一角。

在写作过程中，笔者也越发感觉到县域合作治理，特别是其绩效影响机制的研究是一个宏大的课题，除了合作过程视角外，还有诸多有价值的研究方向。例如，合作治理是一个开放的系统，各变量之间的影响关系是否会随时间推移而发生变化？过度的依赖和信任是否会产生负面影响？科层制逻辑对合作治理逻辑有何作用？这些问题仍需在对现实深入观察的基础上作进一步的解答。

---

① 陈叶烽、叶航、汪丁丁：《信任水平的测度及其对合作的影响——来自一组实验微观数据的证据》，《管理世界》，2010 年第 4 期，第 54-64 页。

# 参 考 文 献

曹海军，霍伟桦. 2013. 城市治理理论的范式转换及其对中国的启示. 中国行政管理，（7）：96-101.

洪银兴，周诚君. 2003. 城市经营和城市政府的改革. 管理世界，（8）：57-62.

何显明. 2004. 市管县体制绩效及其变革路径选择的制度分析——兼论"复合行政"概念. 中国行政管理，（7）：70-74.

景春梅. 2010. 城市化、动力机制及其制度创新——基于政府行为的视角. 北京：社会科学文献出版社.

贾康，孙洁. 2014. 公私合作伙伴机制：新型城镇化投融资的模式创新. 中共中央党校学报，（1）：64-71.

栾大鹏，董惠敏，郭尧. 2014. 县域治理能力究竟取决于哪些因素？对浙江省 58 个县（市）治理能力的测评及排名. 国家治理，（1）：24-40.

钱玉英. 2008. 城镇化背景下的基层治理：中国的问题与出路. 苏州大学学报（哲学社会科学版），（5）：1-4.

全钟燮. 2008. 公共行政的社会建构：解释与批判. 孙柏瑛，张钢，黎洁译. 北京：北京大学出版社.

单卓然，黄亚平. 2013. "新型城镇化"概念内涵、目标内容、规划策略及认知误区解析. 城市规划学刊，（2）：16-22.

盛广耀. 2013. 新型城镇化理论初探. 学习与实践，（2）：13-18.

王佃利. 2003. "经营城市"的新理念及其风险回避. 中国行政管理，（2）：44-50.

吴理财，杨恒. 2012. 城镇化时代城乡基层治理体系重建——温州模式及其意义. 华中师范大学学报（人文社会科学版），（6）：10-16.

徐勇. 2002. 县政、乡派、村治：乡村治理的结构性转换. 江苏社会科学，（2）：27-30.

杨雪冬. 2009. 县域政权改革的逻辑. 探索与争鸣，（11）：23-25.

周加来，石丽娟. 2008. 城市化进程中政府行为研究. 经济与管理，（8）：23-26.

郑风田，李明. 2006. 新农村建设视角下中国基层县乡村治理结构. 中国人民大学学报，（5）：126-134.

中国（海南）改革发展研究院. 2013. 人的城镇化：40 余位经济学家把脉新型城镇化. 北京：中

国经济出版社.

Henry C T. 1971. Urban manager roles in the "70" s. Public Administration Review, 31（1）: 20-27.

Henderson V. 2002. Urbanization in developing countries. The World Bank Research Observer, 17（1）: 89-112.

Henderson V, 2000. Becker R. Political economy of city sizes and formation. Journal of urban Economics, 48（3）: 453-484.

Huxham C, Vangen S, Eden C. 2000. The challenge of collaborative governance. Public Management: An International Journal of Research and Theory, 2（3）: 337-358.

Knox P L. 1988. Public-private cooperation: a review of the experience in the U.S. cities, 1988, 5（4）: 340-346.

Riggs F W. 1997. Modernity and bureaucracy. Public Administration Review, 1997, 57（4）: 347-353.

Williams O, Adrian C. 1963. Four Cities: A Study in Comparative Policy Making. Philadelphia: University of Pennsylvania Press.

Zadek S. 2008. Global collaborative governance: there is no alternative. Corporate Governance: International Journal of Business in Society, 8（4）: 374-388.

# 附　　录

## 附录一　"新型城镇化与县域合作治理"调查问卷

### 新型城镇化与县域合作治理调查问卷（通用卷）

一、您的基本信息

A1. 您的性别：[1]男　　　　　　[2]女

A2. 您的族别：[1]汉族　　　　　[2]少数民族

A3. 您是哪一年出生的：_____年（请直接填写年份，如 1974）

A4. 2013 年，您个人的平均月收入是多少：_____元（请直接填写金额，如 2 130）

A5. 您的户口性质：[1]农业户口　　[2]非农业户口

A6. 您的居住地：　[1]市区常住　　[2]郊县常住　　　[3]本市暂住　　　[4]其他

A7. 您的政治面貌：[1]中共党员（含预备党员）　　　[2]共青团员　　[3]民主党派　[4]普通群众

A8. 您的文化程度：[1]未受过正规教育　[2]小学　　[3]初中　　[4]中职/中专　[5]高中　　[6]高等职业学校　　　[7]大专　　　[8]本科及以上

A9. 您的职业身份：[1]失业者　[2]学生　[3]农民　[4]个体户　[5]私企职工　[6]私营企业主　[7]国企职工　　[8]中小学教师　[9]村干部　[10]街道乡镇干部　[11]县（市、区、旗）干部　[12]社会组织成员　[13]其他____

二、新型城镇化治理主体能力状况调查

B1. 以下是对当地政府和社会组织的一些描述，请您根据符合真实情况的程度，依次在每个问项后的五个选项中选择一个打"√"。

| 题项 | 完全<br>不符合 | 不太<br>符合 | 说<br>不<br>清 | 比较<br>符合 | 非常<br>符合 |
|---|---|---|---|---|---|
| 1.本地政府能够获取充足的资金、政策支持 | | | | | |
| 2.政府能够公平、有效地配置资源 | | | | | |
| 3.政府制定了科学的城镇化发展规划 | | | | | |
| 4.政府有很强的公信力，言而有信 | | | | | |
| 5.在本地活动的社会组织有丰富的人力资源和社会资源 | | | | | |
| 6.在本地活动的社会组织在公共事务方面发挥了重要作用 | | | | | |
| 7.在本地活动的社会组织公益心和社会责任感强，值得信赖 | | | | | |
| 8.在本地经营的民营企业市场竞争力强 | | | | | |
| 9.在本地经营的民营企业有强烈的社会责任感，值得信赖 | | | | | |
| 10.在本地公共事务管理中，居（村）民发挥了重要作用 | | | | | |
| 11.本地居（村）民有强烈的公共责任心，值得信任 | | | | | |
| 12.本人基本了解本地政府的情况 | | | | | |
| 13.本人基本了解本地区企业的情况 | | | | | |
| 14.本人基本了解本地社会组织的情况 | | | | | |
| 15.本人基本了解政府、企业、社会组织、居（村）民的合作情况 | | | | | |
| 16.只靠政府，无法解决本地区的所有公共事务 | | | | | |
| 17.企业、社会组织和居民有义务承担本社区的公共事务 | | | | | |
| 18.政府与企业等主体合作，能使社会发展得更好 | | | | | |
| 19.法律制度能保证政府、企业、社会组织、居民之间关系的平等 | | | | | |
| 20.政府与其他主体合作时有责任划分规则，彼此间不会推诿扯皮 | | | | | |
| 21.政府与其他主体发生冲突时有程序化的解决方案 | | | | | |
| 22.政府与企业等主体合作时有各自的行为约束机制 | | | | | |
| 23.政府可以将各方力量集合在一起，共谋发展 | | | | | |
| 24.政府、企业、社会组织和居民之间会互相监督 | | | | | |
| 25.成立了由各方参加的"委员会"机构 | | | | | |
| 26.政府、企业、社会组织和居民能够通过信息化技术进行联络 | | | | | |
| 27.政府为实现合作投入了大量资源 | | | | | |
| 28.合作中政府需要与企业、社会组织、居民经常组织处置协调会 | | | | | |
| 29.大部分公共事务处理中政府需要与企业、社会组织、居民合作 | | | | | |
| 30.政府需要向社会组织、企业、社区寻求支持 | | | | | |
| 31.企业需要向政府、社会组织、居民寻求支持 | | | | | |
| 32.社会组织需要向政府、企业、居民寻求支持 | | | | | |
| 33.居（村）民需要向政府、社会组织和企业寻求支持 | | | | | |
| 34.政府与其他主体的合作活动基本达到了预期目的 | | | | | |

续表

| 题项 | 完全<br>不符合 | 不太<br>符合 | 说<br>不<br>清 | 比较<br>符合 | 非常<br>符合 |
|---|---|---|---|---|---|
| 35.政府与企业等主体开展的合作节省了人力、物力和财力 | | | | | |
| 36.政府、企业、社会组织、居民的合作活动使人感到满意 | | | | | |
| 37.希望政府、企业、社会组织、居民的合作活动继续开展下去 | | | | | |

## 新型城镇化与县域合作治理调查问卷（领导问卷）

1. 您所在单位是＿＿＿＿＿县（市、旗、区）＿＿＿＿＿＿局（办、委）。（谨请填写）

2. 您所在的单位近年来与其他何种组织（部门）开展过哪些与城镇化建设相关的合作活动？请您根据实际情况，依次在下列合作活动类型后的空格中打"√"。（可多选）

| 合作活动类型 | 与哪些部门（组织）一起展开 | | | | | |
|---|---|---|---|---|---|---|
| | 社会<br>组织 | 自治<br>组织 | 本地<br>居民 | 科研<br>院校 | 当地<br>企业 | 外地<br>企业 |
| 1.为本单位启动与城镇化建设相关的项目寻求财政支持 | | | | | | |
| 2.为本单位启动与城镇化建设相关的项目寻求社会融资 | | | | | | |
| 3.为本单位实施与城镇化建设相关的项目寻求技术援助 | | | | | | |
| 4.研究制订本单位与城镇化建设相关的工作计划 | | | | | | |
| 5.同其他部门或组织签订与城镇化建设相关的合作协议 | | | | | | |
| 6.要求调整本单位与城镇化建设相关的职责范围 | | | | | | |
| 7.提议出台支持本单位开展城镇化建设的制度规范 | | | | | | |
| 8.提议调整已出台的城镇化建设政策和办法 | | | | | | |
| 9.寻求上级组织支持本单位参与城镇化建设的信息 | | | | | | |
| 10.搜集与本单位参与城镇化建设有关的信息 | | | | | | |

## 附录二　"新型城镇化与县域合作治理"访谈提纲

1. 本地城镇化发展的基本情况如何？城市和乡村各自的发展重点是什么？面临的主要困难是什么？主要的社会矛盾是什么？

2. 本地政府推动新型城镇化的主要职能、重点领域、主要举措及成效如何？有无典型经验或案例？推进中亟须哪些政策支持？

3. 新型城镇化建设中，政府、企业、社会组织和居（村）民等是如何协作的？有无典型案例？协作的成效如何？面临的主要困难是什么？

4. 新型城镇化建设中，本地政府是否起了主导性作用？"市场主导，政府引导"的新型城镇化建设原则，是否符合本地情况和发展战略要求？本地市场化水平能否满足"市场主导"的需要？让市场发挥资源配置决定性作用的障碍是什么？

5. 新型城镇化建设中，社会力量的参与情况如何？社会参与在哪些领域发挥了作用？

6. 新型城镇化建设中，本地政府的自主权如何，能否满足需要？本地实际与上级要求有无矛盾之处？是如何处理矛盾的？本地财权事权安排、政府间责任划分是否合理？不合理之处的表现是什么？

7. 是否成立了"新型城镇化工作领导小组"等机构？该机构有哪些成员？是否制定了"新型城镇化发展规划"？有哪些政府部门参与了规划的制定？企业、社会组织、居（村）民有无代表参与规划的制定？具体的参与情况如何？

8. 是否制定了农村人口落户城镇的政策？落户成本的分担机制如何？

9. 新型城镇化建设中，相关工作的绩效考评奖惩制度如何？绩效考评奖惩制度的运作面临什么困难和问题？

10. 请从政府治理体制机制变革、政府职能转变的角度，谈谈有效推进新型城镇化发展的主张和设想。

说明：新型城镇化的核心是"人的城镇化"，涉及规划编制、农业转移人口市民化、产业发展、城市功能布局、基础设施建设、就业服务、城镇化投融资机制、基本公共服务、城市社会治理、城乡一体化发展、农业现代化、社会主义新农村建设、环境保护、体制机制变革等一系列内容。可提示参与座谈、深度访谈的单位领导或分管工作负责人结合实际工作谈谈自己的看法。